春风化雨润申城

上海家庭文化发展40年

◉ 徐枫　主编 ◉ 刘琪　杨雄　副主编

◉ 杨雄　顾秀娟　执行主编

上海人民出版社

序

今年是改革开放 40 周年,作为中国改革开放的前沿阵地,上海广大家庭见证、参与了这一波澜壮阔的伟大进程,上海家庭文化建设取得了显著的成效。40 年来,上海家庭文化融传统与现代为一体,融东方文化与西方文化为一体,既有中华优秀传统家庭文化的精髓,又有现代家庭的文明风尚,更融合了社会主义核心价值观的红色要素。其内涵值得我们深入研究,细细品味:

其一,上海的家庭文化崇尚传统。家和万事兴的文脉在上海绵延不断,家庭和谐、家庭成员之间的民主与平等,始终备受推崇。在绝大多数上海家庭,妻子和丈夫平等相处,相互尊重,各自发挥自己的优势协力经营自己的小家庭;长辈与晚辈温馨以对,长辈慈爱晚辈,晚辈孝敬长辈,优秀传统文化得到全面传承。

其二,上海的家庭文化开放多元。海派文化兼收并蓄,开放包容。上海不仅居住着本地居民家庭,也有来自全国各地的新上海人家庭,更有大量来自海外的国际家庭。不仅有几代人共居一堂的传统大家庭,有三口之家的现代小家庭,也有丁克家庭、单亲家庭、空巢家庭等新的家庭形态。无论故乡在哪里,无论家庭结构与形态如何,上海家庭各美其美,又美美与共,构成一幅多元共存的美丽画卷。

其三,上海的家庭文化昂扬向上。上海是一座拥有红色基因的伟大城市。在近现代中国历史上,上海的广大家庭一直有把爱家和爱国统一起来的光荣传统,不计其数的家庭自愿将小家庭的利益放置在国家利益、集体利益之后，自觉为国家解放、民族复兴和城市的光荣奉献力量，甚至牺牲小我。今天的上海，社会主义核心价值观已经融入千千万万上海家庭的日常生活之中，得到数百万上海儿童、青少年的全面践行。家庭内昂扬向上的"红色力量"，是上海城市发展的重要力量源泉。

在改革开放 40 周年之际，上海市精神文明建设委员会办公室、上海市妇女联合会与上海社会科学院联合开展上海家庭文化的课题研究，形成了《春风化雨润申城：上海家庭文化发展 40 年》这本专著。该书通过对大量的理论、史料、数据研究，总结了改革开放 40 年来上海家庭文化发展的历史进程和家庭文化建设的经验，梳理了上海家庭文化建设的现状和存在的问题，提出了推进上海家庭文化建设的对策建议。

这是一本具有较高理论价值与应用价值的研究著作，值得广大市民、家庭文化研究者、上海家庭文化工作者参考阅读。也希望全市的家庭文化工作者，在习近平新时代中国特色社会主义思想指引下，在进一步深化改革开放的历史洪流中，进一步增强工作的使命感与责任感，不断提升工作的科学性与有效性，为上海家庭文化的传承与发展、为上海城市文明的传承与发展贡献更多力量。

徐　枫

2018 年 12 月

目　录

一、家庭文化的理论结构与研究进展

家庭文化是以婚姻关系为基础、血统亲族关系为纽带而组成的社会最基本群体中的基本文化层次。加强家庭文化建设，对于提高人们的思想道德素质、推动家庭和谐与社会和谐、继承和发扬中华传统优秀文化、推动整个社会的进步与发展都具有至关重要的作用。

(一) 家庭文化及其意义

1. 家庭文化的内容

"文化"指的是人类在社会历史发展过程中所创造的物质财富和精神财富的总和。在最广泛的意义上，文化乃是代代相传的人们的整体生活方式。作为一种特殊的文化，"家庭文化"指的是家庭成员在长期的家庭生活中所凝聚和创造的物质财富与精神财富的总和。家庭文化是社会文化的基础，众多的社会文化形态都始发于家庭。家庭文化是陶冶和塑造人的个性品质、气质、性格以及人生观、价值观的精神熔炉，是协调人与社会之间关系的桥梁和纽带，是展示民族一般性格和时代普遍精神的特殊载体，是一切民间、民俗文化孕育发展的母体和摇篮。与其他文化相比，家庭文化具有参与主体的广泛性、活动客体的多样性、活动样式的个性化、社会性与私人性的结合、继承性和持续性等特征。

从家庭文化的结构来看，它大致包括三个层次：一是表层文化，即家庭物质文化，如服饰文化、饮食文化、家居文化、休闲文化和消费文化等；

二是中层文化，即家庭制度文化，包括家庭公约、作息制度、行为规范等；三是深层文化，即家庭精神文化或观念文化，包括家庭的道德、伦理与价值观等。具体而言，"家庭文化"大致包括如下十方面的内容：

（1）家庭的组建：择偶。择偶作为婚姻过程的开端，对家庭的组建具有重要的影响。择偶标准受到时代背景（政治、经济、文化等）及个体条件、家庭背景等诸多因素的影响。

（2）家庭成员的关系：家庭在很大程度上体现为家庭成员（包括夫妻、子女、兄弟姐妹与亲属等）之间的关系。这也是家庭文化的重要组成部分。

（3）家庭教育：父母是孩子的第一任老师，家庭教育是最具基础性的教育。父母的言传身教对孩子的一生都将产生重要的影响。

（4）对老人的赡养：除父母与子女之间的互动之外，与祖父母/外祖父母的互动和赡养也是家庭文化的重要体现。尊敬和赡养老人是传统美德，是每一个家庭成员必须遵守的基本道德准则和行为规范。

（5）家庭的饮食与环境卫生：随着社会的进步，人们的饮食正从温饱转向健康、有营养、"养生"等多元内涵，饮食文化也日益丰富。一个家庭文化良好的家庭，通常都讲究合理营养、科学配餐、精致烹调、饮食卫生等。同时，家庭的自然环境卫生和心理环境卫生，既会影响到家庭成员的身心健康福祉，也是家庭文化的重要体现。

（6）家庭成员的服饰、家庭的设施与装潢：家庭成员的服饰（包括衣服与鞋帽的穿戴、首饰等小饰物的佩戴等）以及家庭的设施和装潢，是家庭成员的文化修养和审美情趣的体现。在家庭文化建设中，要引导人们注重服饰的款式结构、色彩搭配符合审美要求，符合个人的体型、气质、特点，符合着装环境和场合。在家庭的设施与装潢方面，也要注意讲究居室卫生、布局科学、和谐统一、方便舒适、朴素大方、格调高雅。

（7）家庭氛围的营造：家庭氛围客观地存在于每个家庭之中，并在很大程度上影响着家庭成员（尤其是孩子的健康成长）。实践证明，在一个温馨、和谐的家庭氛围中长大的孩子,往往具有健康的心理、开朗随和的性格;相反,如果家庭氛围紧张、冲突不断,则孩子的性格容易变得孤僻、暴躁。所以,要努力营造和谐、愉快、整洁、有序的家庭氛围。

(8)家庭的经济管理:家庭的经济管理(尤其是消费)也是家庭文化的重要体现。在传统文化中,中国家庭崇尚勤俭节约和实惠耐用。但随着经济发展与物质丰裕,很多家庭逐渐从生存型、实用型消费转向享受型、发展型模式,消费内容与结构也日益多元化。

(9)家庭的民主平等:家庭成员的民主平等既包括夫妻之间的性别平等,也包括亲子之间的地位平等。有的家庭夫妻恩爱、互敬互重,有的家庭的夫妻则经常争吵打骂甚至走向离异;有的家庭民主平等,有的则是"一言堂"的专制作风。这些都是不同家庭文化的体现。

(10)家规:"家规"是关于治家教子、修身处世等方面的家庭规范,体现为如何教育子女、如何为人处世等。

2. 家庭文化的功能

家庭文化对于家庭成员发展与家庭稳定具有重要的功能。主要体现为:

(1)满足生理与心理需要。家庭文化具有满足家庭成员生理和心理需要的功能。物质层面的文化投入可以有效满足人们的休闲、消费与交往需求,并可提升家庭成员的文化品位。而丰富多彩的家庭文化生活,不仅可以陶冶性情、使人得到精神享受,而且可以有效地帮助家庭成员和睦相处,抵制腐朽、没落的生活方式。对于家庭文化不够健康合理的家庭而言,纵然物质条件丰裕,却会存在"文化贫困"的现象,因此其家庭成员的发展往往也只能是不平衡、不充分的。

(2)教育功能。家庭文化的教育功能是多方面的,首先体现在德育教育上。家庭文化的德育教育不仅是人的社会化的客观需要;而且,由于血缘关系的影响,家庭文化的德育教育还具有其他教育渠道无可比拟的优势。父母的道德观念、文化修养、职业特点和为人处世的态度等,都会在日常生活中通过耳濡目染的方式影响子女。其次,家庭文化的教育功能还体现在健康的心理和社会交往能力的培养方面。这对于提高孩子的社会适应能力和抗挫折能力、预防和减少孩子出现心理健康疾患具有重要作用。再者,家庭文化的教育功能还体现在生存知识与职业启蒙方面的教育。

(3) 规范与导向功能。一方面,家庭文化具有规范家庭成员行为的功能。家庭文化可以有效调控和抑制家庭成员的欲望,使人养成良好的道德品质和行为习惯,并强化自我约束意识,自觉抵制社会不良风气的侵入。比如,在处理人与人、人与社会的关系上,家庭文化可以引导人们行为符合社会规范,引导人们尊老爱幼、团结友善、明礼守信、助人为乐、克己奉公、遵纪守法;在处理人与自然关系上,家庭文化还能够抑制人们的行为与冲动,使其行为顺应自然规律,实现人与环境的和谐共生。另一方面,家庭文化还具有重要的导向作用。科学健康的家庭文化可以提高家庭成员的文化素养,引导家庭成员树立正确的理想信念和价值观、养成积极向上的生活方式。相反,不良的家庭文化则会使家庭成员沾染不良观念与习行,使他们消极颓废、行为不端甚至走上违法犯罪道路。

3. 家庭文化建设的重要意义

不断加强家庭文化建设,对于个人、家庭、社会都具有重要意义。

首先,加强家庭文化建设,有利于提高公民的思想道德素质。无论家庭或社会,都是由人构成的;家庭是否和谐,是由人决定的;社会是否和谐,最终也是由人决定的。人的综合素质是决定家庭和谐、社会和谐的根本因素。家庭是先进文化的基本承接单位,是开展道德启蒙教育的第一学堂。家庭文化是陶冶和塑造个性品质、气质、性格以及人生观、价值观的精神熔炉。①家庭文化的主导思想和主体意识包含着对家庭成员思想道

---

① 张薇:《新经济时代的家庭文化建设》,《群众文化论丛》2004 年第 18 辑。

德素质的培养与提高。良好的道德修养和行为习惯的养成,以及正确的人生观和价值观,很大程度上是在家庭文化建设过程中通过熏陶和培养而逐渐形成的。对于孩子的成长而言,这显得尤为重要。通过家长循循善诱的教导,有助于引导孩子明辨是非、分清善恶,树立正确的人生观和价值观,有效地抵制腐朽思想文化的侵袭。同时,家庭成员在日常生活中良好的言行举止的影响和熏陶,也有助于培养孩子高尚的道德情操。对于成年人而言,良好的家庭文化氛围也是一种监督机制,客观上要求家长们提高自身素质、坚持以身作则,这对成年人的观念与行为也会起到约束作用。开展家庭文化建设活动,将中华传统文化的精华及外国先进文化以喜闻乐见的形式渗透到家庭生活中,必将进一步提高家庭成员整体的思想道德素质,推动我国社会主义精神文明建设与文化大繁荣大发展。

其次,加强家庭文化建设,有利于推动家庭和谐与社会和谐。开展家庭文化活动可以给广大群众拓展广阔的生活空间,可以丰富他们的业余文化生活。高雅、浪漫、温馨、幸福的家庭文化活动能够产生强大的震撼力与感染力;置身于这个氛围之中,家庭成员会在潜移默化中改变自己。良好的家庭文化氛围和环境可以提升家庭生活质量,促进每个家庭成员的发展。同时,家庭成员的文化素质、精神追求、价值观念、行为方式也决定着家庭文化建设的方向、水平及和谐程度。如果家庭成员之间团结和睦、相互尊重、相亲相爱,家庭内部矛盾就会减少,家庭的凝聚力就会增强,从而为家庭的和谐发展奠定基础。相反,倘若家庭成员之间相互不信任、矛盾不断,则会危及家庭的稳定与发展。由此可见,家庭文化建设是有效开展和谐家庭建设的助推器。而且,千千万万的家庭和谐,也会为构建和谐社会奠定坚实的基础。

再次,加强家庭文化建设,有利于中华传统优秀文化的继承和发扬。家庭文化植根于中华民族传统文化的精神底蕴之中,并使我国的优秀传统文化得到不断的继承和发扬。家庭文化内涵在随着时代发展而不断更新的同时,也折射出富有时代性的内容。作为"礼仪之邦"和"文明古国",

中华民族的优秀文化内涵被不断传承。从孔子的以"仁"为核心的哲学思想体系，到汉代董仲舒提出的"仁、义、礼、智、信"，以及现当代的以爱国主义为核心的团结统一、爱好和平、勤劳勇敢、自强不息的伟大民族精神，是中华文化的根、民族的灵魂，都被世代相传。这些优良道德传统内涵丰富、博大精深，是中华民族生命机体中不可分割的组成部分，是人类文明发展的重要精神财富。倘若每个家庭都要求其成员自觉传承与践行这些优秀文化传统，树立远大的理想、坚定的信念、正确的价值观，在日常生活中表现出高尚的思想品质和良好的道德情操，在这种家庭文化熏染和教育之下，优秀的民族文化和民族精神会在每个家庭细胞中滋生成长，并在每个家庭成员的思想行为中发扬光大，从而成为一种凝聚和传承民族精神的强大力量。

最后，加强家庭文化建设，有利于推动整个社会的进步与发展。中国自古就有"修身、齐家、治国、平天下"之说，表明了家庭与社会、国家之间的紧密联系。家庭是社会的细胞、"微缩"的社会，是社会最基本的单位，是人们最基本、最普遍的一种社会关系形态，在社会发展中具有基础性的地位。家庭的和谐稳定直接影响着社会的发展与进步。家庭成员的发展情况不仅关系到整个家庭的发展水平和质量，同样也影响了整个社会的发展速度和质量。家庭文化建设的顺利推进，将大大提高社会发展的速度与质量；反之，家庭文化建设不力，家庭的不和谐、不和睦，会给社会的发展埋下各种隐患。因此，重视家庭文化建设，发挥家庭的文化功能，满足人民群众精神需求、提高家庭生活质量、保障家庭健康稳定，是促进社会发展和文明进步的内在要求。①

(二) 家庭文化研究的理论脉络

社会科学关于家庭文化的研究由来已久。在这些研究中，既有关注

---

① 陈旸：《家庭的文化功能与和谐社会的构建论析》，《湖北社会科学》2012 年第 4 期。

家庭静态维度的结构功能理论,也有关注动态过程(家庭内部的行为互动)的交换论、互动论、冲突论、家庭生命周期理论(关注家庭的成长与消亡),还有家庭系统理论(作为一个系统的"家庭")。

1.家庭生命周期理论

家庭生命周期理论认为,世界上的事物普遍遵循一定的周期开始、发展、终结,家庭通常也会按照一定的轨迹形成、发展直至消亡,包括结婚、子女出生到子女独立与终老辞世等,即家庭也有其生命周期。家庭生命周期理论最初于20世纪30年代由希尔(R.Hill)和汉森提出,其他代表人物是杜瓦尔(E.M.Duvall)、埃多斯(J.Aldous)、格里克(P.Glick)、罗杰斯(R.Rodgers)、埃尔德(Glen Elder)等。

希尔指出:因为家庭成员对家庭的生理、心理、社会需求以及来自社会的期待和环境的因素,促使家庭在不同阶段有所改变。对"家庭发展"而言,有三个互相关联的重要现象,分别是:家庭发展是一个组织的与互动的现象;强调家庭生涯中家庭行为的相互影响与延续关系;确认"发展"是改变的来源,包括功能性改变上的要求以及生活压力的发生。家庭发展理论主要建立在以下四个假设之上:人们是行动者,也是反应者;家庭成员的增加与减少是互动的重要变项;家人在同一场景的互动不同于在不同场景的互动;急速的转变(如新生儿的诞生)会导致家庭结构的转变。

长期以来,广为流传的家庭生命周期理论是由杜瓦尔提出的。杜瓦尔认为:就像人的生命那样,家庭也有其生命周期以及不同发展阶段上的各种任务。家庭作为一个单位要继续存在下去,需要满足不同阶段的需求,包括生理需求、文化规范、人的愿望和价值观等。家庭的发展任务是要成功地满足家庭成员成长的需要,否则将导致家庭生活中的不愉快,并给家庭自身发展带来困难。具体而言,家庭生命周期包括相互联结的八个阶段:新婚期、育儿期、学龄前期、学龄期、青少年时期、空巢期、中年父母期、老年家庭阶段。在每个阶段,都有不同的发展任务。

（1）新婚期（没有孩子）。其任务和要求是：脱离原生家庭，组成新的家庭，形成夫妻角色分工与规则，发展相互满足的婚姻生活；怀孕及对即将成为父母的角色适应；适应彼此的亲戚网络。

（2）育儿期（从第一个孩子出生到其两岁半）。其任务和要求是：建立父母角色，适应子女的诞生、成长，以及调整夫妻角色；发展一个可以满足双亲、新生儿需求的家庭。

（3）学龄前期（从第一个孩子两岁半到其六岁）。其任务和要求是：培养孩子的独立性；对学校等社会机构和社会成员保持更大的开放性；接纳家庭角色的变化；适应学龄前期子女的重要需求；父母会因此缺乏隐私。

（4）学龄期（第一个孩子六岁到其十三岁）。在这一阶段，有学龄子女的家庭以建设性的方式适应社区的生活，并鼓励子女教育方面的成就。

（5）青少年时期（从第一个孩子十三岁到二十岁）。其任务和要求是：为子女独立生活做准备；接纳和促进子女的独立要求；青少年在自由与责任之内取得平衡；发展中年父母（子女已成年）的兴趣和工作。

（6）空巢期（从第一个孩子到最后一个孩子陆续离家）。其任务和要求是：成年子女离家就业、服兵役或上大学，并另行组新家庭，重新调整夫妻角色；接受孩子独立的成人角色；维护支持性家庭关系。

（7）中年父母期（空巢到退休）。其任务和要求是：适应新的、不以子女为中心的角色要求；新的婚姻关系的重建；维护老的、年幼的亲属关系；放手让孩子独立以及重新面对彼此。

（8）老年家庭阶段：退休到双亲死亡。其生活面临丧偶及独处，其任务和要求是适应老年生活与退休生活。①

此外，罗杰斯的家庭生命周期理论与埃尔德的生命过程理论也很具有影响力。其中，罗杰斯对家庭生命周期发展阶段做出了更细致的划分。他使用了 24 个阶段循环法，将家庭生命周期具体划分为学前阶段、入学

---

① Evelyn M. Duvall (ed.). *Marriage and Family Development*. New York: Lippincott, 1977.

阶段、青少年阶段、青年成年阶段以及离家阶段,并将每个阶段划分为不同的子阶段。该理论不仅描述了家庭发展过程中第一个子女的成长过程,而且注意到最后一个子女的成长过程。

埃尔德则认为,以往家庭生命周期理论的缺点是只把家庭分成为父母、生儿育女、空巢及至家庭解体这一过程,即基本上是围绕家庭主要成员(夫妻)来展开此过程,没有注意到其他家庭成员特别是子女地位的变化。正是针对这点,埃尔德提出了"生命过程理论"。这种理论主要是探讨家庭成员个人的发展历程,包括如何成为儿童、何时成年、何时结婚、何时为人父母、晚年境况如何以及在这个过程中家庭发生了什么变化等。这些理论更多地关注了夫妻之外的家庭成员(特别是子女)在家庭中的成长与变化,研究了个人从儿童经历成年、结婚、为人父母到晚年的生命过程中家庭的变化。

家庭生命周期理论重视家庭发展中的阶段性、家庭生活中的转折事件对家庭生活的影响、不同时期的家庭任务和家庭规范、不同家庭成员在家庭中的位置、角色的认知及其适应调整的重要性等,动态地阐释了家庭从建立到消亡的一系列过程。家庭生命周期理论的重要启示是:家庭生活的各个阶段是前后延续的,每个阶段都有其特别的发展任务,若重点的发展任务不能得到完成,或者家庭不能根据不同阶段之间的转折而做出相应调整,则不仅容易遭遇家庭关系的紧张和矛盾,而且可能会影响到下一阶段的家庭生活。此外,各个阶段之间的转折过渡时期是最容易导致家庭关系紧张、家庭成员焦虑的时期,也是需要家庭成员加倍投入精力、努力做出适应和调整的关键时期,应该给予特别的重视。同时,为了更好地推动家庭文化建设,需要对家庭进行全面系统的评估,以便确认特定家庭在哪种发展阶段以及这种阶段所可能面临的压力,从而根据其特殊性的发展需求现状,协助其满足家庭发展阶段的需要。

2. 家庭系统理论

家庭系统理论把家庭看成是一个由若干子系统组成的系统,每个子系统间既有联系又有制约，形成家庭系统有序的运转，以此来实现家庭的功能。家庭系统虽然小、但功能却较复杂，自成一体，同时也是更大的社会系统的组成部分。

家庭系统具有如下特征：(1)家庭是一个整体，且大于部分之和，子系统的改变可能引起系统的改变。(2)组成家庭系统的诸要素，不仅是个体的人，而且是人与人之间的相互作用所形成的社会关系。(3)个体及子系统间都有边界。边界设立后，会产生系统的规则，以维持角色功能。同时，家庭系统的边界又是半渗透的，这可以确保它的生存和对社会环境的适应；通常，家庭角色或边界越有弹性，越能协助家庭维持良好的功能。(4)家庭系统具有一定的规则。家庭规则决定了人们的行为与互动模式，是建构和维持家庭成员关系的依据。这些规则既包括明文的规则，如我国提出的"尊老爱幼、男女平等、夫妻和睦、勤俭持家、邻里团结"的家庭美德规范；也有各种潜在的、不成文的规则，如大人对小孩的权威、长辈对晚辈的权威。(5)家庭作为一个系统，有其自身的控制调节机制，以便使家庭沿着既定的目标向前发展，保证正常的运作方式。这种控制调节包括自我控制和社会控制两个部分。自我控制是家庭内部的在微观控制家庭成员的思想和行为、调整家庭内部关系的机制。社会控制机制实际上是将家庭系统纳入社会系统中，依靠社会的影响力量来维持家庭的稳定；当家庭受到经济系统、职业系统、医疗或法律系统输出的各种信号，即可产生相应的调节和整合，以使家庭的变化发展与社会的变化发展协调一致。家庭的控制调节机制说明家庭系统有较强的自组织能力，并具有开放式特性；在与社会的密切联系中，它能够自行从有序状态转向无序状态，又能够从无序状态转向新的有序状态。(6)家庭系统具有一定的恒定作用，或者说家庭是"一个可调节的自稳态系统"。当一个系统失去平衡时，正向反馈会增加系统的偏向，负向反馈则会修正系统的偏误。当然，这种恒定作用具有一定的限定范围；当改变太突然、或超过了系统所能忍受的极限时，就会产生具有对抗性的反应，家庭系统也就无法维持其稳定状态。

家庭系统理论认为：家庭系统由若干子系统组成，即夫妻系统、亲子系统、兄弟姐妹系统等。子系统之间耦合度越高，家庭系统就越稳定与和谐。当这个条件得不到满足时，即系统内部的各个子系统或各个要素之间不能有效配合、相互协调时，系统均衡状态就会受到破坏，家庭成员个体的生存和发展也会随之出现问题。所以，如果家庭出现不和谐的现象，就需要加强社会干预，以帮助其恢复各个子系统或要素之间的均衡关系，使之重新有效配合、相互协调。[①] 在家庭系统中，每个人都承担着各自的角色，其行为相互影响、彼此依赖。

家庭系统理论对家庭研究的启示是多方面的。非常重要的一点是：系统的任何要素在发展过程中都不是孤立的存在，而是能动地与周围的环境相互依赖、相互依存、相互作用的。整个社会系统是由若干个联结在一起的系统所组成的，每个系统都对要素的发展具有复杂的意义。系统理论在家庭实务工作中具有广泛应用，尤其关注的是家庭关系、家庭的沟通方式与互动模式、家庭弹性等问题。

3. 结构功能理论

在家庭社会学研究中，结构功能理论的基本假设是将家庭视为社会系统的一个组成部分——它可以在生理上、心理上满足其成员的需求，同时也可以维护社会现存的结构。埃什尔曼在《家庭导论》中探讨家庭理论的结构功能框架时，特地解释了"结构"和"功能"这两个概念的关系。尽管"结构"和"功能"的概念可以分开讨论，但它们也互相联系和包容。其中，结构往往是要素的构成，而要素之间的构成方式所导致的结果即是功能的实现。

结构功能理论主要是探讨社会中系统与系统之间是如何相互依赖并整合在一起的，它强调的是社会的稳定、秩序和均衡。帕森斯是结构功能理论的集大成者。按照帕森斯的观点，家庭的核心特点是均衡，家庭结构

---

① 杨雄、刘程：《当前和谐家庭建设若干理论与实现路径》，《南京社会科学》2008 年第 9 期。

的稳定性至关重要，其主要功能在于重新确立被外部世界打乱了的和谐均衡状态。帕森斯认为，丈夫（父亲）和妻子（母亲）这两种角色是男人和女人的天性决定的；男性角色的工具性和女性角色的表意性在家庭内部设定一条固定不变的分界线。不仅在家庭内部，而且在宏观社会结构中，两性的不平等都是永恒不变的事实。①

家庭的功能体现在很多方面，比如人类的自我繁衍、人的社会化、社会控制手段三个具体方面。这在古德的《家庭》、帕森斯的《家庭社会化和互动过程》等经典著作中已有详细论述。根据帕森斯的观点，家庭具有两种不能忽略的基本功能：一是孩子的生育与初级社会化，使他们能真正成为社会的一员；二是使成年人的性格具有稳定性，即人格稳定化。所以，家庭是儿童学习所处社会的文化规范的地方，也是人格发展最重要的舞台。其次，家庭还具有重要的经济功能，包括家庭中的生产、分配、交换、消费等。经济功能是家庭功能其他方面的物质基础。加里·贝克尔的《家庭论》曾从经济学的视角对家庭的经济功能进行了系统的分析。再次，家庭还具有情感支持功能、健康照顾、抚养与赡养功能、休闲与娱乐功能等多种功能。最后，将家庭进一步向外延伸，作为特殊社会组织的家庭还承担了对其他社会组织与结构的重要功能，涉及家庭与经济的互动、家庭与政治的互动、家庭与文化的互动、家庭与教育的互动等。

通常，以结构功能论的视角来看待家庭，主要强调家庭对社会的正功能、家庭内部强调男女角色之间与代际角色之间的稳定性和均衡性，强调对社会秩序的贡献。但是，结构功能主义对家庭与社会之间、家庭与其他社会组织之间以及家庭内部的矛盾关注明显不够。虽然一些理论家也试图从社会分化的角度来阐释现实生活中的家庭革命现象，以使其能更好地契合社会现实，但总体上它仍然是滞后于现实社会的。

在现代社会，传统家庭的各种功能正在经历调整、瓦解或重组。在伯吉斯看来，随着工业化进程和城市化进程，家庭的传统功能已经逐步外

---

① 张文霞、朱冬亮：《家庭社会工作》，社会科学文献出版社 2005 年版，第 105 页。

移,主要表现为:家庭的经济、教育、娱乐、健康保护和宗教功能向其他机构转移,只剩下情感满足和个人的初级社会化功能尚未完全被取代;家庭功能的外移推动了家庭从机构型向友伴型的变迁。斯梅尔塞从现代化的角度指出:工业化使得家庭丧失了其原有的教育和经济单位——被学校和经济组织所代替。由于家庭不再是一个生产性的经济单位,家庭成员能够离开家庭到劳动力市场上寻找雇佣者。同时,由于家庭经济功能的衰退,导致了父系权威的逐渐下降,家庭内部的活动更多地集中于情感满足与子女的家庭社会化。因此,现代化形成了以情感吸引和爱情为基础的家庭;除了每个家庭成员各自与外部的联系外,家庭不再作为重要的社会领域。

但即使如此,不可忽视的是,当前社会的家庭所承担的功能依然是多方面的、是不可替代的,尤其是对于自古以来极为重视"家"的中国而言更是如此。

4. 社会冲突理论

与结构功能论相反,社会冲突理论认为:整个社会秩序不是处在平衡和静止中,而是处在动荡和不稳定中,冲突才是社会的常态;不平等秩序是由社会各部分之间不断发生的冲突所造成的;冲突不仅造成了社会的不平等秩序,更是社会前进的动力之源。在这一点上,家庭制度和婚姻关系也不例外。冲突论认为,与其强调婚姻家庭关系中的秩序、平衡、一致或功能主义的系统平衡,不如将注意力集中在冲突的规律和调解上。

经典的冲突理论来自卡尔·马克思,而将马克思的统治与被统治、压迫和被压迫之间的冲突关系引入家庭研究的则是恩格斯。恩格斯提出,家庭是资本主义社会的基本单位,也是女性被压迫的主要根源。在家庭中,不平等的辈分及性别权威关系是造成家庭冲突的主要原因。在家庭范围内,男性利用家庭内部"自然"形成的不平等分工体系来压迫和剥削女性,父亲与子女、老年人与青年人、兄弟姐妹等之间关系往往也是不平等的。从 20 世纪后半叶开始，从冲突论视角开展的家庭问题研究长盛不衰，其研究议题涉及夫妻关系冲突、家庭沟通、亲子关系冲突、兄弟姐妹的冲突、家庭解组、家庭权力结构、家庭暴力等。

很多学者尝试使用冲突论来解释家庭中的性别不平等、家庭暴力、儿童虐待等现象。比如，在《性别公正：一个关于稳定与变迁的整合理论》一书中，查菲茨将家庭内部性别不平等与家庭外部性别不平等联系起来，并指出：宏观层面的男女分工不平等导致了家庭内部的剥削；反过来，家庭内部的不平等的分工体系制约了女性的发展，深化了宏观层面的不平等。又如，在西方关于家庭暴力的研究中，一些冲突论者指出：家庭生活必然会出现冲突；而社会阶层化的合法性和权力的不同，会允许家庭中居较高权力者用暴力对待家中权力较少者，包括使用武力、胁迫、经济控制、隔离以及男人特权，对其配偶行使身体、心理、经济、性的虐待。再如，就儿童虐待案例而言，是因为一些父母视子女为其财产，因此为了控制子女而行使暴力。由此可见，钱力、拳力与权力涵义有许多相同相通之处，"钱力"与"拳力"会提升"权力"，因此得以控制另一方，此即为权力的不平衡所带来的家庭冲突。着眼于此，必须推动这些问题家庭的权力实现重新配置，使受虐待者也可以在家中拥有平等的权力，从而在根本上防止虐待问题。

相比之下，早期的冲突论学者大多只讨论了社会冲突对原有社会秩序的负面影响。但在刘易斯·科塞看来，可控的社会冲突本身也可以成为社会整合的一种功能。他提出，冲突可以起到类似于"安全阀"的功能——好比锅炉上的安全阀一样，适量的冲突可以排泄人们的不满情绪，从而不至于威胁到整体。对于家庭而言，适量的冲突也可以起到类似的作用。首先，大量的低激烈程度的小型家庭冲突可以释放紧张情绪，避免高激烈程度、破坏力强的冲突的发生，从而得以维持家庭的长期稳定。其次，家庭冲突可以使各方以最直接、最快捷的方式了解彼此的立场、观点、情感和行为模式，而加速彼此适应的进程，客观上也会促进家庭成员的团结。最后，家庭冲突还可以暴露家庭关系中的不合理成分，从而避免这些成分的过度沉积而最终引起家庭的破裂。另一方面，由于受到冲突的刺激，可以促使家庭成员尽快改善、修正不合理因素，而使得家庭关系得到调整和改进，这也为改善家庭生活质量带来了更多可能性。①

达伦多夫的冲突理论对于理解家庭问题亦具有深刻启发。达伦多夫认为，冲突源自对稀缺资源的争夺，尤其是权力与权威资源。其理论有两个关键概念：冲突强度与冲突烈度。其中，前者是指冲突各方的力量消耗及其卷入冲突的程度；后者是指冲突各方在追求其利益时所使用的手段。冲突群体之间相互调节达成协议的能力越是不足，冲突就越具有暴力性；冲突越激烈，结构变迁与再组织的程度就越大；冲突越具有暴力性，则结构变迁与再组织的速率就越高。②家庭范围内的冲突形式往往多表现为辩论、争吵、暴力行为等，它们对应了不同的冲突烈度和冲突强度，对家庭的稳定影响不一。总体而言，要对较高强度与烈度的家庭冲突保持警惕，尽量将其控制在较低的水平和范围内，使它不至于成为伤害家人和分裂家庭的力量。从另一方面来看，有效的沟通能够帮助发生矛盾和冲突的家庭恢复均衡稳定的结构状态。③

社会冲突理论应用在家庭研究的主要观点包括：(1)社会冲突是人们生活的基本要素，冲突存在于任何社会互动形式中，同样也存在于家庭生活及家庭互动关系中。(2)个别行动者会依其个人的喜好行动，包括需要、价值观、目标及资源，因此在其日常生活与互动中会有各种理由来诠释其欲求、利益及追求的方式，因此不可能要求每个行动者都是为了达到社会最大的利益而行动。(3)无论是就个人或是团体而言都会有冲突发生，运用在家庭时情况亦同；如果家中不同的成员有不同的目标、价值、兴趣及规划，则家庭成员之间则可能会产生冲突。(4)家庭的冲突也可能来自同样的目标与兴趣，但限于资源(爱、注意、权力、金钱等)分配的不足，因此出现竞争和冲突。因此，家庭冲突论者视个人喜好为了解家庭关系

① 张文霞、朱冬亮：《家庭社会工作》，社会科学文献出版社 2005 年版，第 108 页。
② 乔纳森·特纳：《社会学理论的结构》，华夏出版社 2001 年版，第 173—176 页。
③ 杨雄、刘程：《当前和谐家庭建设若干理论与实现路径》，《南京社会科学》2008 年第 9 期。

及互动的主要因素。(5)家庭是劳动力来源的体系,而劳动力市场的竞争力会影响家庭的权力、性别关系和生活。在很多家庭中,男人参加工作赚钱养家,而女人则负担家中未领薪的劳务,这种状态成为主流社会典型的"家庭形态",由此男人在家中成为拥有较高权力者。(6)"权力"是家庭冲突理论的重要概念,存在于家庭内外系统之间,这会受到社会文化、阶层的影响;就家庭内部而言,这与性别、年龄有关。

与结构功能论不同,冲突论认为家庭不是温情脉脉的场所,而是充满了不平等、压迫、矛盾与冲突的社会场所。但是,过于强调冲突的倾向并不利于完整地理解家庭生活。所以说,冲突理论只看到了家庭工具性的一面,但是对家庭道德性和情感性的一面则缺少足够的关注。[①]

5. 符号互动论

符号互动理论主张从与他人处于互动关系的日常情境中研究人类群体生活,并特别重视与强调事物的意义、符号在社会行为中的作用。米德等提出的符号互动论认为:心灵、自我和社会的形成和发展,都以符号使用为先决条件。人的行动是有社会意义的,人与人之间的互动是以各种各样的符号为中介进行的;人们通过解释代表行动者行动的符号的意义而做出反应,从而实现社会互动。符号是人类社会互动的媒介工具;它既是人的外部行为的凝聚,又是心理内化的依据。所以,它在人的外部行为和内心世界之间起着中介作用。符号既是一种社会现象,也是个体现象,所以它是联结个体和社会的桥梁。个体正是通过对符号的掌握,才具备"扮演他人角色"的能力,"自我"才得以产生。社会化的个体是能运用象征符号和语言来进行交流的人——既是行为者,也是反应者。社会化的个体不仅能对来自外界的刺激做出反应,更重要的是能够对包含解释性和预期性的环境做出反应。简言之,社会化的个体可以从别人的角度来观察世界,因此能够"设身处地地从他人的角度进行思考"。

---

① 高敏:《家庭社会学研究综述》,《社科纵横(新理论版)》2011 年第 3 期。

社会是一种动态实体，是经由持续的沟通、互动过程形成的。正是在人与人之间的互动过程中，才构成了整个社会和社会制度。遵循这一思路，符号互动论主张从家庭内部的互动关系来研究家庭，将婚姻和家庭视为一个符号的世界，认为家庭与社会、家庭中的人与人之间的相互作用是通过象征性的行为来沟通的，强调个人对家庭的顺应、家庭内部的协调；强调人们的价值系统（认知）解释（意义）对家庭事件和行为的影响，强调（符号）沟通方式在家庭关系中的重要作用，[1]这些都对观察和认识家庭产生了重要的影响。

1993 年，拉罗萨（Ralph LaRossa）和赖茨（Donald Reitzes）总结了符号互动论的三个论题、七个假设。（1）论题一：人类的行为深深地受到个人的想法的影响；它是经由计划、反刍、有效的行为。假设 1：人类针对事情的行动是基于意义上的，这也是布鲁默对互动的解释，即认知的意义是来自于刺激感觉与行动之间。假设 2：意义是来自人与人之间互动的过程；米德解释意义是来自符号和解释的分享。假设 3：意义是被操纵的，是可以修正的，是经由人在处理事情时的解释过程。（2）论题二：注重在发展自我概念的重要性；符号互动论认为一个人对其位置行为的处理，是因为人们有一个社会我与互动我。假设 4：个人并非生下来就有自我的概念，自我概念来自社会的互动。假设 5：自我概念一旦发展，会对行为过程提供重要的动力。米德指出：个人对他自己的反应评估，是受一般人观点的影响的。（3）论题三：人类是社会性的，不会超过社会化的。假设 6：个人和小团体是受外在大文化和社会过程的影响的。假设 7：个人是经由在日常生活中的社会互动外塑而成的，即个人是在社会结构中被塑造出来的。

符号互动论特别关注社会的人格化和人格的社会化两个过程。在论述社会人格化的过程中，它主要涉及家庭成员对家庭中"子女"、"妻子"、"丈夫"、"父亲"、"母亲"等固定角色的认识、扮演、内化。比如，研究发现

---

[1] 邓伟志、徐新：《家庭社会学导论》，上海大学出版社 2006 年版，第 21 页。

很多职场妈妈存在着"角色紧张"的问题。而人的社会化过程在家庭中的具体表现是已经对角色有一定认识的儿童和成人之间的互动过程。一般而言，家庭成员对家庭中角色认识越一致，家庭的互动就越和谐。

符号互动论比较强调人的价值系统（认知）和解释（意义）对家庭事件和行为的影响，强调（符号）沟通方式在家庭关系中的重要作用，以及意义对情境的依赖性。家庭对某个事件的定义，是根据其家庭的价值系统以及对事件的解释的反应，而这是影响家庭如何因应这个事件的主要因素。家庭的认知，即对某个家人的期待与对事件的定义，是受社会规范和价值观念的影响的。社会规范和价值观念来自其社会化过程以及与其互动的社会团体，特别是对其而言的"有意义的他人"或者参照群体。它以动态的视角看待家庭中的角色互动，这对于了解家庭内的事实"真相"具有很大作用。这是因为，家庭成员之间相互沟通经常是借助各种非语言的符号来进行的。理解这些符号的真实意义对于家庭工作的开展大有裨益。总之，符号互动论比较重视人们的自主性，注重人们是如何定义及解释他们自己或他人的。但是，互动论并没有解释在互动过程中所形成的家庭的特点以及社会大环境对家庭成员的角色认识的影响。[1]

6. 社会交换论

社会交换理论是 20 世纪 60 年代兴起于美国进而在全球范围内广泛传播的一种社会理论。这一理论主张人类的一切行为都受到某种能够带来奖励和报酬的交换活动的支配，因此，人类一切社会活动都可以归结为一种交换，社会关系也是一种交换关系。社会交换理论认为，人与人的互动之所以会发生，是因为人能够从一系列的交换行为中获得自己所期望的回报；当交换行为多次发生之后，就会逐渐地制度化，并形成一定的社会秩序。社会交换理论建立在"付出代价"和"获取报偿"两个基本观点之上，其主要代表人物是霍曼斯、布劳、埃默森等。其基本概念包括：酬赏、

---

① 高敏：《家庭社会学研究综述》，《社科纵横（新理论版）》2011 年第 3 期。

代价、利润、分配、公平、平等、权力、期待、依赖等。

霍曼斯运用活动、报酬、价值、情感、互动、规范等基本概念,建构了关于人类行为的一般命题系统。他试图通过演绎解释人类行为,即通过一般命题系统演绎出经验规则。霍曼斯关于人类的社会行为的一般命题系统包括:(1)成功命题:在一个人所采取的所有行动中,若其中某一特定行动经常得到酬赏,那么这个人就越愿意重复该行动。(2)刺激命题:如果一个人在过去对某一种或一组刺激做出的某一行动获得了报酬,那么,当类似于过去的那种刺激再发生时,这个人就有可能做出与过去相同或类似的行动。(3)价值命题:如果某种行动带来的结果对一个人越有价值,则这个人就越有可能做出该种行动。(4)剥夺—满足命题:某人在近期越是经常得到某一特定酬赏,则随后而来的同样酬赏对他的价值也就越低。(5)侵犯—赞同命题。这一命题包括两个副命题:第一,如果一个人的行动没有得到预期酬赏甚至受到没有预期的惩罚时,则会被激怒并可能采取侵犯行为。第二,如果一个人的行动获得了预期的酬赏甚至得到的酬赏比预期的还多(或行动没得到预期的惩罚),则会产生喜悦的心情,并可能做出别人赞同的行动。(6)理性命题:在面对各种行动方案时,行动者总是选择价值最大和获得成功的概率最高的行动。①

布劳的交换理论则是从社会结构的原则出发考察人与人之间的社会交换过程。布劳主张:社会交换是特定类型的交往,参与交往的各方期待着他人的回报,建立在相互信任基础上的自愿性活动要有两个条件——参与交往的各方都期待着他人的回报,且社会交换是建立在相互信任上的自愿性活动。社会交换是个体之间的关系与群体之间的关系、权力分化与伙伴群体关系、对抗力量之间的冲突与合作、社区成员之间间接的联系与亲密依恋关系等的基础。一般而言,微观社会结构中的社会交换大致经历了"吸引—竞争—分化—整合"四个阶段。首先,在基本的交换关

---

① Homans, George Caspar. 1961. *Social Behavior: Its Elementary forms*. NY: Harcourt, Brace & World, Inc.

系中，人们是由相互的需要和满足权威相互吸引的。其次，这样的交换很容易发展成一种竞争关系；在这种关系中，每个人都要显示自己能提供的报酬，从而给对方造成印象，而自己又可从中获得更多的报酬。第三，这种竞争形成分层系统；在分层系统中，个人以他们所拥有的稀有资源为基础开始分化。第四，权力既可以是合法化的（权威），也可以是强制性的。权威是以合法性价值为基础的，这种价值使具有整体效应的群体和组织能够不依赖于亲密的面对面的接触而进行活动，人与人的关系逐渐实现制度化。[①]

总之，在社会交换理论看来，人是理性的动物，而社会生活是要求有互惠关系的，人们的选择是建立在要得到最大的奖赏和最少的代价的基础之上的，以期获取最大的利润或最好的结果。从长期来看，社会互动的维持基于互动者之间相对平等的互惠性交换。按照社会交换理论的基本观点，人们在付出某些东西时（时间、精力、金钱或实物安逸、便利等），往往也会期待获得相应的报偿（利润），如金钱（或实物）、尊重（或自尊）、感激、社会肯定（声誉）或顺从（权力）。同样，当人们从其他人那里得到了好处，也会被期望予以均等的回报。

作为一种解释人类行为机制的社会理论，社会交换理论被一些学者运用到家庭研究领域，用于解释家庭成员之间的互动过程以及在此过程中个人利益的诉求主张。家庭文化研究的交换论认为：家庭行为是彼此交换的关系：当一方表示出一种行为时，另一方则以相应的行为作为交换。交换论强调夫妻之间基于交换原则进行劳动分工、权力交换，强调掌握这种交换的度是协调家庭关系的关键。

在家庭研究领域，交换论常被用于解释择偶过程与机制。择偶过程的"地位交换模型"来自金斯利·戴维斯和罗伯特·默顿的开创性研究。默顿、戴维斯提出：美国社会的择偶过程具有深刻的地位交换印迹。[②]这一

---

① 彼得·M.布劳：《社会生活中的交换与权力》，李国武译，商务印书馆 2008 年版。

② Kingsley Davis. Intermarriage in Caste Societies. *American Anthropologist*, 1941, 43(3)：376—395.

理论认为：个体可以被视为一系列特征向量的组合，包括性别、外表、幽默感、身高体重、种族、家庭财富等。这些特征被视为婚姻市场中个体的"价值"所在；同时，在择偶过程中它也是一种"社会成本"。比如，在跨族群通婚中，少数族群身份就是一种社会成本——白人往往被视为种族地位最高的社会群体，因此，白人与其他族群通婚对自己而言是付出"种族代价"，但对对方而言则是收获"种族价值"。因此，跨族群通婚的白人需要获得更高社会经济地位等来予以补偿。唯如此，择偶过程才能达到"均衡状态"。正如威拉德·沃勒在《家庭：一种动力学说明》中所指出的："当一个人结婚时，他做了若干不同的交易。每个人都明白这点，这种认识影响了爱情情操和陷入爱情的过程。"这一观点得到了许多经验研究的证实。比如，美国白人女性与亚裔或黑人男性通婚时，通常比她们与白人男性通婚时更易出现"教育上嫁婚姻"（educational hypergamy）现象。[①]当然，择偶过程中的交换媒介是多元化的。首先，择偶的互惠因素不一定只包括经济因素，也可以包括金钱、地位、容貌、才华、情感、劳动力、性行为等一系列的因素；其次，这种择偶的互惠也不一定是即时实现的，可以在以后婚姻生活中慢慢偿付；最后，男女双方不一定是交易的直接受惠者，受惠者可以是家庭中与男女一方有关系的第三人。[②]

其次，一些交换论者还认为：不仅是择偶过程，而且婚姻本质上就是一种社会交换——爱情实质上是从婚姻伴侣那里寻找表现性补偿，如两人在做事和出行时相伴，彼此共度快乐时光；夫妻之间的情感交流，在使个人自我概念增强的同时、也会增进对方对自己的理解；夫妻之间肉体的情爱（搂抱、亲吻、抚摸、性的满足等），实质上也是彼此生理和心理需求的共同满足。

再次，家庭不同代际之间、不同家庭之间也存在很多类似的交换行为与过程。许多研究发现：父母与子女之间就存在着"互惠"、"反馈"原则的

---

① Debra L. Blackwell, Daniel T. Lichter. Mate Selection among Married and Cohabiting Couples. *Journal of Family Issues*，2000，21(3)：275—302.

② 高敏：《家庭社会学研究综述》，《社科纵横（新理论版）》2011 年第 3 期。

代际交换，这包括了父母对成年子女购房的经济支持、育儿的时间支持等，以及子女对父母的养老付出。同样的，在扩大的亲属关系之间，也广泛地存在着这种互惠、互利的交换行为，包括生病期间的帮助、金钱援助、儿童照顾、礼物互赠和对家庭内外事务的建议等。

交换论对理解家庭问题提供了有力的理论视角，对于认识人类家庭的产生、发展以及家庭生活的过程等，都具有重要意义。它的一个启示是：美好的婚姻关系和家庭生活要靠夫妻双方以及家庭成员的共同付出，只有彼此互惠互助才能长久和谐；仅仅强调单方的一味付出和无私奉献，不可能创造所谓的幸福家庭。但是，交换论过多地强调了人们在择偶过程与家庭生活中所具有的理性的一面，夸大了人类的功利主义倾向，而忽视了人的情感性和非理性一面（比如作为本能的无私和牺牲精神、不求任何报偿的理想等）。

7. 社会支持理论

20 世纪 70 年代以来，一些心理学者用"社会支持"这个术语来指称与身体健康有关的社会关系。他们一般将社会支持当作网络资源，这种资源可以帮助个人应对日常生活中的问题或危机，增进个人健康和幸福。后来的学者则把社会网络的研究与社会支持以及弱势群体的社会福利问题结合起来进行研究，从网络的角度来探讨个人的社会支持。概括而言，已有的社会支持理论包括这样三种理论取向：功能取向、互动取向、主观评价取向。

（1）功能取向。有的学者将社会支持定义为：它们是这样一些行动或行为，其功能在于帮助某些核心人物实现其个人目标，或者满足其在某一特殊情形下的需要。按照这一功能取向，研究者试图勾画出不同种类的包含各种支持成分的活动。比如，帮助人们策动资源、处理有关情绪问题、为那些处于特殊压力情况下的个人提供物质和认知上的支持或分担某些事务等。

（2）互动取向。互动取向的研究者将其看作是个人与其社会网络的各个部分之间所进行的连续的、复杂的资源互动和交易。按照有关的社会互动来定义社会支持，它包括情感关怀、工具性支持、信息和赞扬。总之，互动取向的社会支持在关注社会网络本身的结构的基础上，着重阐释了整个社会支持过程中所涉及的人们之间的动态互动关系。

（3）主观评价取向。社会支持功能的发挥与个人的主观评价密切相关。当一个人对自己可以得到的社会支持认知明确、主观评价良好时，就会倾向于积极利用和不断建构社会支持网络为自己服务；否则，就会倾向于自我封闭和消极处世。

社会支持理论对于家庭实务具有重要启示。即：适当的社会支持和个人社会网络对社会成员具有预防和治疗作用；相反，不适当的社会支持或缺乏个人支持性的社会网络，则可能带来负面效果；家庭的认知可能是其家庭的互动团体或重要他人的影响；介入服务的重心应聚焦于人与环境的互动关系上，如帮助家庭寻求可行有用的社会资源或与支持性的社会网络连结起来，并且帮助这些家庭形成适当的认知；外部介入应该深入到家庭的生活模式中，以协助家庭成员度过其中有压力的生命转折点等。

（三）我国家庭文化研究新进展

我国学者在研究中国家庭问题的基础上，也形成很多本土化的家庭文化理论与解释。这些研究主要集中于家庭结构与功能、家庭关系模式、家庭的伦理道德规范、择偶与婚姻、生育模式、老龄化与养老模式等。

1. 家庭结构与功能

改革开放以来，我国家庭规模呈现出小型化趋势，以核心化家庭为主，且小家庭式样日益多样化（如空巢家庭、丁克家庭、单身家庭、单亲家庭等），家庭的结构与功能均出现明显变化。2010 年"六普"数据显示，上海家庭平均规模为 2.5 人，比全国少 0.6 人（比 2000 年减少 0.3 人）。同时，家庭的核心结构从"血亲主位"转变为"婚姻主位"。

家庭规模与结构的变化对家庭的功能也产生了深刻的影响。家庭规模的日渐缩小、代际结构的明显变化，使得传统家庭的许多基本社会功能出现萎缩、下降或被取代。①这主要体现在：（1）家庭内部亲属结构关系日益简化，增加了家庭赡养的难度，家庭养老功能不断弱化。老人赡养功能部分外化，由国家、企业或个人创办的养老院、敬老院、老年公寓、老年人康复中心等各种养老机构实际承担。（2）婴幼儿照护的人力与时间资源不足，儿童照料与教育的支出加大、负担加重。而且，学校成为科学文化知识和职业教育的场所，家庭只保留了民族文化的传授和道德品质教育等功能，这也使得家庭的教育功能日趋弱化。（3）家庭的生产功能回归于社会，家庭从"生产单位"转变为"生活消费单位"。但是，家庭经济保障作用被"强化"，亲属之间相互依靠、支持力度变小，家庭代际支持价值减弱。②这固然在一定程度上增强了家庭的凝聚力，却也使家庭在成员互助出现问题时将面临极大的脆弱性。③

很多学者采用现代化理论来解释当前家庭结构与功能的变迁。即：把家庭和婚姻、生育的变动置于向市场经济、向现代化转型的过程之中，分析它们之间的关系。这一视角的基本逻辑是：随着工业化与现代化的发展，必然导致各种专门服务组织的出现，而且，家庭的部分功能会被这些组织所替代。维系家庭成员生活的基础功能，会随着产业化和公共设施的发达而发生变化，即子女教育、老人赡养、文化传播、精神慰藉等功能将随着教育的社会化和医疗技术的发达、医疗福利设施的齐全、娱乐的商

---

① 唐灿：《中国城乡社会家庭结构与功能的变迁》，《浙江学刊》2005 年第 2 期。
② 刘中一：《构建符合我国国情的家庭福利政策体系》，《开放导报》2011 年第 4 期。
③ 杨善华：《中国当代城市家庭变迁与家庭凝聚力》，《北京大学学报（哲社版）》2011 年第 2 期。

品化,而逐渐转移到学校、社会、福利设施和市场,部分功能执行主体将从家庭中分离出去。①对此,李银河认为:由于市场经济在中国社会的长足发展,家族文化及其理念已经在受到巨大冲击之后逐渐退出历史舞台。随着社会的发展,"中国的家庭与西方家庭之间的区别会变得越来越不明显,二者最终将趋于一致"。②

也有学者也对现代化理论提出了某些补充解释。比如,一些研究者注意到了现代化之外的其他因素对家庭婚姻变迁的影响,如政治因素、③特定历史因素、④地域文化因素等。⑤此外,一些研究者基于对中国家庭内部的问题复杂性的考虑,而提出了新的解释理论和分析方法,主要包括如下:(1)"家庭策略理论"。它强调家庭不只是受宏观社会变迁背景影响的客体,同时也是"以自己原有的特点对社会做出反应"的行为主体。⑥(2)"传统延续说"。它建立在传统文化和习俗仍对家庭变动的方向和进程具有持续影响力的分析之上。(3)"新结构说"。它强调传统文化与新结构因素的整合。⑦(4)"资源匮乏说"。它认为家庭现代化的进程因受到物质条件的制约而放缓或有所变异。⑧(5)"家庭经济理论"。它认为所有的家庭行为都是由家庭的经济逻辑决定的,都是寻求在变化的社会中,在面对实际经济、社会和生活处境时进行现实调整,从而达到家庭利益的最大化。⑨

---

① 潘泽泉:《现代家庭功能的变迁趋势研究》,《学术交流》2005 年第 1 期。
② 李银河:《一爷之孙——中国家庭关系的个案研究》,上海文化出版社 2001 年版,第 190—192 页。
③ 郭于华:《代际关系中的公平逻辑及其变迁——对河北农村养老模式的分析》,《中国学术》2001 年第 4 期。
④ 王树新:《人口与生育政策变动对代际关系的影响》,《人口与经济》2004 年第 4 期。
⑤ 沈崇麟、杨善华、李东山主编:《世纪之交的城乡家庭》,中国社会科学出版社 1999 年版。
⑥ 樊欢欢:《家庭策略研究的方法论——中国城乡家庭的一个分析框架》,《社会学研究》2000 年第 5 期。
⑦ 阎云翔:《家庭政治中的金钱与道义:北方农村分家模式的人类学分析》,《社会学研究》1996 年第 6 期。
⑧ 边馥琴、约翰·罗根:《中美家庭代际关系比较研究》,《社会学研究》2001 年第 2 期。
⑨ 罗梅君:《19 世纪末以及今日中国乡村的婚姻与家庭经济》,张国刚主编,《家庭史研究的新视野》,三联书店 2004 年版。

2. 家庭关系模式

我国传统社会的家庭关系是以父权与夫权为基本特征的——纵向关系是以父权制、家长制为核心，长辈拥有绝对的统治权威；横向关系是以男尊女卑、夫权为核心，男性拥有绝对的权威，女性在政治经济各方面都依附于男性。但改革开放以来，我国家庭规模、结构与功能的变迁，导致了家庭关系的深刻变化。当前，我国家庭关系以民主和平等为基本特征——纵向关系逐步转变为以平等协商为核心，长辈对后辈的绝对统治逐渐减弱，双方逐渐成为一种平等互动的关系；横向关系逐步以男女平等为核心，女性的地位上升，女性对男性的依附逐渐弱化。[①]

在纵向关系方面，传统社会的家庭早期阶段是子代享受亲代对他的抚育权利，财富从亲代流向子代；在亲代的晚年阶段，则是子代承担对亲代的养老义务，财富从子代流向亲代。但是，现代社会发展改变了家庭的规模、结构与功能，并在一定程度上直接或间接地影响到家庭的代际关系。[②]一方面，亲子家庭地位平等基本实现；亲子之间义务、责任和权利关系增强，在城市尤其如此；亲代对成年子代行为控制降低，各自经济独立成为主流；亲子生存空间扩大，代际矛盾减少。但另一方面，对子代教育高期望、高投入与务实性短期行为并存，对亲代主导或"包办"特征突出，功利色彩浓厚；因履行子代完婚责任，亲子代基本生存条件发生逆转；亲子财产继承权前移，亲代支配资源能力下降；抚育与赡养义务、责任、亲情和交换关系失衡，只有哺育（父母履行抚育义务）、而无反哺（子代不承担或较少承担赡养、照料义务）的代际关系接力模式令人担忧；多代家庭面临着养老与抚幼双重压力。[③]代际关系的变化对当前我国家庭带来了更多不确定性和社会风险，潜在地威胁到了家庭与社会的稳定。

---

① 林少真：《社会转型时期农村家庭关系变迁实证分析》，《长春理工大学学报（社会科学版）》2007 年第 3 期。

② 孙灵敏：《转型期家庭功能对代际关系的影响》，《法制与社会》2012 年第 1 期（上）。

③ 王跃生：《中国家庭代际关系的维系、变动和趋向》，《江淮论坛》2011 年第 2 期。

在横向关系方面,我国家庭已逐渐从"父子轴心"转为"夫妻轴心",并总体上呈现出如下特点:家庭人际关系简单,成员联系密切,关系平等;夫妻相互依赖,注重"两人世界"的活动,与其他亲属联系松弛;夫妻间的经济纽带萎缩,感情纽带增强;亲子关系以夫妻关系为转移,夫妻感情的好坏直接影响到亲子间的感情状态。而且,伴随这一过程的并非全然和谐的景象,夫妻关系不平等、家庭暴力等现象仍然较为突出。很多学者尝试从家庭权力分配和家务劳动分工角度来研究家庭范围内妻子的地位问题,①但这些研究大多停留在夫妻关系的静态模式上。郑丹丹等对夫妻互动过程进行了详细考察,并认为:家庭权力并不是由资源交换或规范导致的结果或份额;它总是以一种关系、事件的流动性形态出现在家庭中,调解或决定家庭中格局的变化。个体在权力策略运用或权力运作过程中既会根据手头知识库"自然"行事,也会在具体情景中权宜性、创造性地行动。夫妻关系定势就是在互动过程中、在权宜性行动中由夫妻双方的权力运作被形塑的。②

另一个问题是:从历史与社会动态的角度看,女性在家庭中的地位究竟是提高还是降低了?对此,学术界存在着两种不同的观点。"地位上升论"者认为,"从社会趋势上看,20世纪40—80年代中国社会变革的进步意义在于,婚育和家庭行为中的平等意识和个人发展权利受到鼓励,平等是全面的——不仅父母与子女之间,而且公婆与媳妇之间,还有家庭男女成员之间,都无地位的高低差异"。③尤其是在城市,"夫妻关系基本上是平等的,决定家庭角色模式、家务分工、夫妻的家庭地位和权力分配的主要因素不是性别,而是夫妻双方各自的发展及家庭整体的发展"。④而持反对

① 唐灿:《近期国内家庭研究的理论与经验:1995—2007》,唐灿主编:《家庭与性别评论(第一辑)》,社会科学文献出版社2008年版。

② 郑丹丹、杨善华:《夫妻关系"定势"与权力策略》,《社会学研究》2003年第4期。

③ 王跃生:《社会变迁与婚姻家庭变动——20世纪30—90年代的冀南农村》,三联书店2006年版,第463页。

④ 杨善华、沈崇麟:《城乡家庭——市场经济与非农化背景下的变迁》,浙江人民出版社2000年版,第165—167页。

意见的学者认为，"要看到表面的平等背后隐藏的不平等结构"。对此，左际平从性别结构和文化的宏观角度阐述关于家庭分工中的性别资源的观点，①而徐安琪也从市场的角度指出了存在于家庭策略和理性选择背后的不平等结构。②王金玲的研究指出：农村妇女婚姻家庭地位的提高，只是"一种以家庭成员个体和下代身份获得的'顺手牵羊'式的成功"；相比之下，男性从中的获利更多。③另外，夫妻间的家庭暴力一向被女性主义认为是男性统治和压迫的权力形态的典型表现。王金玲认为，社会性别机制、阶级阶层机制与社会—个人互动机制的联合作用是导致家庭暴力的根源。④佟新认为问题的关键是开展女性赋权运动。⑤

3. 家庭伦理道德规范

随着经济与社会的变革，我国家庭伦理道德发生了深刻嬗变。在体制转轨、社会转型的大背景下，西方的伦理价值观念进入了人们的日常生活中，特别是个人主义、自由主义以及享乐主义观念，深刻地影响到人们的道德观。以父子为轴心的大家庭向以夫妻为轴心的核心家庭的转换，进一步削弱了传统家庭中父亲的绝对权威。拜金主义的泛滥，使得一些人把金钱看成婚姻的唯一标准，把爱情当成金钱的附属物，在家庭婚姻生活中把金钱万能化；在一些人（特别是年轻人）身上，出现了纵欲主义的贞操观、利己主义的邻里观、实用主义的孝亲观等。受不良家庭伦理观念的影响，家庭生活的失范行为不断增多，主要表现为：在婚恋上，婚外恋、非婚生子、同性恋、单亲家庭、婚外性关系日渐增多，离婚率居高不下，甚至重婚等违法现象也时有发生；一些家庭代际关系失衡，重幼轻老"孝道"错乱；在家庭教育上，有些家庭只注重文化教育，而轻视道德品质教育；

---

① 左际平：《从多元视角分析中国城市的夫妻不平等》，《妇女研究论丛》2002 年第 1 期。
② 徐安琪：《单亲主体的福利：中国的解释模型》，《社会学研究》2003 年第 4 期。
③ 王金玲：《非农化与农村妇女家庭地位变迁的性别考察》，《浙江社会科学》1997 年第 3 期。
④ 王金玲：《女性社会学的本土研究与经验》，上海人民出版社 2002 年版。
⑤ 佟新：《不平等性别关系的生产与再生产——对中国家庭暴力的分析》，《社会学研究》2000 年第 1 期。

有的家庭成员只专注于家庭"小环境",而忽视社会"大环境",公德意识淡薄等。①

为了重构家庭伦理与道德规范,一些学者主张:(1)倡导养亲与敬亲并重,体现真正的亲情。其中,养亲是奉养父母,保证父母物质需要的供奉;敬亲则是一种保持内在亲情的要求,体现了人的文明和教养程度。(2)交于情、融于理,坚实婚姻基础。即夫妇之际交于情、融于理,实现"情"与"理"的调适统一,是创造美满婚姻的伦理保障。(3)重视以传统道德为内容的情境教育。重视"以德立身",优化自身的道德人格形象,时刻践行言传身教,使自己的言行一致,努力营造良好的家庭道德氛围。通过"敬祖尊宗"、"谨身节用,以养父母"、"敦睦亲族"、"与朋友交,言而有信"、"谨而信,泛爱众,而亲仁。"(4)强调兄弟亲情,注重彼此往来与关怀,加强相互情感沟通,巩固家庭和谐。②

4. 择偶与婚姻

随着社会变迁,人们的择偶标准发生重大变化,物质和经济利益得到了大大强化。③除了品行、容貌、兴趣爱好、价值观等条件之外,住房条件、户籍身份、职业因素等物质因素在择偶过程中的作用日益重要。④择偶观的变化,还影响到了人们的婚姻行为。首先,受到城市化进程的影响,女性初婚年龄呈逐年提高的趋势。⑤其次,婚姻圈不断缩小趋势明显。史清华认为,短距离通婚现象的普遍化是造成婚姻圈缩小的重要原因。⑥王跃

---

① 宋云芳:《略论20世纪80年代以来中国家庭伦理的变迁》,《通化师范学院学报》2010年第6期。

② 王永、黄永录:《论中国传统家庭伦理及其现代建构》,《湖南民族职业学院学报》2010年第2期。

③ 李煜、徐安琪:《择偶模式和性别偏好研究——西方理论和本土经验资料的解释》,《青年研究》2004年第10期。

④ 董金权、姚成:《择偶标准:二十五年的嬗变(1986—2010)》,《中国青年研究》2011年第2期。

⑤ 郑真真:《外出经历对农村妇女初婚年龄的影响》,《中国人口科学》2002年第2期。

⑥ 史清华:《浙江省农户家庭婚姻、生育及期望研究》,《中国人口科学》2001年第4期。

生则将其原因归结为四个方面：宗族观念和宗族组织的削弱；集体经济后村内家庭间的财富差距的缩小；宗族对家庭的扶助作用的退化；自由恋爱模式的兴起。[①]再次，阶层内婚制越来越显著。[②]作为同类婚的特殊形式，阶层内婚制"原则上仍维持在最大程度地符合家庭经济的利益"。[③]此外，婚前同居、婚外性行为、同性恋、双性恋等等非婚性关系也改变了传统观念对婚姻行为的看法。[④]

在婚姻质量方面，平等、互信、和谐是主流，但夫妻的主观感受存在一定差异。研究表明：夫妻关系满意度高于物质生活满意度，而且主观满意度高于客观指标。在性别差异方面，女性对婚姻的不满意率更高。不过，纵向比较，女性婚姻质量仍呈不断提高的趋势，这在城市（如上海）表明尤为显著。[⑤]影响婚姻质量的因素还包括：城乡因素，其中城市夫妻较之农村夫妻更容易获得婚姻满足；收入因素，收入较高者的婚姻满足度相对较高；[⑥]婚龄因素，夫妻冲突的发生率在婚姻存续期间呈倒 U 字型曲线变化。当前婚姻关系的突出问题是：缺乏弹性关系影响人们对婚姻生活的主观感受和评价，并造成彼此亲密关系的削减。[⑦]

在离婚率方面，主要存在以下特点：一是在城乡和区域间分布不平衡，城市的离婚率高于乡村。而且，不同经济发展水平、城市化水平的地区差异也达到显著。二是离婚率在不同文化和技术人群中分布不平衡。离婚率呈 U 型分布，高技术水平者、大学以上文化者相对较高，而中等文化水平人口的离婚率则比较低。[⑧]就家庭的微观系统而言，夫妻之间的性

---

① 王跃生：《社会变迁与婚姻家庭变动——20 世纪 30—90 年代的冀南农村》，三联书店 2006 年版，第 128—132 页。

② 张翼：《中国阶层内婚制的延续》，《中国人口科学》2003 年第 4 期。

③ 罗梅君：《19 世纪末以及今日中国乡村的婚姻与家庭经济》，张国刚主编，《家庭史研究的新视野》，三联书店 2004 年版，第 357、367 页。

④ 唐灿：《近期国内家庭研究的理论与经验：1995—2007》，唐灿主编，《家庭与性别评论（第一辑）》，社会科学文献出版社 2008 年版。

⑤ 上海市妇女联合会、上海社会科学院编：《上海妇女 60 年发展报告》，上海社会科学院出版社 2010 年版。

⑥ 徐安琪：《婚姻关系评价：性别差异及其原因探析》，《中国社会科学季刊》2000 年春季卷。

⑦ 卢淑华、文国锋：《婚姻质量的模型研究》，《妇女研究论丛》1999 年第 2 期。

⑧ 徐安琪：《中国离婚率的地区差异分析》，《人口研究》2002 年第 4 期。

格志趣差异、婚外恋、家事冲突、感情淡薄和性生活失调等微观决定因素则是导致离婚的直接原因。

5. 生育模式

在传统社会中,婚姻的目的就是生儿育女、传宗接代,经济功能位居其次,而男女感情则不太重要。这使得生育文化呈现出多子多福的特点。但是,由于经济社会的发展、计划生育政策的实施、现实生活的经济与育儿压力等原因,人们的生育意愿与行为发生了重要变化。当前我国生育模式的总体特征是:初婚初育年龄提高,生育间隔加大,生育数量下降。2014 年我国实施了"单独二孩"政策,但生育激励效果并不明显,于是又在 2016 年推行了"全面二孩"政策。国家统计局数据显示:2016 年是 2000 年以来的生育高峰,出生人口 1 786 万,比 2015 年多出生 191 万人;但 2017 年出生人口仅为 1 723 万人,较 2016 年减少 63 万人。当前,中国总和生育率极低,老龄化加快,社会养老压力和社会保障压力巨大。

与此同时,人们的生育性别偏好观念也趋向淡化。与传统社会中的男孩偏好不同,很多城市居民出现女孩偏好现象并趋于稳定化。[1]有数据显示:46%的上海"80 后"青年表示会"顺其自然",19.8%的人偏好"女孩",16.6%的人偏好"男孩",另外 16.9%的人表示"最好男女都要有"。[2]即使是一些农村家庭,偏好男孩的倾向也已经明显淡化。[3]出现这种变化的原因包括:计划生育政策,使得人们缺乏选择生育性别的机会;教育,使得人们潜移默化中改变了传统的生育观念;城市化与经济发展,改变了传统体力劳动的地位;人口流动的加快,使得父母与子女同住的时间与机会减少;高抚养成本与低回报率、子女婚姻成本的上升,使得"多子多福"的观念受到挑战;社会保障制度,使得人们的养老策略不再局限于"养儿防

---

[1]　李嘉岩:《北京市独生子女生育意愿的调查》,《中国人口科学》2003 年第 4 期。

[2]　章淼榕、何彩平:《上海市 80 后青年生育观现状调查》,《上海青年管理干部学院学报》2009 年第 4 期。

[3]　史清华:《浙江省农户家庭婚姻、生育及期望研究》,《中国人口科学》2001 年第 4 期。

老"的单一方式等。①

6. 老龄化与养老模式

我国老龄人口总数庞大、发展迅速，老龄化发展超前于经济发展，区域发展不平衡、东部地区的老龄化程度明显高于西部地区，高龄老人、空巢老人、独居老人、失能老人等特殊老龄群体增多。②在上海，人口老龄化问题更趋严重。根据上海市统计局的数据：截至 2017 年 12 月 31 日，上海户籍 60 岁以上老年人口为 483.60 万人，同比增加 25.81 万人；老年人占户籍总人口的比重继续上升，达到 33.2%。这意味着，上海每三个户籍人口中，就有 1 个是 60 岁以上的老年人。

老龄化的快速发展使得传统的家庭养老模式面临严峻挑战。有学者指出，家庭能在何种程度上提供养老保障，取决于五个因素：文化（或立法传统），家庭成员在人口学意义上的可获得性、地理学意义上的可获得性，家庭成员的经济能力和提供养老的意愿。这五个因素中任何一个发生变化都会最终导致养老体系的变化。③国内理论界对此进行补充，认为家庭结构的缩小和生育率降低也是影响家庭提供养老保障的重要因素。④另外，城乡迁移也是重要的影响因素。城乡迁移可能导致人口结构、社区养老政策、文化和经济条件的变化，影响家庭结构、老人的居住安排、家庭供养者的可获得性、养老意愿和经济供养能力，同时还会影响老年人的个人收入和独立观念。

从表层看，"照料资源不足"是当前家庭养老的最突出问题。随着社会的发展，我国家庭结构发生了翻天覆地的变化，传统社会中老人所依赖的基于婚姻和血缘基础的亲情支持网的功能明显弱化，老年人在经济、日

① 王跃生：《社会变迁与婚姻家庭变动——20 世纪 30—90 年代的冀南农村》，三联书店 2006 年版，第 178—190 页。
② 曹美珍：《我国人口老龄化带来的挑战及对策》，《甘肃联合大学学报（社会科学版）》2011 年第 1 期。
③ 杜鹏、杜夏：《乡村迁移对移出地家庭养老影响的探讨》，《人口研究》2002 年第 3 期。
④ 张友琴：《老年人社会支持网的城乡比较研究》，《社会学研究》2001 年第 4 期。

常照顾和精神支持方面都明显不足。而且,社会缺乏足够可以替代亲情支持的社会支持系统。尤其是在农村,随着大批年轻劳动力外流,老人养老矛盾非常突出。但从更深层次的角度来看,它寓于深刻的社会文化背景之中的,包括制度的变迁、文化的沿革、经济的发展、地理的变化等。①

(四) 新时代上海家庭文化发展

结构功能论、交换论、符号互动论、冲突论、家庭生命周期理论、家庭系统理论为理解家庭文化提供了很好的理论启示。家庭文化在满足生理与心理需要、思想道德教育、价值规范与行为导向等方面具有重要功能,因此,根据习近平总书记关于家庭文明和家庭文明化建设的指示精神,在新时代亟需不断加强家庭文化建设。这不仅可以有助于引导和规范家庭文化行为、提高家庭成员的文化素质、优化人们的家庭生活方式、推动家庭各项功能的更好实现,并将在全力打响上海"四大品牌"、推动高质量发展与创造高品质生活中发挥重要作用。

1. 习近平总书记关于新时代家庭建设的重要论述

党的十八大以来,习近平总书记多次强调家庭文明与家庭文化发展的重要性。

2013 年 10 月,习总书记在同全国妇联领导班子集体谈话时的讲话中要求"广泛深入地开展家庭文明建设,以好的家风支撑起好的社会风气","注重发挥妇女在社会生活和家庭生活中的独特作用,发挥妇女在弘扬中华民族家庭美德、树立良好家风方面的独特作用"。

2014 年 11 月,习总书记对《关于认真贯彻落实习近平总书记重要讲话,发挥妇女独特作用,培树良好家风工作情况的报告》作出重要批示:"以培育社会主义核心价值观为主要内容,继续积极探索,广泛深入地开

① 高和荣:《文化转型下中国农村家庭养老探析》,《思想战线》2003 年第 4 期。

展家庭文明建设活动，以好的家风支撑起好的社会风气。"

2015 年春节团拜会上，习总书记又指出："不论时代发生多大变化，不论生活格局发生多大变化，我们都要重视家庭建设，注重家庭、注重家教、注重家风，紧密结合培育和弘扬社会主义核心价值观，发扬光大中华民族传统家庭美德，促进家庭和睦，促进亲人相亲相爱，促进下一代健康成长，促进老年人老有所养，使千千万万个家庭成为国家发展、民族进步、社会和谐的重要基点。"

在 2016 年 12 月 12 日第一届全国文明家庭表彰大会上，习总书记又指出："无论时代如何变化，无论经济社会如何发展，对一个社会来说，家庭的生活依托都不可替代，家庭的社会功能都不可替代，家庭的文明作用都不可替代。""要动员社会各界广泛参与家庭文明建设，推动形成爱国爱家、相亲相爱、向上向善、共建共享的社会主义家庭文明新风尚。""要重视家庭文明建设，努力使千千万万个家庭成为国家发展、民族进步、社会和谐的重要基点，成为人们梦想起航的地方。"

2018 年，总书记接见全国妇联新一届领导班子时作出重要论述："做好家庭工作，发挥妇女在社会生活和家庭生活中的独特作用，是妇联组织服务大局、服务妇女的重要着力点。要注重家庭、注重家教、注重家风，认真研究家庭领域出现的新情况新问题，把推进家庭工作作为一项长期任务抓实抓好。要坚持以社会主义核心价值观为统领，引导妇女既要爱小孩，也要爱国家，带领家庭成员共同升华爱国爱家的家国情怀、建设相亲相爱的家庭关系、弘扬向上向善的家庭美德、体现共建共享的家庭追求，在促进家庭和睦、亲人相爱、下一代健康成长、老年人老有所养等方面发挥优势、担起责任。要引导妇女带动家庭成员，发扬尊老爱幼、男女平等、夫妻和睦、勤俭持家、邻里团结等中华民族传统美德，抵制歪风邪气，弘扬清风正气，以好的家风支撑起好的社会风气。"

2. 新时代上海家庭文化的新特征

当前正处于一个大变革的转型时期，政治、经济、文化的发展与转型，

使得新时代上海的家庭文化呈现出以下新特征:

(1)家庭物质文化水平持续提高。家庭物质文化主要指家庭文化的物质载体,包括家庭生活所需的衣食住行等物质条件和生活方式。近年来,上海在经济社会发展不断开创新局面,创新驱动发展、经济转型升级取得重大进展,2017年时全市居民人均可支配收入已达到58 988元。同时,得益于一系列民生与保障政策的实施,市民的医疗健康、教育培训、住房福利、社会保障等公共服务水平不断提升。在新时代,随着上海改革创新发展的进一步推进,市民的家庭物质文化水平还会进一步得到提高,生活质量还会进一步得到改善,这将为家庭文化建设提供良好的物质基础,同时也提出更高的要求。

(2)家庭文化的重心向精神文化转移。随着物质条件的日益丰裕,市民对家庭文化的需求会更多地转向精神文化。一是市民的文化消费比重将会越来越大。随着可支配收入的不断提高,市民的家庭文化消费比重会越来越大。这不仅包括传统的订阅报刊杂志、购置图书资料,也包括参加各种文化补习辅导、兴趣培养、职业技能培训等智力投资,还包括参观文化、经济、科技等各种展览以及外出旅游、观看戏剧、音乐会等文化休闲活动。二是人们在交友、择偶与婚姻过程中会越来越重视性格、价值观等非物质因素,而不再只是以经济条件等物质因素为标准。女性在经济上的自立及其自主意识的增强,为两性间爱情的实现创造了有利的环境;家庭日益成为人们需要和向往的"精神文化共同体"、日益成为孩子与成年人共同的家庭,这对于实现爱情与婚姻的统一、提高婚姻质量是大有裨益的。

(3)家庭文化日益呈现开放性态势。当代家庭已不再是一个封闭的单位,而是越来越多地融入社会大环境中。家庭生活与社会生活的联系越来越密切,家庭的生产、分配、交换、消费等经济功能均与整个社会联结为一体,家庭的赡养、教育、娱乐等社会功能的社会参与度也越来越高。所以,家庭与社会融为一体,家庭文化的开放性越来越突出。这也对新时代的家庭文化建设提出了新的要求。一方面，家庭文化建设将不仅是家庭自身的建设，不仅是单个家庭的私事，而且已被纳入到了社会文化建设的系统中，成为其不可分割的有机组成部分。新时代的家庭文化建设和整个社会文化建设之间是相辅相成的关系，"注重家庭、注重家教、注重家风"既是营造健康合理的家庭文化，也是塑造积极向上的社会大文化。另一方面，家庭文化的交流融合大大增强，为家庭文化向现代家庭文化的迈进创造了机会。

（4）家庭文化展现出个性化、多元化的趋势。传统的整齐划一的家庭文化模式已被打破，取而代之的是丰富多彩、个性化和多元化的家庭文化。个性化是指因地域、家庭经济条件、文化传统以及家庭成员的爱好、兴趣等导致的家庭文化的自主性和差异性。比如，有的家庭钟爱戏曲艺术，而有的家庭则更热衷于绘画艺术，其中就具有家庭文化的个性化印迹。多元化则是指社会转型时期不同阶层、不同社会群体、不同文化的交融导致的家庭文化呈现出多元形态。一方面，在现代家庭文化中，自由恋爱、婚姻自主、男女平等、夫妻平等、亲子平等等文明进步因素正在逐步增加。但另一方面，专制型的家风家教、奢靡享受的消费观、婚外恋等消极颓废的家庭文化因素仍然存在于不少家庭中，一些特殊群体（如"土豪"群体、失业群体、下岗人员群体、外来人口的家庭）的家庭文化建设仍存在很多不足之处。在新时代的家庭文化建设中，要充分考虑到这种个性化与多元化特征，使广大市民的家庭文化建设都能很好地融入到社会的大文化建设中。[①]新时代家庭文化的这些新特征，为上海的家庭文化建设提出了新的要求。

3. 家庭文化与上海"四大品牌"建设

2018 年 4 月，上海市委、市政府出台了全力打响上海"四大品牌"、率先推动高质量发展的重要决策。这是上海更好落实和服务国家战略、加快建设现代化经济体系的重要载体，是推动高质量发展、创造高品质生活

---

① 王莉：《营造良好的家庭文化氛围》，《山西高等学校社会科学学报》2006 年第 6 期。

的重要举措,也是上海当好新时代全国改革开放排头兵、创新发展先行者的重要行动。

家庭是社会的细胞,家庭和睦则社会安定,家庭幸福则社会祥和,家庭文明则社会文明。因此,推动家庭文化建设,可以更好地服务于"上海服务""上海文化""上海制造""上海购物"四大品牌建设。

(1) 对接民生需求,打响"上海服务"品牌。具体而言,要着眼民生,为广大家庭创造高品质生活;培育树立"上海家政"服务品牌,鼓励全市200余个家庭文明建设指导中心探索形成具有同城效应、区域特色、品牌影响的家庭教育服务项目,积极参与推动城市生活型服务业向精细化和高品质提升;对标联合国关于建设儿童友好型城市的要求,统筹规划和推进适合上海经济社会文化发展实际的儿童友好型城市建设的路径、目标,全面提升城市精细化管理服务水平,不断满足人民群众多样化、个性化、高品位的服务需求;瞄准需求,通过提交提案议案、参与决策咨询评估、承接市政府实事项目、购买社会服务等形式,鼓励各级妇女组织,引导行业协会、社会组织,努力提供高品质的社会公共服务、志愿公益服务和家庭社区服务。

(2) 聚焦三大文化(红色文化、海派文化、江南文化),致力于全面打响"上海文化"品牌。具体而言,要坚持思想引领,充分系统挖掘"红色文化"中的家庭故事、巾帼故事,并利用妇女之家、妇联系统新媒体矩阵等资源,建设传承红色文化的精神家园;推动更高层次更大范围的"海派文化"交流、读书论坛,支持海派旗袍文化促进会、女书法家联谊会等文化类社会组织"走出去",积极参与国际交流交往,打造与输出一批极具上海文化魅力的精品杰作,激发社会组织打响"上海文化"品牌的热情;不断深化社区家庭文明建设的时代内涵,丰富"江南文化"内涵;文教结合,倡导女性终身学习,完善上海女性教育五年发展计划,以女性文化素养不断提升助力家庭文化发展,打造城市文化软实力。

(3) 扶持创业创新,打响"上海制造"品牌。具体而言,要鼓励创新,发掘培育"上海制造"中的女性智慧和力量;为有创业理想的上海女性搭建更有效力、更富活力的开放式综合服务平台；以新一轮青年女性职业飞翔计划和一年一度的上海女性创业大赛为载体，鼓励上海女性敢想敢试，坚定"上海制造"大有可为的信心决心；以上海市三八红旗手、巾帼创新奖和巾帼建功标兵评选为抓手，挖掘上海制造领域中创新坚韧、卓越睿智的女性领军人物，引领更多女性参与"上海制造"品牌的研发和制造，敢于突破、乐于奉献。

（4）擦亮消费名片，打响"上海购物"品牌。具体而言，要提升软件，以优秀班组、名优品牌带来消费新体验；聚焦自贸区、科创中心建设等重大国家战略，抓住中国国际进口博览会的重大机遇，与市总工会等单位联合开展立功竞赛活动，进一步推动"巾帼建功"活动向"上海购物"领域延伸；围绕打造面向全球的消费市场，聚焦新消费、新体验，培育一批经得起市场检验、区域有影响力的"妇"字号农产品品牌；选树一批巾帼文明岗，号召全市女性立足岗位、争先创优，提高服务质量和水平，通过不断提升消费者的体验感和获得感，增强上海购物的吸引力和辐射力。

二、改革开放 40 年上海家庭文化发展历程

　　家庭文化是现代国际文化大都市的重要载体,在一定程度上反映着国家和城市经济增长、社会结构变动、生活方式变化、生活质量提升等过程。改革开放 40 年来,上海家庭文化建设经历了不同的发展历程,每个阶段承担不同的任务,采取不同的措施。本章以为家庭文化建设的重大活动、政策为参照,将改革开放 40 年上海家庭文化建设的发展历程划分为以上海家庭文化启动与探索(1978—1989 年)、家庭文化功能拓展(1990—1999 年);家庭文化制度与政策创新(2000—2011 年)和家庭文化内涵提升(2012 年—至今)四个阶段,以期总结和归纳每个发展阶段的主要举措及发展特征。

(一) 启动探索阶段(1978—1989 年)

　　1978 年党的十一届三中全会的召开,拉开了中国改革开放的序幕,直至 20 世纪 90 年代左右,一方面国家开始全面实施浦东开发开放战略,上海城市发展进入一个新的历史发展时期,另一方面,在 20 世纪 90 年代初,我国全国全面确立了社会主义市场经济体制的改革方向,原有的社会结构、城市结构和家庭结构都开始出现分化。这一时期,伴随着改革开放和经济转型,上海的家庭文化思想开始发生变化,家庭伦理道德也处于新与旧、现代与传统的激烈碰撞中,上海城市的快速发展对提高市民素质的要求也迫在眉睫。因此追求社会稳定、促进家庭和睦文明成为这一时期

上海家庭文化建设的核心目的。具体而言，这一时期的上海家庭文化建设具有以下几个特征：

1. 注重和强化思想政治教育的渗透

刚刚实施改革开放的时候，强化思想政治教育，对新兴的基本路线形成全民共识、增强全民自觉，自然成为中央和地方政府的核心任务之一。此时，家庭作为社会的细胞，搞好以政治思想教育为主的家庭文化建设，就成为上海促进社会安定团结的重要环节，也是社会主义精神文明建设的基础工作。1989 年上海市委五届七次全会指出："思想政治工作是一项社会系统工程，应当利用一切可以利用的场合，运用一切可以运用的手段，借助一切可以借助的渠道，动员一切可以动员的力量，由全社会共同来做。"陈至立同志在当年上海市家庭文化建设研讨会上也指出：家庭文化建设为思想政治工作渗透到千家万户提供了有效的渠道，而且又潜移默化地影响和改造人们的整个精神世界，包括思想、感情性格、品德等等，所以在当前加强思想政治工作有利形势下，重视发挥家庭文化的思想政治教育功能，用党的基本路线统一思想，切实加强社会主义家庭文化的理论和建设工作是非常重要的①。

从中央要求和地方政府实践上都表明，注重思想政治教育成为上海在这一时期家庭文化建设的一个显著特点，例如当时对家庭文化的理解表述为：家庭文化是一种客观存在的社会文化现象，它是以家庭为单位，以家庭成员为主体的精神文明和物质文明的复合体，表现在衣、食、住、行、德、体、美等诸方面，主要是指家庭成员的政治思想文化素质及其所进行的文化活动。明确提出：弘扬积极的，抑制消极的，提高家庭成员政治思想素质，使家庭成为社会稳定的细胞，是家庭文化建设的重点和方向。在这一精神指引下，上海各区县妇联结合形势教育、国情教育，活跃群众生活积极开展各类有意义的家庭文化建设，旨在提高家庭成员的政治思

---

① 上海市妇女联合会：《上海家庭建设 23 载》，2005 年 10 月，第 8—9 页。

想素质。据统计,当时以思想政治教育为主的家庭文化建设内容约占所有活动内容的 1/3,加上家庭教育和伦理道德教育,达到 55.8%,全市共有55 万多人参加,充分反映了广大市民对思想政治教育的重视。

2. 探索形成"五好家庭"的新要求

新中国成立以来到改革开放初期,围绕着中国特色社会主义建设和加强市民政治思想素质这个根本主线,"勤俭建国、勤俭持家"的两勤方针是当时很多活动的主要宗旨。为此,20 世纪 50 年代,中华全国妇女联合会在城乡开展评选"五好家庭"活动。1982 年,全国妇联倡导并发起了"争创五好家庭"活动。1984 年,上海市首先将"五好家庭"活动纳入精神文明建设的总体规划。当时的五好家庭的标准是:政治思想好、生产工作好;家庭和睦、尊敬老人好;教育子女、计划生育好;移风易俗、勤俭持家好;邻里团结、文明礼貌好①。为了贯彻中央精神和配合全国妇联创建"五好家庭"活动的要求,全面建设"五好文明家庭"就成为当时上海家庭文化建设的主要抓手之一。对此,1986 年 1 月,上海市委市府召开全市五好家庭建设大型座谈会,在会上,时任中共上海市委副书记黄菊提出"中国社会主义特色的家庭应该是什么样?"这一命题,这一命题就成为当时家庭文化建设需要探索和解决的一个实践议题。实际上通过这次会议的召开,基本确立了上海探索建立中国社会主义特色家庭的基本方向和要求,对五好家庭建设达成了基本共识。具体而言,当时上海建设五好家庭的思路与策略具有如下几个特征:

(1)突出时代性。20 世纪 60 年代周恩来总理提出的"四个现代化",成为改革开放初期的重大引领政策之一,正是在此指引下,上海的五好家庭建设,明确指出要充分把握改革开放和社会主义社会的时代性质,社会主义家庭要摒弃过去封建社会遗留给家庭的一些阴影,也要消除资本主义社会发展到现在三百多年来,形成的资本主义社会家庭中的许多弊端,

---

① http://baike.baidu.com/view/1299788.htm.

我们应该探索建设有中华民族传统美德而且更应该有四化建设时代特征的家庭。

（2）具有文化传统的继承性。讲究孝道、尊老爱幼、遵循五伦道德规范，历来是中国传统文化的精髓，也是家庭美德的核心内容。实际上，更好地继承和发扬中国传统文化精神，注重家庭美德建设，成为上海家庭文化建设始终高度关注的核心议题。在五好家庭大型座谈会上明确提出，上海的五好家庭应该是和睦的、应该是友爱的、互敬互爱的、夫妻和睦，尊老、敬贤、邻里关系要和睦，高度重视家庭传统美德的建设。

（3）以培养"四有新人"的目标性。虽然五好家庭建设是当时充分贯彻社会主义思想政治素质建设的主要抓手，但到底五好文明家庭的核心目标是什么？对此，1982 年 5 月 4 日《人民日报》发表了题为《当代青年的历史使命》社论提出："培养青年成为有理想、有道德、有文化、有纪律、有强健体魄的新一代。这不仅是学校和共青团的责任，而且要靠所有家庭和整个社会的共同努力。"1985 年，全国共青团思想政治工作会议上提出：要加强和改进新时期的青年思想政治工作，在四化建设的伟大实践中培养和造就一代有理想、有道德、有文化、有纪律的共产主义新人。从此，做"四有"新人的口号和以此为主题的活动（如 1985 年"祖国在我们心中，做四有新人"、1991 年"学雷锋精神，做四有新人"）在全国各行各业展开[①]。据此，当时上海五好家庭建设的目标上，也形成较为一致的看法，即培养"四有新人"是五好家庭建设的核心目标之一，正如在 1986 年五好家庭大型座谈会上提出：我们的五好家庭应该是"四有新人"代代培育的小细胞。

（4）突出建设的多样性、多层次性。上海历来是一个具有多样化、多元化的城市，城市家庭结构复杂多样，变化速度较快，因此，如何突出因地制宜的原则，普遍性和特殊性相结合，一直是家庭文化建设考虑的重要因素。伴随着人口计划生育政策的实行、改革开放深入化和社会主义商品经济的确

---

① http://baike.baidu.com/view/194508.htm.

立,上海的家庭结构发生了由大到小、由复杂变简单的变化趋向,如根据徐汇区新乐街道张家弄地区的资料,不同年代的家庭平均人口数量为:1937 年前为 4.61 人,1946—1949 年为 4.98 人,1960—1965 年为 4.20 人,1982 年为 3.74 人①。再加上人户分离等情况,使得当时的上海家庭开始呈现明显的社会分化、价值观念变革等趋向,为此,当时的家庭文化建设和五好文明家庭也强调了这一点,指出五好文明家庭也应该是多层次、多样性的,不应该一模一样,要在制定五好家庭评选统一标准体系的同时,要更好地体现差异性、多样性和多层性,要打造有特色的多元化五好文明家庭。

(5) 突显动态性。变革、变化是一个国家发展进程中的永恒主题,随着时代变迁,不断更新工作思路和方法,也是所有工作贯彻的一项基本原则。在 1986 年全市五好家庭建设大型座谈上指出,上海的五好文明家庭建设,也要顺应国家和上海时代发展的特征和需要,在加强当下五好家庭建设的同时,还要探索适应在有计划商品经济发展和科学技术不断创新发展的特定条件下,研究家庭结构变化的新情况、新特征,努力构建符合时代发展特征、符合上海家庭结构变化趋势的五好家庭建设标准和体系,在不断探索中不断提高家庭文化建设的水平和能力。这一点,在上海市妇联自 20 世纪 80 年代初期以来对五好家庭评比标准进行不断调整、不断更新中得到了很好的体现。

下面以 1982 年、1984 年、1991—1992 年上海市五好家庭评选标准,看一看变化的情况:

1982 年五好家庭的评选标准:1.政治思想、生产工作好:热爱党、热爱祖国、热爱社会主义。遵纪守法、廉洁奉公,并能积极主动地完成任务。2.家庭和睦、尊敬老人好:用社会主义道德处理好婚姻家庭关系,家庭成员之间和睦相处,夫妻互敬、互爱、互信、互勉、互帮、互让、互谅、互慰,主动体贴和赡养老人。3.教育子女、计划生育好:重视教育子女德、智、体、美全面发展,身教言教,当好子女的表率。做到晚婚晚育,计划生育。4.移风易

---

① 丁水木:《上海市区家庭发展趋向》,《社会科学》1992 年第 3 期。

俗、勤俭持家好：勤劳俭朴，合理安排经济生活，积极参加爱国储蓄。婚丧喜庆节俭、文明。5.邻里团结、文明礼貌好：遵守社会公德，讲文明、讲礼貌、讲究公共卫生。邻里之间互相关心，互相帮助，相互谦让，和睦相处。

1984 年五好家庭评选标准：1.政治思想生产工作好：热爱党、热爱祖国、热爱社会主义、遵纪守法、廉洁奉公，一家老小都能为振兴中华实现四化而努力工作学习。2.家庭和睦尊敬老人好：用社会主义道德处理好婚姻家庭关系，家庭成员之间相互谦让，和睦相处，夫妻之间做到"八互"，①尊敬老人，做到主动体贴和赡养。3.教育子女计划生育好：重视教育子女德、智、体、美全面发展，身教言教，当好表率，做到晚恋、晚婚、计划生育。4.移风易俗勤俭持家好：勤劳俭朴，合理安排经济生活，积极参加爱国储蓄，婚丧喜庆节俭文明，破除迷信，树立新风。5.邻里团结文明礼貌好：遵守社会公德，讲文明、讲礼貌、讲究公共卫生，邻里之间互相关心，互相帮助，互相谦让，和睦相处。

1991—1992 年五好家庭评选标准：1.政治思想、生产（工作）好。a.热爱党、热爱祖国、热爱社会主义。b.为振兴上海而努力工作学习。c.遵守社会公德，职业道德。d.遵纪守法，廉洁奉公。2.夫妻之间互敬、互爱、互信、互勉、互帮、互让、互谅、互慰。a.小辈尊敬长辈，主动体贴和赡养老人。b.长辈爱护小辈，不骄不纵，不打不骂。c.家庭成员之间相互谦让，和睦相处。3.教育子女，计划生育好。a.科学教养子女，德、智、体、美、劳全面发展。b.家长言传身教，当好表率。c.晚恋晚婚，计划生育，优生优育。4.移风易俗，勤俭持家好。a.讲究清洁卫生，家庭环境洁、齐、美。b.业余生活丰富，参加健康、活泼、有益的文化娱乐活动。c.合理安排生活，积极支持国家建设。d.不赌博，不迷信，不传看黄色书刊录像，反对和抵制资本主义、封建主义等腐朽思想的侵蚀。5.邻里团结，文明礼貌好。a.讲文明、讲礼貌。b.邻里之间互相关心，互相帮助，和睦相处。c.遵守社会秩序，重视公共卫生，参加里弄公益劳动。

---

① "八互"指夫妻互敬、互爱、互信、互勉、互助、互让、互谅与互慰。

3. 率先开展家庭文化领域的调查研究

改革开放以来,随着城市经济增长、社会结构的变化,上海的家庭结构也开始发生分化,特别是随着由计划经济向传统的有计划的商品经济转变和外来人口的不断增多,上海家庭在结构、功能等方面都发生了许多新变化,家庭体系的多元化、复杂性不断上升。在日趋多样复杂的城市环境变化背景下,如何发挥上海的人才优势,率先开展家庭文化方面的社会调查与科学研究,以推动家庭文化建设工作的科学化、有效性,成为这一时期家庭文化建设的重要特征之一。在此值得一提的是,早在 1986 年和 1989 年分别开展了两项大型的家庭文化调查研究项目,为全市家庭文化建设提供了强有力的决策依据和指导作用。分述如下:

(1) 1986 年开展了"千户家庭情况调查",得出了上海家庭现状的七个变化。这些变化包括:

第一,家庭生活正由温饱型向小康型转化。

第二,家庭消费观念正由省吃俭用,满足于一般吃饱穿暖向吃讲营养、穿讲漂亮、用求高档、住要宽敞转化。

第三,家庭劳动观念由传统的"男主外、女主内"向新的主从观转变。

第四,"吃饭、睡觉、做生活"单调乏味度日子的生活方式,已为求富、求乐、求知、求美、追求丰富多彩精神文化生活所代替。

第五,家庭教育得到了重视,从重养轻教向教养并重、注重早期教育的方向发展。与此同时,家长注重对孩子的教育投资和智力培养,有些家长给孩子买手风琴、小提琴、钢琴或带孩子到外地考察、旅游,让孩子开阔眼界、增长知识。

第六,家庭邻里关系从"以阶级斗争为纲"转变为宽容谅解、和谐、团结友爱的新型关系。

第七,两代人的代沟在消除中。

(2) 1989 年开展了上海家庭文化现状调查研究。此次调查研究发现，上海的家庭文化现状具有如下几个特征：

第一，从家庭结构上看，核心家庭结构已成为上海家庭的主要类型，家庭代际数明显下降。

第二，在家庭文化消费方面，上海市家庭的文化消费水平不是很高，当时上海市民每户月平均收入为 398.17 元，64.1％的家庭文化消费竟然不到收入的 2％；在具体的文化消费支出方面，消费支出依次为购买书报、购买文化用品、看影剧展览、旅游等内容；市民的闲暇爱好比较广泛，最为集中的是养花、烹调、集邮；当时最爱看的、订阅最活跃的报刊是《新民晚报》。

第三，市民家庭生活观念发生显著变化，主要表现在民主观念日益增强，在处理家庭纷繁的事务时，人们表现出更多的理解，宽容和尊重，体现了平等的理智观念；市民的家庭生活态度表现出明显的自我评判意识；市民的人际交往呈现狭窄性和人际之间的冷漠。与此同时，邻里关系也表现出明显的疏远和隔膜感，如只有 21.9％的家庭与邻居偶尔串门或送食品和礼品，多达 62.8％的家庭对邻居保持不串门、看见不打招呼的态度，可见，改革开放以后随着经济的转型发展，上海市民在家庭生活中，朋友之间、亲戚之间的互动较少，邻里冷漠，人们生活在一种较为封闭的环境中，这对提高人口素质，改善生活质量是不利的。

此次调查研究也发现，上海家庭文化建设面临着一些困境和障碍：第一，家庭文化建设缺乏必要的经济条件，如有 62％的家庭对自己生活状况表示一般，有 60.6％的家庭认为生活改善之后的第一任务是"吃得好些"；第二，缺乏必要的时空保证条件，调查表明，当时的上海人均居住面积普遍较小，不少家庭仍住在设备简陋的房屋中，而上下班时间紧张、操持家务时间长，使得很多家庭无法腾出更多的时间和精力从事家庭文化生活；第三，一些市民家庭缺乏与时代相适应的新观念，如有 34.2％的家庭认为培养教育孩子就是给他买足够的学习用品，只有 1.7％的家庭注重培养孩子的独立生活能力,只有 2% 的家庭具有书柜,27.6% 的家庭没有考虑过家庭文化建设。

4. 探索家庭文化发展的新载体

家庭文化建设是一项具体而实在的工作,涉及千家万户、各类人群,而能否创立和开展一些具有普遍促进作用的家庭文化建设活动,并将家庭文化建设的诸多议题贯穿到千家万户和居民的生活实践当中,直接关系着家庭文化建设的成效和结果。在这一阶段,上海妇联和相关部门一起,探索家庭文化建设的有效活动载体,这突出体现在两个方面:

(1)"五好文明家庭"创建活动。从 1982 年开始每两年一次,持续性地开展了上海"五好文明家庭"的评选活动,期间围绕着家庭文化建设、提高家庭成员思想道德科学文化素质这一主线,引发了一场场辩论,诸如美好婚姻的标准、家庭伦理的内涵、女性的家庭角色与社会角色、子女的教育等,开展从基层社区到全市性的交流活动,诸如好媳妇座谈会、好家长交流会、"巧珍当家"信箱、五好家庭报告会等,产生了良好的社会反响,由此引发了社会的广泛关注和学术界的探索。"五好文明家庭"的评选,为提高上海家庭的素质和推进城市文明程度起到了积极的作用。

(2)开创家庭文化节品牌活动。1989 年是中华人民共和国成立 40 周年和上海解放 40 周年,为此,上海市举办了一项"1989·上海文化艺术节"活动。而为了配合这一活动,上海市妇联会同上海市委宣传部、上海市精神文明委员会一起,组织策划了以"我爱上海"为主题的上海首届"家庭文化节",并从发展定位和发展理念上,将家庭文化建设全面纳入城市精神文明建设和城市文化建设的框架之内,成为城市精神文明建设的重要载体之一。当时提出,家庭文化节的主要目的就是要以家庭文化节为载体,发挥家庭的文化教育职能,继承光荣传统,发扬奉献和艰苦奋斗精神,加强思想政治工作;通过各种群众既喜闻乐见又节俭的活动,激励广大妇女振奋精神,增强信心,爱上海,爱国家,为治理整顿深化改革而努力,从而推进社会精神文明建设。自此之后,基本按照每两年举办一届,根据国家政策和城市发展的需要,选择不同的主题①,延续至今。据不完全统计,丰富多彩的家庭文化节吸引了千家万户,参加人数已达几百万,各级妇联共举办家庭文化活动 2 万多次,评选出的特色家庭已达到 2 万 8 千多户。两年一次的家庭文化节,形成了与全市精神文明建设的同步性、广泛的群众参与性的特点,有效地推动着上海家庭文化建设活动的内涵和外延的拓展。

(二) 功能拓展阶段(1990—1999 年)

伴随着改革开放政策的深层次推进,1990 年 4 月,党中央、国务院作出"开发浦东、振兴上海、服务全国、面向世界"的重大战略决策,这为上海的经济增长、城市建设、社会文化等发展注入了新的动力,上海开始成为改革开放的龙头和排头兵城市。1992 年邓小平南方讲话,进一步激发出了全国市场经济的活力。浦东开放开放后的十年,是上海经济连续快速增长、社会急剧变化的时期,家庭文化建设也呈现新的特点。与 20 世纪 80 年代相比,这一阶段的上海家庭出现了如下几个特点:注重学习、积极营造家庭文化氛围的家庭多,在对子女的教育上,家庭中有 55.4% 将品德教育放在第一位;关心社会、助人为乐的家庭多,超出邻里范围之外的社会参与的家庭比例,由 1994 年的 37.2% 上升到 59.5%;参与家庭文化活动和社区建设的家庭多了。与此同时,伴随着经济的市场化发展,"一切向钱看"也开始对传统道德规范带来新挑战,社会成员个体以及家

---

① 上海历届家庭文化节主题:第一届(1989 年):我爱上海,第二届(1991 年):爱我上海爱我家,第三届(1993 年):家庭幸福·邻里情深,第四届(1995 年):文明的上海·温馨的家,第五届(1997 年):弘扬中华美德·建设文明温馨家庭,第六届(1999 年):我爱您——母亲,第七届(2001 年):让生活更美好,第八届(2004 年):文明在我家,第九届(2006 年):与文明同行·建礼仪之家,第十届(2008 年):与世博同行·建礼仪之家,第十一届(2010 年):欢乐世博·低碳生活·和谐生活,第十二届(2012 年):建设和美家庭·和睦邻里·和谐社区,第十三届(2014 年):传承中华文化·赞颂家庭美德,第十四届(2016 年):涵育时代家风,共建美好家园,第十五届(2018 年):倡最美家风·扬海派文化·建卓越城市。

庭的德育水平面临新的考验。于是,在经历启动和探索阶段的基础上,不断强化家庭建设的组织化程度,拓展家庭文化内涵,旨在构建新型和谐家庭、和谐邻里、和谐社区等,成为该时期上海家庭文化建设的一个战略侧重点。具体而言,这一阶段呈现以下几个特征:

1. 提升家庭文化的组织化水平

经过 20 世纪 80 年代的家庭文化建设的探索时期以后,如何进一步深化家庭文化建设的理论研究,探求家庭文化建设的科学化、组织化、有序化,成为新时期上海家庭文化建设的首要任务和举措。这主要体现在两个方面:

(1)成立上海市家庭文化建设促进会。随着人民生活的改善,沪上重视家庭文化建设的家庭越来越多,他们迫切期望得到引导和启迪,不断提高家庭生活的质量和品位。为此,在 1995 年成立了"上海市家庭文化建设促进会",由市委宣传部、市妇联共同指导,挂靠市妇联。该促进会团结了一批有志于家庭文化建设的专家、学者、实际工作者,积极开展有关家庭文化建设方面的社会活动、理论研究、学术交流、宣传教育、信息服务,弘扬中华民族优秀文化传统,倡导科学、文明、健康的生活方式,形成合力促进家庭文化建设向丰富其知识内涵,道德内涵,审美内涵方向发展,为上海市精神文明建设作出了一定的贡献。

(2)成立上海市"五好文明家庭"创建活动协调小组。1996 年 11 月全国妇联会同中宣部、全国总工会、中国科协、文化部等 18 个部门成立了"五好文明家庭"创建活动协调小组,由陈慕华同志任协调小组组长,并发出《关于深入持续开展"五好文明家庭"创建活动的联合通知》(全国妇联妇字〔1996〕31 号),要求各省市尽快成立相应的协调机构。1997 年上海市委提出了"把全市群众性精神文明创建活动不断引向深入"的要求,为了有效贯彻落实全国妇联和市委的政策精神,深入开展"五好文明家庭"创建活动,上海参照全国妇联的做法,同年成立了由市委宣传部、市精神文明办、市妇联等部门共同参与的"五好文明家庭"创建活动协调小组,全面负责全市五好文明家庭的创建的领导、协调、组织工作,协调小组办公室设在市妇联宣传部。与此同时,全市各区县也相继成立五好文明家庭创建活动小组,成为家庭文化建设的重要组织和领导力量。

2. 强调家庭美德及其德育功能

1996 年党的十四届六中全会决议明确提出要加强社会公德、职业道德、家庭美德建设,引导人们树立建设有中国特色社会主义的共同理想和正确的世界观、人生观、价值观。上海市第六届委员会第五次会议上通过的《中共上海市委关于加强社会主义精神文明建设的意见》中,也把加强家庭美德建设、教育市民做到敬老爱幼、男女平等、夫妻和睦、勤俭持家、邻里团结、倡导科学、文明、健康的生活方式摆上了重要位置。为此,1996 年市妇联全面部署开展家庭美德教育活动,作为家庭文化建设的重要内容之一,为倡扬社会主义文明新风尚、提高市民素质和城市文明程度、增加家庭文化建设的道德内容,作出了积极有意的探索。总体而言,这一活动的开展主要呈现如下几个特征:

(1)注重群众参与、社会参与,营造家庭美德建设的舆论氛围。首先,开展全民性的家庭美德建设大讨论。各区县以街道、里弄、楼组及家庭的组织形式,自下而上层层开展讨论,如座谈会、研讨会、演讲会和文艺演出,让广大家庭都能参与家庭美德的大讨论,并为家庭美德的行为规范献计献策,使家庭美德教育活动的目的意义渗透到千家万户。其次,邀请新闻媒体共同参与家庭美德活动的宣传。例如在上海电视台《生活广角》栏目推出"我爱我家——家庭美德大家谈专题片",展现上海典型家庭,同时请社会名人、专家学者和实践工作者一起参与讨论,为群众性的大讨论开辟思路;在上海电台"市民与社会"栏目,开设家庭美德专题讨论,接受市民的参与评说;在《解放日报》刊登有关理论研究的文章;在《新民晚报》刊登本市家庭美德小故事及典型事例,开展"家庭美德格言征集";在《文汇报》及其他报刊,及时报道和采访大讨论活动的有关内容。在开展全民大讨论的基础上,形成了以"十要"为内容的上海家庭美德行为规范,即"夫妻恩爱要平等、孝敬父母要贴心、婆媳相处要宽容、教育子女要重德、兄弟姐妹要谦让、亲友邻里要互帮、持家立业要勤俭、有事共商要民主、生活文明要守法、社区建设要尽责"。在此基础上,决定与上海人民出版社联合出版上海市民道德教育丛书,1999 年出版了第一本《爱心的港湾》,作为普及市民道德教育和文明知识的基本教材。

(2) 以家庭调研为基础,以解决家庭道德问题为导向,明确家庭美德建设的主要内容。1996 年市妇联对上海家庭道德与文化建设进行了调查,结果表明:传统的家庭伦理道德规范和观念受到了巨大冲击,新的家庭伦理道德规范尚未真正建立,目前正处于新与旧,现代与传统的激烈碰撞之中,出现了各种道德观并存的局面。针对家庭调研发现的主要问题,提出了"夫妻和睦、尊长敬老、以德育儿、善待亲友、邻里互助"五个方面的教育内容,把处理家庭成员之间、邻里之间的关系作为主要方面。

(3) 以活动为载体,因地制宜,开展多种形式的家庭美德教育。贴近生活、贴近百姓,设计一系列有意义的活动,让不同层次的家庭都能够参与到各种各样的活动当中,是确保家庭美德和家庭文化建设取得实效的重要保证。为此,按照因地制宜、市区联动的思路,从两个方面开展了系列活动,一方面,在市层面设计了一系列活动载体:家庭美德大讨论、上海"十佳"敬老好家庭的评选、家庭美德格言征集和家庭美德行为规范的讨论;推出了"星期六家庭志愿者活动日",等等。在区层面,各区县创新活动形式,因地制宜、针对不同层次家庭的情况,有针对性地开展了许多富有意义的活动,如奉贤县把宣传家庭美德的动员会开到了田头、街头;黄浦区、崇明县以及嘉定区把家庭美德教育与家庭读书活动相结合,虹口区还与有关单位一起推出了"文化菜篮子工程";闸北区结合创建文明楼组的 10 年成果,举行了"十佳文明楼组长"的评选表彰会,为倡导家庭美德,培养了一支骨干队伍;徐汇区则邀请了妇女干部和妇女工作者,就家庭美德的传统性与时代性进行了研讨；青浦区、宝山区为家庭主妇和基层妇女干部等开设了美德教育培训班。这些活动形式，让居民在自我教育之中，把家庭美德教育活动推向了高潮，对建设文明温馨家庭以及提高市民素质和城市文明程度起到了积极的推动作用。

3. 拓展家庭文化的社会化功能

家庭是社会的细胞，家庭文化建设在提高家庭成员道德水平、改善家庭生活质量的同时，进一步放大或拓展家庭文化建设的社会功能，旨在通过家庭文化的建设，促进社会成长和社会发育，进而推动社会文明与社会进步。这一特征主要体现在以下几个方面：

（1）成立"上海家庭志愿者队伍"。志愿精神的培育与成长是社会建设的重要内容，也是社会建设的重要抓手之一。上海家庭文化建设在1996年成立了上海家庭志愿者队伍，成立之初全市有1 880支队伍，到新世纪之初的2002年就达到了2 480支，共15万人参与。其主要组成对象是社区中"五好文明家庭"、有一技之长以及热心社区建设的家庭成员；上海家庭志愿者的任务是弘扬中华传统美德，倡导家庭和睦、尊老爱幼、邻里团结的新型人际关系，积极参与社区的精神文明建设，为创建文明家庭、文明楼组和文明小区作贡献，扶危济贫、雪中送炭，以自己的热情和一技之长为身边的困难家庭以道义相助。家庭志愿者队伍的组建和成立，为后来全市家庭文化建设活动的全民参与、社会化运作奠定了道路。

（2）开展"星期六家庭志愿者活动日"。在成立家庭志愿者队伍的基础上，创建新型活动载体，持续有效地开展家庭文化活动，进而促进家庭文明、城市文明水平的不断提升，才是真正发挥家庭文化社会建设功能的重要路径和保障。为此，在1996年6月8日星期六这一天，在浦东新区第一八佰伴新世纪广场上，举行了隆重而又热烈的"星期六家庭志愿者活动日"活动首次推出仪式，提出"人人参与，人人分享"的服务口号。当天全市20个区县1 880支家庭志愿者队伍同时走上街头，开展了20多项为民服务活动。上海家庭志愿者活动形式有统一旗帜、统一标志、统一口号，区县妇联为志愿者活动建立了服务联系卡，家庭帮困结对有签约承诺，在社区，他们向居民公开自己的特长、联系方式，做到随叫随到。平日里家庭志愿者活动以基层活动为主，每年，根据市委市政府的中心工作和精神文明建设要求，举行 2—3 次全市大型活动。

上海家庭志愿者活动，倡导广大家庭利用自己的业余时间为困难家庭排忧解难，为社区建设作贡献，所开展的扶贫帮困、便民服务、护绿保洁、文化娱乐、社区安全等一系列活动，得到了市民的热情参与，取得了较好的社会效果。

第一，上海家庭志愿者活动，开启了阻隔邻里亲情的铁栅门，是邻里团结的金钥匙。他们以"家帮家、邻帮邻"的形式关心着每一户需要帮助的家庭，既用爱心营造都市文明，又用爱心播撒人间真情，上海市闸北区大宁街道大二居委 10 号楼组、宝山区宝钢新村 30 号楼组、闵行区碧江街道鹤庆二村 26 号楼组等一大批楼组的居民们互帮互助，做到小修小补不出门，一家有难大家帮，整个楼组中凡有特长的家庭成员都自愿地尽其所能为邻里服务，增强了邻里真情。

第二，上海家庭志愿者活动，使众多的家庭成员在互相帮助、互相学习、互相交流中，提高自身素质，是一种群众自我教育的好形式。静安区梁连珠家庭热心帮助单亲家庭的孩子，不但经常在经济上、物质上予以接济，而且还常常让这孩子来家中与自己的女儿一起温习功课，女儿在帮助别人的同时，也学到了艰苦朴素、身处逆境不甘落后的奋斗精神。

第三，上海家庭志愿者活动，弘扬了家庭美德，增强了市民为社区建设作贡献的意识，让更多家庭在实践中体验了"我为人人，人人为我"的社会新风尚。在社区家庭志愿者活动中，有居民自愿组成的义务夜间治安巡逻队，一年 365 天，每户居民平均轮到一天值班，居民们都乐意参加，他们说，我为大家服务一天，大家为我服务 364 天。在志愿者精神的感召下，自愿组成的知识女性社区服务工作站已经有 105 个。

(三) 制度创新阶段(2000—2011 年)

新世纪、新篇章，我国正式加入了 WTO，这标志着上海作为改革开放的前沿阵地，开始全面融入经济全球化发展进程之中。外部发展环境的变化，必将对整个城市的经济、社会、文化等带来巨大的冲击和影响，也将会对家庭观念、文化消费模式等方面带来新的变革。据当时调查表明，新世纪的上海家庭发生了如下变化：一是家庭规模结构不断小型化，上海平均每户常住人口由二十年前的 4.06 人下降到 3.0 人，呈现出以核心家庭为主的态势，三口之家、两口之家占到 83.3％。二是家庭类型多元化。除了传统的单核心家庭、联合家庭、单亲家庭等类型外，特别是开始出现跨国婚姻、外来媳妇、外来女婿、外来流动家庭等多元化的家庭组合方式与类型，市内外、境内外多元文化的互动融合成为上海家庭文化发展的一个新趋势。三是家庭功能趋向多元化。家庭功能是指家庭在特定的社会条件下所能发挥的作用。传统的家庭的功能侧重于生育、消费、抚育和赡养，以及一定比例的家庭生产功能(如个体经营户)和愉快生活的功能，也就是我们日常所说的"天伦之乐"。而如今，随着生产方式和社会发展的演变，家庭功能也发生很大变化，人们的生育观念逐渐淡化，丁克家庭不断增多，生育功能显著淡化；随着家务劳动的社会化，人们用于家务劳动的时间大大缩短。四是家庭需求趋向多元化、高层次化。随着人们生活水平和经济收入的不断提高，除了物质需求外，家庭的文化需求、情感需求大幅度提高。五是家庭矛盾开始显性化。这一时期，上海经济依然保持着快速增长的总态势，经济体制与和社会发展处于深度转型之中，城市化快速发展，尤其是在高房价、高成本、高消费的巨大压力下，各类社会矛盾与家庭矛盾开始集中爆发，传统的家庭伦理道德和亲情关系又开始面临着巨大的挑战。因此，进入新世纪以来，根据经济全球化、城市化、老龄化、少子化、知识化的发展趋势，按照上海"四个中心"建设、创新驱动、转型发展的时代要求，以举办 2010 年上海世博会为契机，加大家庭文化建设的制度和政策创新，成为上海家庭文化建设的新战略选择。具体而言，这一时期上海家庭文化建设呈现以下几个特征：

1. 注重理论创新和科学发展

随着社会经济的转型发展，上海的家庭文化建设也开始面临着新情况、新问题，需要在理论上作出新的研究、解释和分析，只有这样，才会制定出符合城市发展特点的建设策略。因此，充分发挥上海的人才资源优势，以问题为导向，高度重视家庭文化建设的理论研究，就成为新世纪以来上海家庭文化建设的重要特色之一。

（1）开展家庭文化建设的理论与实践研讨会。面对上海社会经济发展的新情况、新趋势，于 2002 年 9 月份，上海举办了由政府官员、社会组织、专家学者等参与的"家庭文明建设理论与实践研讨会"。在会上，全面分析了上海家庭文化建设面临的诸多新情况和新挑战，明确提出了新时期家庭文化建设的根本目标应以人为本，促进家庭成员素质和生活质量的全面提高。同时也提出未来上海家庭文化建设中关于如何进一步深化活动内涵、创新活动形式、融合家庭建设与社区建设活动的工作新方向。2004 年，为了贯彻《中共中央国务院关于进一步加强和改进未成年人思想道德建设的若干意见》，在上海较早召开未成年人思想道德建设研讨会，来自家庭、学校和社区的代表和本市知名社会学家、心理学家、哲学家及教育问题专家从各自的角度，就新形势下未成年人面临的问题和困惑展开深层次的讨论，积极寻求对策。

（2）研究制定第一个家庭文明指导计划。2001 年，国家颁发了《公民道德建设实施纲要》。2004 年颁发了《中共中央、国务院关于进一步加强和改进未成年人思想道德建设的若干意见》，旨在全面推动全国未成年人思想道德建设。胡锦涛于 2006 年 3 月 4 日全面提出"践行社会主义荣辱观"。为了进一步贯彻《公民道德建设纲要》和《中共中央、国务院关于进一步加强和改进未成年人思想道德建设的若干意见》精神，落实《上海迎世博文明行动计划》的部署，上海妇联在全面总结 2001—2005 年上海家庭教育工作的基础上，按照上海"十一五"期间发展的总体要求和指导原则，制定了《上海市家庭文明建设"十一五"指导计划》及《工作评估办法》，通过"八建八家"（即有礼貌、建礼仪之家；讲卫生、建健康之家；学科学、建学习之家；巧沟通、建和睦之家；惜资源、建节约之家；爱艺术、建快乐之家；献爱心、建友善之家；重法治，建安全之家）①，明确了未来五年上海家

---

① "八建八家"是上海市家庭文明建设"十一五"指导计划中作为主要任务提出来的，具体指：

1. 有礼貌，建礼仪之家。通过家庭文明礼仪的宣传教育和实践活动，使家庭成员在家庭交往、邻里交往、社会交往和国际交往中学礼仪知识、讲文明语言、行文明礼仪、养成文明习惯，使文明礼仪成为家庭成员必备的文化素养。具体要求：衣着得体，举止文明。文明行路、文明乘车、文明游园、文明用厕；尊重他人，生活方式健康，饲养宠物、家庭娱乐等活动不妨碍邻里生活；社区内宗教活动正常有序；家庭成员对"八建"有较高的知晓率。

2. 讲卫生，建健康之家。通过开展面向家庭的卫生、健身和健康知识的教育，使广大家庭养成良好的生活卫生习惯，形成科学健康的心理，培养良好的社会适应能力，提高家庭的生活质量。具体要求：主要道路两侧的公共设施上无乱晾晒，中心绿地无乱扔垃圾、乱吐痰现象；围绕"2010年人人享有优质的生殖保健服务"目标，开展家庭计划进万家活动；为社区居民提供个性化服务，提高人口出生素质，使 0—7 岁儿童保健系统管理率达 95%，孕产妇系统管理率达到 90%以上；倡导"体育生活化"理念，增强家庭成员体育健身意识，开展"家庭健康总动员"等活动，使经常性参加体育锻炼的人数达到全市总人口的 50%。

3. 学科学，建学习之家。通过深化创建学习型家庭的活动，引导家庭成员树立终身学习的理念，营造浓郁的学习氛围，形成代际相互学习、亲子共同成长的风气，家庭成员学习能力和创新能力明显提高。具体要求：居委会普遍建立市民教育教学点，开展多种形式的社区教育活动；家庭参与科教、文体、法律、卫生"四进社区"活动的比例较高；利用公益广告宣传栏、电子屏幕、"东方讲坛"、家长学校等载体，积极开展未成年人思想道德教育活动，有效组织未成年人积极参加寒暑假的教育活动；家庭教育行为公约知晓率达 80%。

4. 巧沟通，建和睦之家。通过家庭和邻里沟通技巧的宣传培训与实践活动，促进夫妻沟通、代际沟通和邻里沟通，建立家庭和睦、尊老爱幼、邻里团结的人际关系。具体要求：邻居之间熟悉，相互帮助；有效开展"居民公约"、"道德评议台"等活动；文明楼组的比例达 70%；虐待和不赡养老人案件发生率小于 1 起/万户，家庭暴力投诉率小于 1.5 起/万户，不抚养未成年人案件发生率小于 1 起/万户。

5. 惜资源，建节约之家。通过开展环保与节约知识的宣传和教育，在家庭中普及环保理念和节约意识，形成人人参与环保、爱护环境、节约资源的良好习惯。具体要求：户户参加节能、节水、节材、资源回收、生活垃圾分装和废物回收活动；引导家庭成员积极参与种绿、养绿、护绿活动，继续建好和拓展"母亲林"；倡导沿街、沿世博会场馆的家庭积极参与阳台、墙面、屋顶绿化活动；义务绿化尽责率达 70%以上。（转下页）

庭文明建设的目标要求、阶段重点和主要任务,以及各成员单位的职责分工,使未成年人工作有据可依,有计划、有步骤地推进。

(3)加大特大城市家庭文化领域的专题研究。针对新时期家庭发展遇到的新情况和新问题,联合高校、科研的专业力量,组织对和谐家庭状况、学习型家庭创建、儿童发展与社会责任等具有前瞻性、科学性、全局性的重大课题进行研究。"十一五"时期,先后完成了上海市家庭教育立法研究、上海市家庭教育发展状况研究、"儿童参与"课题研究、上海市家庭文明状况研究等重大课题(表 2.1)。

表 2.1　新时期上海家庭文化建设相关的主要研究议题及成果

年份	主要研究议题及主要成果
2004	独生子女养育独生子女、社区家庭教育模式、网络对家教的影响、儿童心理干预、婚前家庭教育指导等议题,完成《循理求道的足迹》、《上海市家庭教育条例》、《儿童发展和社会责任》等研究成果。
2006	完成"特困家庭的家庭教育研究"、"服刑家庭子女的家教问题研究"、"'少女妈妈'问题研究"和"亲子沟通与化解冲突策略研究"等。
2007	开展上海儿童权益状况调查、学习型家庭、上海市家庭环保状况、上海市家庭运动状况等社会调查;完成《上海市学习型家庭创建研究报告》、《关于推进上海市创建学习型家庭的指导意见(试行)》和《上海市学习型家庭创建指标》等。

(接上页)6. 爱艺术,建快乐之家。通过开展面向家庭的文体活动,普及文化艺术,引导家庭成员积极参与社区文化活动,提升艺术修养,营造欢乐祥和的家庭氛围。具体要求:社区文化活动中心硬件配置及功能发挥达到市颁要求,社区图书馆功能完善,人均藏书量达 0.5 册/人;业余群众文体团队数量不少于 25 支/街道;进一步推进和完善广场文化建设,社区广场文化活动次数不少于 12 次/年;构建富有特色的群众文化活动"街""圈""带"。

7. 献爱心,建友善之家。通过开展诚信教育和实践活动,倡导关爱他人、关爱社会、"人人参与、人人分享"的社会风尚,培养家庭成员助人为乐、见义勇为、扶弱帮困的社会责任意识,使家庭成员树立诚实守信的意识,实现"知诚信、讲诚信"的家庭建设目标。具体要求:积极开展"家帮家、邻帮邻"等活动,居民参与扶贫帮困等互助互济活动的比例达 30%;发动更多的家庭志愿者参加社区公益活动,社区登记志愿者人数占总人口比例达 8%;广大家庭积极投身诚信创建活动,树立以守信为荣、失信为耻、无信为忧的诚信观念,养成诚实守信的品质。

8. 重法治,建安全之家。通过开展创平安家庭、家庭助廉等活动,使家庭成员知法、守法、用法,知晓合法地表达利益的方法和途径,增强未成年人的法制观念和自护自救的能力。具体要求:减少意外伤害发生率,不让毒品进家庭,艾滋病防治基本知识知晓率达 80%;自觉遵守业主公约,维护公共安全;做好孤、残儿童合法权益保护工作和流浪儿童救助保护工作;未成年人犯罪率控制在万分之六以内,重犯率控制在 3% 以内。

年份	主要研究议题及主要成果
2008	开展长三角地区"和谐家庭"大调研,率先提出了"同心圆结构理论",为积极借鉴长三角地区经验,提出"和谐家庭"创建标准和策略打下了坚实的基础。在制定《上海市家庭教育指导内容大纲》基础上,承接全国家庭教育大纲的编制工作。
2009	承接在国家层面尚属首次的《全国家庭教育指导大纲》编撰工作;开展年度大调研"上海未成年人发展指数研究"、"青少年闲暇时间调研"和"家庭需求与公共服务产品研究"等,形成的研究成果,特别是对 90 后状况观察等得到媒体广泛关注,以调研推进政府决策与公共服务。完成了"家长志愿者队伍建设研究"、"改革开放 30 年来上海家庭文化变迁和发展趋势的研究"等 8 项重点课题。
2010	编制了《全国家庭教育指导大纲解读》;承接了全国妇联重点课题——"独二代"研究;开展社区青少年亲子沟通、留守儿童家庭教育等课题研究。
2011	开展"社会政策与现代儿童抚育模式建设研究",对儿童阅读等 8 个重点立项课题跟踪指导,参与"妇女儿童活动中心免费开放"、"妇联组织的社区服务与志愿者队伍的建设和管理"等专题调研;编制《家庭教育指导手册》0—3、4—6 岁版,促进全市科学育儿理念的普及。

2. 创新家庭政策的参与机制

为政府公共决策提供科学依据,已经成为新时期上海家庭文化建设的一大特色。综观这一时期的理论研究,主要呈现三个特点:

（1）注重需求,增强研究领域的开放度。面对家庭建设中出现的大量新情况新问题,深入基层开展了一系列针对性的调查研究,对青春期女童、新上海人、流动留守、单亲、贫困儿童以及犯罪青少年等群体的家庭教育研究取得积极成果,关于"独二代"现象、祖辈教育、亲子冲突、青少年闲暇时间、儿童权益状况、家庭需求与公共服务产品研究、家长学校建设等调查广受社会关注。

（2）注重整合,增强研究力量的多元化。依托家庭教育研究会等学术性社团,凝聚高校和科研院所专家、相关职能部门和基层家庭文明建设实际工作者共同参与研究,实现理论与实践的结合,先后出版了《城市变迁与家庭教育》、《和谐家庭理论与实践探索》等 6 本东方家庭系列丛书及

《和孩子一起上幼儿园》等科普读物,汇编了《寻和求谐的实践》《家庭教育优秀成果集》等研究成果,联合市教委等发布了《上海市 0—18 岁家庭教育指导大纲》等指导性、规范性文件,大大提高了家庭文明建设的科学性和有效性。市家庭教育指导小组还接受全国妇联委托,圆满完成了《全国家庭教育指导大纲》编制工作,2010 年 2 月由全国妇联等 7 部委联合发布。

(3) 注重转化,增强研究成果的应用性。通过向党政有关部门提出建议和向"两会"提交议案、书面意见和提案,推进理论研究成果转化为惠及广大家庭的法规和政策。五年来,提交"两会"的建议涉及三托班(寒托、暑托、晚托)、儿童权益保护、公共场所增设市民安全体验馆和母婴室等 20 多项;"百万家庭学礼仪"、"向 25 万户家庭发放急救包"成为市政府实事项目,为提高城市文明形象和增强城市公共安全作出了贡献。据统计,5 年内 18 个区县妇联累计在市级以上刊物发表论文 1 023 篇,在实践中推广应用 304 项,为推动实际工作提供了很好的理论依据。

3. 完善学习型家庭创建机制

随着现代科技的快速发展,加强科学文化知识的不断学习,加强业务能力的培训,提高家庭成员的文化水准、就业能力、发展能力,成为新时期各类家庭发展的新需求和新趋势。为此,动员和组织各类家庭,积极主动地学习各种文化知识和文明礼仪规范,特别是结合上海 2010 年世博会的举办,全面构建学习型家庭,成为这一时期上海家庭文化建设的突出特色。这一特色主要体现在如下几个方面:

(1) 向全市妇女发出"学习新知识、创造新业绩、建设新生活"的号召。2003 年 6 月,上海市第十二次妇女代表大会在上海展览中心隆重举行,来自全市各界各层的 800 名妇女代表汇聚一堂,满怀激情与智慧审议通过了上海市妇联工作报告——《以"三个代表"重要思想为指导,在推进现代化国际大都市建设中实现上海妇女的跨越式发展》,向全市妇女发出了"学习新知识、创造新业绩、建设新生活"的号召。

（2）优化完善学习型家庭创建机制。综观上海创建学习型家庭的整个历史过程，除了开展丰富多彩的各类学习活动之外，更加侧重了制度政策的创新和运行机制的完善，使得学习型家庭创建活动走向制度化、常规化、长效化的发展之路，具体体现在以下两个方面：

第一，以规划和体系明确目标和方向。学习型家庭创建工作必须有科学的整体筹划和推进步骤。为此，各区县以妇联为牵头部门，以"有计划、有推进、有试点、有调研、有总结"为方针，结合区情民意和既往创建情况，统筹筹划、整体推进创建全局。例如杨浦区为进一步完善学习型家庭创建过程，在全市率先推出"学习型家庭创建指标体系"，避免"一刀切"的单一模式，特别设置的家庭生活人文环境，为学习型家庭创建的可持续发展和参与的广泛性提供重要依据。每个区县通过制订规划、创建指标体系和模式，为创建活动的可持续开展提供明确的目标和方向，从而有效推进工作目标的实现。

第二，以制度建设保障工作长效运行。一是形成齐抓共管的社会化创建工作体系。在制定规划的基础上，各区县妇联明确各成员单位任务职责，通过齐抓共管、加强合作，发挥整体优势，如原闸北区充分发挥家庭文明建设协调小组 20 家成员单位作用，形成"区委领导、文明办牵头、妇联主管、街道实施、部门参与"的创建工作格局，共同推动学习型家庭创建活动的深入开展。二是完善创评机制。各区县积极推动创建活动制度化、规范化和常规化，为不断培育和推出学习型家庭典型创造了条件，提供了组织保障。黄浦区参照五好文明家庭评选方式，各街道相继建立起"家庭申报、群众评议、居委把关、街道审核"的学习型家庭评估机制，同时在文明家庭、五好文明家庭创评工作中注入学习的内涵，丰富了家庭文明创建内涵，拓展了学习型家庭的创评范围。

2011 年 9 月 28 日召开了"上海市学习型家庭建设推进大会"，在系统总结全市学习型家庭创建成效的基础上，进一步提出要充分认识创建学习型家庭对于精神文明建设的重要促进作用；要充分认识创建学习型家庭对于维护社会和谐稳定的重要保障作用,进一步明确了"十二五"时期上海学习型家庭建设的主要努力方向:一是深化学习型家庭建设的内涵创新;二是深化学习型家庭建设的载体创新;三是深化学习型家庭建设的机制创新;四是深化学习型家庭建设的管理创新。

(3)开展"五个百万"学习大行动。第一,2003 年上海市妇联掀起了"百万妇女学习行动",引导全市妇女在学上网、学礼仪、学技能、学法律、学健身中充实自我、完善自我、赢得尊重、赢得成功。在 2003 年到 2008 年期间,有 71.9 万以社区中老年妇女为主的市民参加计算机操作培训和考试,有 130 多万市民参与"我最喜爱的网站"评选等各类网上实践应用活动;有 138 万以女性为主的市民参加礼仪培训;有近百万女职工和曾经的下岗、失地妇女依托女职工周末学校、市妇女干部学校、巾帼园培训中心以及各级妇联与劳动、教育部门联合创办的培训载体,参加了新技能培训、再就业培训和创业指导培训,造就了一支现代智能型的女职工队伍和重新扬起生活风帆的女创业带头人队伍;有 85.2 万人次妇女参加了法律知识讲座、竞赛,从新修改的《婚姻法》、《妇女权益保障法》到《劳动合同法》,妇女的学法、守法、用法意识逐年提高。

第二,百万家庭网上行。2002 年发布的《互联网发展状况报告》中反映出上海女性与男性之间,特别是 35 岁到 60 岁的人群与其他社会群体之间存在着较大的数字鸿沟。如果任由这部分人群被信息技术边缘化,势必制约上海信息化尽快得到发展。正是基于这一现实,2003 年上海市妇联、市信息委、市文明办和市科协等单位联合发起了上海市"百万家庭网上行"计划,计划提出要在 3—5 年内推动 100 万市民上网的市民信息化普及目标。在具体实践中,市层面主要采取如下措施:一是采取"政府出一点、培训机构让一点、市民个人出一点"的培训经费组成模式,市民个人最多只需拿出 20 元就可享受"百万家庭网上行"培训。二是政府、群团、社会力量、企事业单位等诸多力量通力合作①。

---

① 《上海市"百万家庭网上行"计划总结报告》,上海女性网,2006 年。

第三，百万家庭学法律。2005 年 4 月，市妇联连同市司法局、市法宣办联合开展"百万家庭学法律"活动，旨在提升家庭成员和广大市民的法律素质。此项学习活动具有如下几个特点：一是，主题鲜明。"百万家庭学法律"活动从社会最小的细胞——家庭抓起，所以"立足社区、面向家庭"既是本次活动的主旋律，又是一大特点。二是，以"三八"妇女维权周、"3·15"消费者权益日、"5·15"家庭日、"6·26"国际禁毒日等纪念日为载体，开展相关法律法规知识的学习，有针对性地开展法制宣传教育。三是，与"百万家庭网上行"活动相结合，大力开展网上学法。四是，把媒体宣传教育与阵地宣传教育相结合。最后，坚持把宣传教育与妇女维权工作实际相结合。各区县通过开展形式多样的学法活动，提高了广大妇女的法制意识和依法维权能力，推动全社会形成尊重妇女、维护妇女合法权益的良好氛围，为妇女维权工作创造了良好的法制环境。

第四，百万家庭学礼仪。讲究公共道德和基本礼仪，是中国传统文化的核心和精华，也是一座国际化大都市家庭成员必备的基本素质，有一项调查显示，74.6%的上海市民认为学习礼仪很有必要，并乐于参与。特别是为了成功举办一届精彩而难忘的世博会，为到访的 7 000 万游客展现上海市民的综合素质和都市形象与品位，从 2006 年开始，由上海市妇联、文明办等单位联合主办"百万家庭学礼仪"活动，旨在提高市民素质和城市文明程度，提升上海城市建设的"软实力"，推动学习型社会建设，为 2010 年世博会在上海举办创造良好的文明环境。具体做法如下：一是针对公共场所反映较为集中的不文明行为，利用社区学校、网上教室及成人教育体系等载体，开展家庭礼仪、社会礼仪、职场礼仪、校园礼仪、公务礼仪等学习培训。二是通过公益广告等形式，提高文明行为规范和礼仪的知晓率，通过"家庭礼仪知识大赛"等扩大影响力。三是组建一支共 700 多人的"礼仪志愿者讲师"和"礼仪活动志愿者"队伍，发挥城市文明礼仪的引领者和示范者的作用。与此同时，以"百万家庭学礼仪"活动为统领，相继开展了"'温馨提示'文明礼仪公益短信征集活动"、"百万职工学礼仪"、"百万青少年学礼仪"、"百万外来建设者学礼仪"等活动,构建了纵横结合的文明礼仪学习大行动。

第五,百万家庭低碳行。适应后世博时期上海经济和社会发展的现实需要,为实现建设低碳、环保、宜居城市的长远目标,2011 年上海市政府开辟了由市绿化市容局、市妇联牵头,市文明办、市教委、市金融办、市环保局、市科协联合参与的"百万家庭低碳行,垃圾分类要先行"项目,作为市政府实事项目之一。上海市妇联积极配合,发挥各区县妇联的力量,全面推动低碳家庭、绿色家庭的宣传与建设活动。主要围绕四个方面开展这一主题活动:一是加大宣传力度,提高居民的知晓率。先后在《解放日报》、《文汇报》、《新民晚报》、《新闻晨报》、《新闻晚报》、《青年报》、《劳动报》以及上海文明网、上海女性网、中国公益广告网、上海市社区学校网等网络平台进行全方位宣传,让居民充分知晓垃圾分类相关知识。二是开展讲座培训,推广普及垃圾分类。培训还通过开展垃圾分类小游戏、播放低碳宣讲课件、PPT 展示、观看"台北垃圾处理启示录"宣传资料片、专家现场答疑、知识竞赛等环节,进一步帮助市民增强低碳环保意识,了解垃圾分类紧迫性和垃圾分类知识。三是组建志愿者队伍。自 2011年 5 月开始,市文明办、市妇联向 18 个试点街道(镇)招募专项服务于实事项目工作的家庭志愿者,借助市志愿者协会平台,进行统一登记、注册,志愿者配备印有统一 Logo 的马甲、帽子、水壶、背包和志愿者徽章。全市已招募志愿者 20 141 人,开展入户宣传九千余次,宣传普及人数达到 52.6万余户。

4. 建立家庭文明评估、表彰制度

(1) 开展"十一五"时期家庭文明建设及其评估。前文已经述及,在 2004 年,上海妇联研发制订了《上海市家庭文明建设"十一五"指导计划》,构建以"八建八家"为主要内容的家庭文明建设方略。为了客观评价《上

海市家庭文明建设"十一五"指导计划》贯彻落实情况,在"十一五"时期,开创和建立了全市家庭文明建设的评估机制。发挥研究、评估等社会中介组织的作用,制定了包括《上海市家庭文明建设"十一五"测评指标》(表 2.2)、《上海市区县家庭文明建设"十一五"指导工作评估指标》(表 2.3)、《上海市区县家庭文明建设"十一五"指导工作评估指标解释》在内的《上海市家庭文明建设"十一五"指导工作评估办法》,通过自评与抽评相结合、主管部门评估和家庭评价相结合的方法,保障家庭文明建设工作成效的不断巩固和发展。

表 2.2　上海市家庭文明建设"十一五"测评指标

一级指标	二级指标	测评内容	全体成员经常做到 2.5 分	大多成员经常做到 2 分	家庭成员一般做到 1.5 分	家庭成员偶尔做到 0.5 分
1. 有礼貌,建礼仪之家	家庭礼仪	衣着得体,举止文明,礼貌用语				
		饲养宠物、家庭娱乐等不妨碍邻里生活				
	社交礼仪	探亲访友,事先预约,准时赴会				
		亲朋交往,忠诚友爱,信守诺言				
	公共礼仪	公共场所遵守规则,不喧哗,不出噪声(手机声、大声说话等)				
		对老、弱、病、残、孕者主动礼让				
		遵守"七不"规范				
2. 讲卫生,建健康之家	身体健康	知晓常见病或慢性病的防治方法				
	心理健康	经常有快乐、幸福感				
		自信,对生活充满信心,珍爱生命				
		与周围人群友好相处				
	生活方式健康	睡眠充足,生活起居有规律				
		每周参加体育锻炼 2 次以上(每次半小时以上)				

一级指标	二级指标	测评内容	全体成员经常做到 2.5 分	大多成员经常做到 2 分	家庭成员一般做到 1.5 分	家庭成员偶尔做到 0.5 分
3. 学科学，建学习之家	学习氛围	家庭环境温馨、协调，有文化气息				
		崇尚科学，不参与、不相信迷信活动				
	学习时间	每天学习（读书看报等）1 小时以上				
		家长每年参与 4 次以上家庭教育指导活动				
	学习投入	书报、网络信息等学习投入占家庭年总收入的 3% 以上				
4. 巧沟通，建和睦之家	夫妻关系	相互尊重、生活和谐				
		家庭重要事务民主协商				
	亲子关系	相互学习、每天与孩子一起活动、游戏				
		注重人格教育、养成教育、亲子沟通、理解、尊重				
	代际关系	善待老人，常回家探望父母，每月 1—2 次				
		平等交流，宽容理解				
5. 惜资源，建节约之家	家庭节能	使用节水、节电、节气等节能设施				
	环保行为	爱护环境，垃圾分类，减少浪费				
	消费行为	科学理财，理性消费，勤俭持家				

一级指标	二级指标	测评内容	全体成员经常做到 2.5分	大多成员经常做到 2分	家庭成员一般做到 1.5分	家庭成员偶尔做到 0.5分
6. 学艺术，建欢乐之家	艺术爱好	培养1项以上艺术爱好（音乐、器乐、绘画、书法、舞蹈、收藏等）				
	艺术活动	每年参观或欣赏文化艺术活动2次以上				
		每年参加社区文化活动2次以上				
	艺术投入	每年家庭文化娱乐消费（博物馆、艺术馆、旅游等）占年总收入的2%以上				
7. 献爱心，建友善之家	邻里关系	学会感恩，互帮互助，不在楼道内堆杂物				
	公益活动	每年参加社区或单位扶弱帮困活动1次以上				
	志愿活动	每年参与社区志愿者活动1次以上				
		热心友善，与困难家庭结对帮助				
8. 重法治，建安全之家	法规知识	学法、用法、守法，有防黄、毒、艾、赌、骗的知识				
		依法实行计划生育				
	安全技能	正确操作各类家用电器				
		知晓各类紧急状态时呼救的电话				
	安全防卫	知晓合法维护利益的途径和方法				
		知晓防止家庭意外伤害发生的知识和方法				

表 2.3　上海市家庭文明建设"十一五"指导工作测评指标

一级指标	二级指标	测评内容	权重分值
1. 组织与队伍建设	（1）组织建设	a. 建立家庭文明建设协调小组,有专人负责,每年研究解决 1—2 项重或难点问题	4
		b. 制定家庭文明建设工作的实施方案与年度推进计划	4
		c. 指导街镇建立社区家庭文明建设指导中心,每年承接 1—2 项有关妇女、儿童、家庭的公共服务项目,开展 4 次以上提高家庭成员素质和家庭生活质量的公益性活动	4
	（2）队伍培养	a. 培养一支数量充足、素质优良、相对稳定的专兼职指导者队伍,造册管理	4
		b. 开展区县、街镇(基层单位)两级业务培训,各部门家庭文明建设的专兼职管理者、指导者每年参加业务培训 20 课时,参加业务培训率大于 80％	4
	（3）志愿服务	a. 加强家庭志愿者队伍建设,建立家庭志愿者档案,实行挂牌上岗	4
		b. 确立一批家庭志愿者服务项目,培育一批家庭志愿者活动示范团队	4
		c. 创新家庭志愿者活动载体,开展各类家庭志愿者活动,志愿者参加业务培训率大于 40％	4
2. 舆论与活动指导	（4）宣传活动	a. 借助电视、广播、报刊、网络等媒体平台,利用社区广播站、宣传栏、电子屏幕、黑板报等载体,传播家庭文明建设的先进理念和科学方法	4
		b. 以重大节庆和重要活动为抓手,创办家庭教育、家庭文化、家庭美德、未成年人思想道德建设等活动,形成规模和品牌效应	4
	（5）家教指导	a. 办好各类家长学校,新婚夫妇、孕妇、0—18 周岁儿童家长接受家庭教育指导率达到 90％以上	4
		b. 加强亲子俱乐部和社区学校建设,开展社区 0—3 岁科学育儿指导服务	4
		c. 发挥学校、家庭、社会各自优势,促进家庭教育行为公约知晓率达 80％	4

一级指标	二级指标	测评内容	权重分值
3. 科研与保障机制	（6）理论研究	a. 探索建立家庭文明研究资料库，创建家庭文明研究基地，引进专家资源，每年开展 1 项重点课题研究	4
		b. 充分运用已有的优秀科研成果，有计划、有步骤地指导实践	4
	（7）激励机制	a. 健全表彰五好文明家庭、家庭教育、学习型家庭、家庭志愿者等制度	4
		b. 创新家庭文明建设的激励机制	4
	（8）经费保障	a. 家庭文明建设有专门的预决算制度，经费投入占地区精神文明建设可支配资金比例的 5%—10%	4
		b. 吸引社会资金投入与赞助	4
4. 落实与推进成效	（9）文明家庭比例	a. 家庭文明建设测评合格率占家庭总数的 70% 以上	4
		b. 各级文明家庭比例≥70%	4
	（10）推进成效	a. 家庭成员礼仪知识知晓率达 70%	4
		b. 学习型家庭数每年增幅≥2%	4
		c. 市文明社区测评指标中的各项家庭文明建设指标均达标。	4
		d. 某一方面工作已形成品牌和特色	4

在实践操作中，以五年一个周期，分中期（2008 年）和终期（2011 年）开展两次评估。评估采用自查自评、抽查复评的方式进行。市家庭文明建设协调小组成员单位对照"指导工作测评"指标要求，在自评、抽查、复评的基础上，形成上海市家庭文明建设"十一五"评估报告。

上海市家庭文明建设"十一五"终期现状：

a. 全市家庭文明总体处于"良好"水平

上海家庭文明建设总体情况较好，达到了 89.60 分。根据 18 个区县的自评结果，全市"八建八家"平均得分 85.5 分。区县家庭文明平均得分 90.14 分，达到"优秀"水平。从文明程度看，全市 57.5% 的家庭为优秀（90 分以上），40.77% 的家庭为良好（70—89 分），1.54% 的家庭属于合格（测评分在 60—69 分之间）。

b."八建八家"中礼仪之家建设突出,节约之家有待加强

评估结果显示,"八建八家"中礼仪之家较好,为 96.69 分,节约之家相对薄弱,仅为 81.15 分。总体而言,安全之家（95.25 分）、友善之家（93.65 分）、和睦之家（92.23 分）建设状况较好,学习之家（86.68 分）、健康之家（85.09 分）、欢乐之家（82.29 分）相比略为逊色。

礼仪之家:上海家庭成员衣着得体、举止文明,大多数能使用礼貌用语,但遵守公共场所规则、主动让座还有待加强。超过 90％的家庭言行得体、守时诚信、友善待人;90.30％的家庭能遵守"七不"规范,维护公共秩序,主动礼让老弱病残孕者。

健康之家:上海家庭成员身心健康总体和谐,但仍有三成成员存在焦虑情绪。80％以上的家庭成员对健康持乐观态度,也掌握一些常见病或慢性病防治办法,睡眠较充足。年轻人参加体育锻炼不够,生活起居缺乏规律。多数家庭成员有群体归属感、对生活充满信心,但四成家庭感觉周围生活环境存在不和谐之处,33.80％的家庭成员经常感到焦虑不安。

学习之家:上海家庭学习氛围较浓厚,但两成以上家庭仍对家庭建设指导活动不够积极。95％以上的家庭崇尚科学,具有良好的学习氛围,每天学习（读书看报等）1 小时以上,家庭环境温馨协调。88.30％的家庭能做到书报、网络信息等学习投入占家庭年总收入的 3％以上。

和睦之家:上海家庭成员之间关系较和睦,但需进一步彼此尊重、互动交流。97％以上的家庭能做到平等交流、相互宽容,善待老人、常探望父母,共同分担家务,注重孩子的人格教育、养成教育。80.40％的父母能做到每天与孩子一起活动、游戏,夫妻之间相互尊重、生活和谐。

节约之家:上海家庭节能环保意识不断增强,但日常环保行为和环保技能有待提高。大多数家庭意识到要科学理财、理性消费、勤俭持家,使用节水、节电、节气等节能设施,不买过度包装物品,爱护环境,但在日常生活中相当一部分家庭仍使用一次性餐具、塑料袋,72.80％的家庭感觉空

气质量、水污染等对生活质量影响很大。

欢乐之家：上海家庭文化氛围较好，大多数家庭成员有着共同爱好或文化欣赏品味。85％以上的家庭每年都能参加参观、艺术欣赏等社区文化活动 2 次以上，家庭文化娱乐消费（博物馆、艺术馆、旅游等）占年总收入的 2％以上。79.80％的家庭有 1 项以上艺术爱好（音乐、器乐、绘画、书法、舞蹈、收藏等）。

友善之家：大多数上海家庭社会关系良好，互帮互助成为生活常态。95％以上的家庭热心友善、懂得感恩、乐于互助，每年都能参加 1 次以上社区或单位组织的扶弱帮困和志愿者活动。日常生活中，不在楼道内堆杂物，邻里关系总体良好。

安全之家：法律和安全意识成为沪上家庭成员的共识。九成上海家庭能做到学法、用法、守法，有防黄、毒、艾、赌、骗的知识，能正确操作各类家用电器，知晓各类紧急状态时呼救的电话，知晓依法维护利益的途径和方法，知晓防止家庭意外伤害发生的知识和方法。

（2）建立健全先进工作的评选表彰制度。全市建立健全了每两年表彰五好文明家庭和学习型家庭示范户、每三年表彰家庭教育先进个人、先进集体等制度，对获奖的个人和集体给予精神和物质奖励。例如在 2003—2007 年间，全市累计约有 3 065 782 户家庭获得了各级各类文明家庭称号；全市 873 037 户家庭被评为各级学习型家庭，参与学习型家庭创建也达到了 3 840 087 人次。各种不同类型的评选活动，极大地调动了专兼职工作者和社会成员参与家庭文明创建的主动性和积极性，激发了家庭文明创建的社会活力。

（3）研制上海"十二五"家庭文明建设指导计划和儿童发展规划。2010 年，为了推进家庭文明建设工作不断深入，明确未来五年上海家庭文明建设和发展新目标，根据家庭发展的新趋势、儿童发展的新需求，依据相关文件精神，结合上海儿童和家庭工作实际，制定了《上海市家庭文明建设"十二五"指导计划》。该计划确立了新时期家庭文明建设的总体目标：立足上海家庭发展的多元需求,以"与文明同行,建美好家园"为主要内容,整合社会资源,提高全社会对家庭文明建设的重视程度和投入力度;创新家庭文明建设理念和方法,树立世界眼光,继承中华传统美德,倡导志愿精神,提升未成年人思想道德素质和家庭成员素质,加强家庭教育指导,创建文明家庭;促进民生优先,注重保障和改善民生,积极参与社会管理和公共服务,寻求破解各类家庭问题的新方法。与此同时,参照世界经验,结合上海儿童发展实际,专门研制上海"十二五"时期妇女、儿童发展规划,明确发展指标,为进一步促进儿童身心健康发展提出了战略举措。

"十二五"时期上海家庭文明建设的主要任务和行动策略:

a. 建健康之家

主要任务:"健康之家"文明建设主要任务是促进家庭全体成员的身心健康。通过宣传倡导家庭健康新理念,培养广大家庭健康生活新方式;通过开展面向家庭的卫生和营养分享活动,提高家庭卫生和营养状况;通过推进新一轮建设健康城市行动计划和每天一小时阳光体育健身活动,促使广大家庭养成良好生活习惯;通过加强家庭心理辅导,多元化开展个性化心理和调解咨询服务,培养家庭成员亲密关系,形成健康心理,提高家庭生活质量。

行动策略:围绕"五个人人"健康市民行动,积极组织开展"人人动手清洁之家"、"人人劝阻室内吸烟"、"人人坚持日行万步"、"人人掌握控油控盐"、"人人学会应急自救"行动;指导家庭掌握自我保健知识,不在公共场所吸烟、少饮酒、不滥用药物,养成家庭良好的生活习惯;鼓励家庭定期参加体检,家庭备有保健药箱并定期清理药箱;引导家庭成员增强优育意识提高优育能力,确保儿童保健系统管理率和孕产妇系统管理率达标,全面提升人口质量;积极倡导"体育生活化"理念,通过开展"阳光体育"活动,鼓励家庭成员每天锻炼一小时,增强家庭成员体育健身意识,提高社区健身器材和文化娱乐设施的使用率;完善社区家庭文明建设指导中心、妇女之家等服务窗口的心理咨询功能,为社区居民提供个性化心理咨询服务，预防和化解家庭成员的心理问题；建设上海市学生心理健康发展中心、12355 青少年公共平台心理健康中心，每个区县建立未成年人心理健康辅导中心，缓解学习压力、异性关系、亲子关系、升学就业等引发的心理问题；拓展白玉兰关爱一生项目内涵，探索开展生活体验馆、优视社区康复中心等贴近需求、符合期待的全新项目。

b. 建学习之家

主要任务："学习之家"文明建设重点是家庭教育指导和学习型家庭创建。积极发挥家长学校的作用，引导家庭成员学习、掌握科学的家庭教育方法，提高家庭教育水平；通过深化创建学习型家庭活动，引导家庭成员树立终身学习理念；通过开展社区教育活动，促进社区与学校和家庭互动，形成家庭、学校、社会三位一体的合作教育模式，营造健康良好的儿童成长环境，实现代际相互学习、亲子共同成长的有益风气。

行动策略：按照《全国家庭教育指导大纲》、《上海市 0—18 岁家庭教育内容指导大纲》的要求，利用各级家长学校组织开展对新婚夫妇、孕妇、18 岁以下儿童的家长或监护人的家庭教育指导行为；打造家庭教育讲坛平台，开发家庭教育系列教材，编撰家庭教育指导包，为基层和家庭提供多层次、多样化的家庭文明教育指导服务，在指导家庭树立科学理念、形成健康生活方式上发挥更大作用；结合每年一届的家庭教育宣传周，组织开展形式多样的家庭教育、学习型家庭创建等实践活动，增进亲子之间的沟通和交流，使家长和儿童在活动中共同成长进步；通过促进学校、家庭与社会的联动教育，尤其利用寒暑假契机，帮助未成年人学习社会行为规范、日常礼貌和社会技能，形成良好的思想道德修养；通过推进"心系女童"和"男童教育"项目，帮助女童和男童家庭运用适合不同性别儿童的科学观念和方法教育孩子，促进女童和男童健康快乐成长；通过五好文明家庭、书香家庭、学习型家庭等创建评选活动，使先进的教育理念融入到家庭生活中，在全社会营造起浓郁的学习氛围，培养良好的公民素养和精神；借助遍布全市的近 1 600 块安康宣传栏，利用广播站、黑板报、电子屏幕、社区网络及现代传媒,向家庭传递家庭教育知识、时事新闻、低碳环保理念、家庭志愿者招募等信息,拓宽宣传和服务内容。

c. 建文化之家

主要任务:"文化之家"文明建设主要体现在家庭文化水平和社区参与程度。通过扩大家庭文化建设覆盖面,将健康、有益的文化宣传融入家庭生活,提升家庭成员的文化素养;通过开展面向家庭的文体活动,普及文化艺术,引导家庭成员积极参与社区活动,融入社区生活;通过开展家庭志愿者活动,促进家庭成员参加社区公益活动,倡导关爱他人、关爱社会、"人人参与,人人分享"的社会风尚;培养家庭成员助人为乐、见义勇为、扶弱帮困的社会责任感。

行动策略:积极倡导文明行路、文明乘车、文明游园、文明如厕等行为,使文明礼仪和习惯成为家庭成员必备的文化素养;崇尚尊老爱幼、夫妻和睦等家庭美德,实现夫妻之间、亲子之间、家庭成员之间的良好互动;大力倡导"送一个微笑,道一声问候、给一点帮助",积极推进星级文明楼组建设,促使邻居之间相互熟悉、相互帮助;确保社区文化活动中心硬件配置及功能发挥达到要求,增加社区文化活动中心的开放时间,提高利用率,构建富有特色的群众文化活动中心;开展面向家庭的文化活动,普及文化艺术,培养艺术气质,提升艺术修养;招募培育家庭志愿者队伍,倡导家庭成员以"奉献、友爱、互助、进步"的精神参与社会公益、社会服务、城市公共管理等活动,扶助社会弱势群体;充分发挥美术馆、博物馆、图书馆等免费开放的资源优势,让"小手牵大手"共同感受艺术熏陶;结合各大传统节日时段、每年一次的邻里节、二年一届的家庭文化节,开展具有民族传统、体现上海特色的家庭文化活动。

d. 建安全之家

主要任务:"安全家庭"文明建设目标是使家庭保护能力有明显提升。通过开展普及公共安全和防灾预警活动,增强家庭的安全意识,提高家庭处理突发安全事故的自救和互救能力,发挥家庭在创设安全生活环境中的主体作用；以社区家庭文明建设指导中心为载体，通过开展创建平安家庭、家庭助廉等活动，使家庭成员知法、守法、用法，合法地表达利益诉求的方法和途径；推动未成年人保护的司法制度建设，加强对未成年人的权益保护，及时预防和减少未成年人犯罪；整合社会资源帮助处境不利家庭，使家庭中的弱势成员得到及时、优先照料，提升特殊家庭的生活质量。

行动策略：引导居民自觉履行业主公约，严格遵守车站、商场等公共场所规范，依法维护公共安全；普及各类家用电器的正确操作方式和紧急状态时的呼救电话，减少未成年人意外伤害发生率；指导处理突发事故的种种注意事项，确保 90％的家庭能够掌握呼救、逃生、灭火、防电等应急设施配置的使用方法；宣传预防黄、毒、艾、赌、骗、贪的知识，不让毒品进入家庭，实现平安家庭的建设目标；开展廉洁文化进家庭、进楼组、进社区系列活动，积极营造有助于廉政文化建设的良好社会风气；通过网络游戏未成年人家长监护工程等项目，发挥家长在净化社会环境中的积极作用；推动特殊儿童康复政策的完善，提高特殊儿童救助水平；做好孤、残儿童合法权益保护工作和流浪儿童救助保护工作，加强扶贫帮困力度，丰富帮困助学形式，落实"8.18 帮困助学行动"、都江堰援建项目、新疆喀什地区结对项目；促进"社区家庭文明建设指导中心"社会化、项目化、实事化服务的发展，为家庭养老提供政策援助，将业已开展的为儿童家庭提供的法律援助、卫生保健、养老护理、婚姻家庭咨询等活动转变为公共服务产品，提高服务家庭能力，促进完善社会救助政策。

e. 建生态之家

主要任务："生态之家"文明建设旨在倡导文明健康科学的绿色生活方式。通过开展普及低碳和环保知识的宣传教育活动，促进家庭形成环保理念和节约意识；组织开展低碳家庭创建活动，促进低碳方式渗透到家庭生活衣食住行的各个方面；引导家庭参与生活垃圾分类、节能节水节气、绿色出行、低碳消费等活动；形成人人参与环保、爱护环境、节约资源的良好习惯，让绿色生活方式成为每个家庭的自觉选择。

行动策略:实施政府实事项目,开展面向全市百万家庭的环保知识培训讲座,力争垃圾分类知晓率覆盖本市城市化地区家庭,实现以 2010 年为基数人均生活垃圾处理量每年减少 5％,到 2020 年,本市人均生活垃圾处理量比 2010 年减少 50％;组织专家开展生活垃圾管理地方性法规立法的专题调研,对全市百万家庭进行生活垃圾分类处理的指导和管理;积极推进家庭志愿者参与城市公共管理活动,建立属地化的分类志愿者队伍,强化专业分拣、日常宣传引导;开展"绿色星期六—社区资源回收日"活动,发放"绿色账户"卡,在全市掀起"共享绿色生活、爱心回馈社会"风潮;深化"低碳家庭·时尚生活"活动,开展金点子、小发明、小创造等各种活动,在社区向家庭征集收集整理节能减排的做法和作品,开展邻里节、低碳文化巡展等群众性活动;以文明社区、文明村镇为主体,组织市民开展环境集中清扫,引导家庭成员积极参与种植、养护活动,激发居民爱护绿色环境的责任感和使命感,绿化美化社区环境;树立绿色出行、绿色健身、绿色消费观念,开展各种引领示范性的实践活动,带动更多家庭以实际行动减少日常生活的碳排放。

5. 创新项目化运行机制

(1) 实施社会化机制。一是,拓展社会化服务平台。各级妇联依托社区资源、针对妇女需求,创建了一批服务妇女儿童的工作品牌,其中由市妇联制定相关标准、倡导建立的"知识女性社区服务工作站"、"社区妇女学校"、"亲子俱乐部"、"社区妇女法律援助站"等四个品牌共培育了 500 多个服务点;基层妇联还从实际出发,分别创建了一批诸如"心理疏导站"、"家庭教育指导站"、"妇女之家"、"网上俱乐部"、"家帮家、邻帮邻,温暖送万家"等深受妇女儿童欢迎的特色工作品牌。2005 年起,配合社区党建和社区管理,推广建立融思想道德建设、社区服务为一体的"社区家庭文明建设指导中心"88 家,并成功纳入市文明办社区建设考核和市民政局社区建设要求。

二是，推动家庭志愿者活动向项目化、专业化方向发展。如杨浦区家庭志愿者服务总队就包括法律维权服务、心理咨询服务、家庭读书服务、妇女保健服务、儿童保健服务、社区拳操服务、绿化环保服务、妇女帮教服务、家庭禁毒服务、社区便民服务、礼仪培训服务、大型活动筹划等项目化的队伍。杨浦区的女法官志愿者队伍、女律师志愿者队伍、心理咨询师志愿者队伍等，长期坚持项目化、专业化发展，成为志愿者队伍建设中的常青树和优秀品牌。现今，项目化、专业化、社会化方式开展家庭志愿者活动已经成为妇联指导开展家庭志愿者活动的共识。如 2007 年 7 月 11 日，虹口区妇联在广中社区事务受理服务中心举行了"家庭文明建设社区指导团"成立仪式。该指导团由区妇联和上海中易心理健康研究所、上海心桥教育中心两家专业机构联合组建，分为"家庭教育讲师团"及"婚姻指导咨询讲师团"两支队伍。23 名志愿者都是从事家庭教育和婚姻家庭关系指导的专业人士，拥有相关的执业资格。指导团的成立将使广大居民在社区内就能得到相关的咨询服务。在这一方面，浦东新区在家庭专业社工服务方面进行了新的探索。

浦东新区妇联近年来围绕"儿童优先发展"的理念，积极探索儿童工作新方法，系统开展了"家庭专业社工服务项目"的试点工作，对有危机的家庭运用专业社工方法，来协调家庭关系，修复家庭功能，改善家庭环境，促进儿童健康成长。

a. 需求导向，项目运作，关注危机家庭儿童的健康成长

家庭历来是妇女儿童工作的重要阵地和抓手，多年来我们习惯用丰富多彩的活动来展示主流家庭文化，倡导科学文明的家庭生活方式，实践证明是有效的。但随着改革开放的深入，人们的思想观念、价值取向和行为方式发生着前所未有的改变，家庭结构、家庭需求也发生着变化，家庭危机层出不穷。正面倡导的工作法在干预不同的家庭危机方面日渐式微，而一个危机家庭中，最无助、最易受到伤害的却是孩子。为此，浦东新区妇联把关注危机家庭中的儿童作为新的工作重点。

在经过"地毯式"调查摸底、专家咨询和几轮头脑风暴之后,我们试点实施了"家庭专业社工服务"项目,确定了三林的"外来媳妇"、潍坊的"单亲妈妈"和川沙的"维稳妈妈"家庭为服务对象,以政府出资购买专业社工机构服务的方式来推进。经过招投标程序,民非组织公益社工师事务所中标,成为项目的实施方。两年的试点成果显示,"外来媳妇"家庭中儿童问题尤为突出,而针对这些家庭的专业社工服务在改善儿童生存环境方面取得的成效亦最为突出。

"外来媳妇"家庭是指非上海户籍的女性因结婚进入上海户籍男性的家庭生活。试点地区是地处城乡接合部的三林镇,这里外来媳妇家庭相对集中。由于地域文化、生活习惯等差异,以及外地户籍缺乏身份认同、心理认同,外来媳妇大多社会地位较低,生活处于中下水平,融入社会比较困难。这些家庭的家庭问题也较复杂,经济困难、文化差别和教育观念的冲突使得夫妻婆媳争吵不断,孩子无所适从。项目组首先为 1 927 户外来媳妇家庭建立信息资料库,根据每户家庭的不同需求,重点协调婆媳关系、夫妻关系和亲子关系,提高外来媳妇与家人有效沟通的能力;帮助处于大都市边缘的外来媳妇构建自助互助网络,提高融入社区、适应社会的能力。两年来,项目组开展了 15 次小组活动、6 次社区活动,服务 1 017 人次,有效解决了 100 户家庭的就业、帮困,改善了 30 多户家庭的夫妻关系,提升了 60 多户家庭亲子关系,缓和了 20 多户家庭的婆媳关系,在社区和项目组的帮助下,一些外来媳妇成功创业、就业,进一步提升了自信,实现了价值。

b. 输送"营养",恢复功能,撑起儿童成长的家庭保护伞

很多人的个人问题实际是家庭问题的表现,因此家庭专业社工将家庭整体作为服务对象,从系统的角度去评估和解决家庭成员的问题。譬如项目组社工接触到有不同程度社交障碍的儿童,他们行为退缩、表情惶恐,孩子父母认为这是孩子本身的问题,但问题恰恰出在家庭中:有些孩子目睹了父亲对母亲的家庭暴力,有些孩子因为母亲的非理性行为导致同学对他们的隔离和排斥,还有些则是因为家庭的极端贫困使然。为此,

家庭社工项目组着重从家庭入手，特别是如何在重塑孩子自信心方面做了一些努力。

一是赋能"顶梁柱"，改善儿童成长的经济环境。经济问题是困扰"外来媳妇"家庭较普遍的问题，而改变家庭命运的往往是外来媳妇。项目组秉承助人自助的理念，从提升外来媳妇的就业能力着手，帮助服务对象开展就业培训，适时对其提供上岗的机会和信息，使其承担和发挥家庭"顶梁柱"的作用，激发家庭自身的造血功能。小华就是这样一个外来媳妇，由于丈夫单位倒闭，家庭经济陷入困境，生活的压力使小华情绪低落，对孩子脾气暴躁。项目组社工了解情况后，一方面疏导安慰，一方面积极为她联系就业的机会。由于小华年龄有点大，学历又低，社工先后为她介绍了送报纸和世博场馆保洁的工作。看到小华是个吃苦耐劳的外来媳妇，社工还为她联系了免费的育婴师培训，并一路鼓励她拿到了证书。家庭经济有了改善之后，小华对孩子教育也不那么急躁了，女儿说："我的妈妈是一个既平凡又伟大的人。平凡，是因为她只是一个普普通通的外来媳妇，但她的乐观以及她的勤奋好学又不得不让人从心底佩服她，尊敬她，这就是她的伟大之处。"小华一家的生活转而走向海阔天空。

二是调适家庭关系，夯实和拓宽儿童成长的亲情网络。外来媳妇家庭因文化差异容易产生家庭矛盾，再加上她们本身沟通技巧有欠缺，小矛盾往往酿成家庭大矛盾，这样的家庭环境对儿童成长来说显然是负面的。为此调适家庭关系成为项目组社工的一项重要工作内容之一。陈菲（化名）就是这样一个案例：她曾经有个温暖的家，女儿的出生给这个家增添了幸福与温馨，而这一切却因丈夫的突然离家出走而破碎。失去丈夫后为了生活，她在离家很远的理发店打工，与公婆越来越疏远，她自认为女儿是丈夫家的，所以也懒得过去多关心关心，因而与公婆的矛盾和积怨越来越深，终于因此引发房产纠纷。项目组社工介入后，一方面为她提供情感支持，帮她舒缓压力，同时也引导其换位思考，学会与公婆沟通。在项目组组织的"亲子零距离"小组活动中，社工帮助陈菲改变了"女儿是婆婆家人"的观念,在互动中增强了母女的亲情。渐渐地,陈菲主动与公婆交流,增加与女儿的交流时间。在社工的支持下,陈菲在离家近的地方自主创业,开了理发店,有更多的时间与女儿和公婆相处。

三是依法维权,呵护儿童幼小的心灵。在家庭侵权纠纷中,妇女和儿童往往处于弱势地位。面对这样的情况,社工既要给予服务对象心灵关怀和情感支持,又要整合社区和专业服务的资源,依法维护妇女儿童的合法权益。阿红就是一个成功案例:阿红婚后有个女儿,因无法忍受丈夫的家庭暴力离婚了,但即使在离婚后,前夫的暴力并没有停止,还把阿红母女赶出家门。通过诉讼阿红母女获得了房屋的居住权,但前夫一家又为争夺房屋的产权提起诉讼。项目组社工介入时,阿红的女儿因受家庭暴力的影响心中充满恐惧,社工及时干预,通过画画、游戏帮助孩子打开心扉;通过与其他小朋友建立伙伴关系帮助孩子交流沟通;通过讲故事方式引导孩子面对现实,消除恐惧。孩子逐渐恢复了以往的活泼。同时社工整合了律师、信访和司法资源,终于在二审法院出面调解下,让阿红母女得到了属于自己的房子,让阿红女儿幼小的心灵感受到温暖。

c. 以人为本,专业服务,构建儿童服务的新模式

家庭专业社工服务为外来媳妇家庭提供了一个温馨港湾,也为这些家庭的儿童撑起了一片蓝天。在这个项目中,政府出资购买社会专业机构服务,家庭社工用专业方法对危机家庭实施干预,构建了在儿童服务中政府与社区、社区和家庭互动的工作模式,探索了社会管理和公共服务的新方法。试点探索的主要启示有:

一是运用专业社工方法,满足家庭差异化的需求。政府提供的公共服务,主要是满足大多数群众的共性需求,而对危机家庭的干预往往需要"一把钥匙开一把锁"。家庭专业社工针对家庭的不同层次需求,运用个案、小组和社区工作法,找准矛盾的症结和服务对象的心结,以"润物细无声"的方式缓解矛盾、融洽氛围,恢复家庭的正常功能,为儿童健康成长营造和谐的环境。

二是强化社会支持体系，提升家庭互助能级。项目组在推进项目中，培育了以社区为中心的女性社交网络，为她们提供相互支持、相互倾听、相互帮助的平台，同时整合了社工专业与妇联、社区和居委的资源，加强职业技能培训，加大困难帮扶力度，改善家庭经济状况。

三是实施项目化运作，培育社会组织的自身发展。政府出资以项目化方式购买社会组织的服务，不仅让家庭得到更专业的服务和实质性的帮助，也锻炼和培育了这些社会专业组织。家庭专业服务从此成为公益社工师事务所的主打服务品牌，社工也在一线实务工作中得到锻炼。同时通过项目运转进一步厘清了政府、社会组织和群众工作之间的关系，促进了政府职能的转变，推进了社会组织的发展，在妇联组织开展新型的社会管理模式中又"开辟"了一条新的思路。

（2）项目化运作机制。一是，推进实施妇儿工委实事项目。各级妇联凭借妇儿工委办公室设在妇联的有利条件，主动依托妇儿工委成员单位促进实施妇女儿童实事项目已经成为一种自觉。每年都有一批为促进妇女发展的实事项目在各级妇女组织的参与和推动下竞相推出并如期完成。

二是，努力承接党和政府实事项目。在上海，妇联承接党和政府实事项目最广泛、最具影响力的是"百万家庭网上行"和"百万家庭学礼仪"。2003 年，"百万家庭网上行"被市政府列为实事项目，开创了妇联工作进入政府实事的先河，由 8 家相关部门组成的市项目领导小组规划和指导全市上下联动实施项目。2006 年和 2007 年，"百万家庭学礼仪"两度被列为市政府实事项目，开创了精神文明类项目首次进入政府实事和同一项目连续进入政府实事两个第一，由 13 家相关部门组成的市项目领导小组会同区（县、委办）项目领导小组，在礼仪培训的同时开展了遍及全市的"知荣辱、讲文明、迎世博"主题实践活动，倡导知行合一、学以致用。如今，承接党和政府项目已经延伸到基层妇联，社区邻里节、妇女就业培训、居家养老、暑期托幼等来自党和政府的项目，正在妇联干部的运筹下顺利展开。

三是，主动牵手社会机构合作项目。在妇联与社会机构牵手的项目中，最持久有效的范例是与市、区慈善基金会合作的"妇女健康实事项目"。最近五年中,共计为 134 万名困难妇女提供免费妇科检查,为 4 400 多名困难重症妇女提供治疗救助,为郊区农村提供了 12 辆妇科检查流动车。2007 年,在妇联的推动下,困难妇女免费妇科检查被写入《上海市实施〈中华人民共和国妇女权益保障法〉办法》,由政府作为民生问题统一解决。

四是,积极争取国际和境外合作项目。比如与日本 GE 公司合作,每年公司出资 20 万元,连续五年开展"女性创业方案评选",提供从信心激励、方案指导、资金扶持、创业跟踪等全方位服务,一些失业妇女、来沪妇女、少数民族妇女开始思考创业可能性、尝试制定创业计划书,一个个创业方案在专家指导下逐渐成形、具备实施价值,使参与其间的妇女创业梦想成真,并示范带动了更多妇女自主创业。

五是,积极开展"关爱一生"重大项目。除了与其他相关职能部门合作举办相关项目外,积极开创富有时代性、创新性、服务性的重大民生项目,也是这一阶段上海家庭文化建设的重要举措之一,其中最值得一提的就是"关爱一生"项目的实施,项目的具体任务与内容见表 2.4。

表 2.4 "关爱一生"项目任务、内容一览表

项目类别	服 务 内 容
关爱新婚伴侣	1. 面向新婚夫妇开展婚姻登记、婚检等"一门式"服务和咨询; 2. 通过婚前指导和培训帮助"80 后"独生子女学会沟通、学会责任、懂得怎样建立一个美满的家庭。
关爱新生命(0—3 岁)	1. 指导夫妇做好全面的身体检查,选择适宜的受孕时机,并注意形成良好的生活习惯; 2. 开展优生知识辅导,参与预防出生缺陷项目的检测,提高出生人口质量; 3. 提倡自然分娩,保障母婴健康,指导母亲在产后尽早用正确的方法给婴儿哺乳,增强婴儿免疫力; 4. 资助贫困家庭的先天性疾病患儿进行手术治疗; 5. 以多种形式指导家长加强对幼儿的感知训练,提高儿童感官能力,设定生活规则,养成儿童良好的生活行为习惯; 6. 指导家长关注幼儿需求,激发幼儿想象力和好奇心,提供言语示范,促进儿童语言能力发展,加强亲子沟通,养成幼儿良好的情绪。

项目类别	服务内容
关爱学龄前儿童（3—6岁）	1. 指导家长有意识地养成儿童自我服务、听从指令并遵循简单规则的能力,帮助儿童了解并适应幼儿园的情况; 2. 指导家长带领儿童积极开展体育锻炼,科学搭配儿童饮食,做到营养均衡、种类多样、比例适当、饮食定量、调配得当; 3. 指导家长抓好对儿童的安全教育,减少意外伤害; 4. 为儿童提供积极运动、主动参与、积累经验、发展潜能的服务和活动。
关爱学龄儿童	1. 配合做好儿童健康监测,指导家长预防常见疾病发生; 2. 指导家长将儿童的生命教育纳入生活实践之中,为儿童的安全教育创设环境、提供咨询; 3. 为家长有意识地安排儿童适当从事力所能及的社会工作、培养儿童的社会责任意识创造条件; 4. 为儿童开放式、合作式、体验式的学习创设情境,鼓励儿童养成良好的学习、交流习惯; 5. 为独生子女养育独生子女提供家庭日(晚)托、育儿指导、健康咨询等涉及儿童安全、健康、教育等领域的服务。
关爱花季少女	1. 指导家长进行青春期生理卫生知识指导,帮助女童认识并适应自己的生理变化; 2. 指导家长加强对女童的性道德观念教育,注意控制家庭的不良性刺激,对女童开展科学的性心理辅导和青春期异性交往指导; 3. 指导家长引导女童以合理的方式宣泄情绪,为因网络成瘾、亲子冲突而出现困扰的女童提供社会援助; 4. 指导家长学习与女童沟通的技巧,学会运用民主、宽容的态度对待女童,学会倾听女童的意见和感受,学会尊重、欣赏、认同和分享女童的想法,采取正面方式激励女童; 5. 为女童学会合作、学会分享、学会感恩创造条件。
关爱女大学生	1. 志愿者队伍开设团队辅导; 2. 专业师资提供职场指导套餐; 3. 优秀女企业家进校园分享创业经历。
关爱事业女性	引导事业女性立足岗位,巾帼建功。
关爱女性婚姻家庭	开展婚姻法律、政策等方面的咨询。
关爱晚年生活	1. 为老人提供居家饮食、卫生、聊天等上门服务和健康指导; 2. 为老有所乐、老有所养、老有所为提供学习、交流的场所和机会; 3. 为老年维权等提供咨询、援助。

6. 建立更广泛的跨界合作交流机制

上海作为中国改革开放的前沿,在推动妇女、儿童等工作的国际交流方面,具有先天优势,借助 2010 年上海世博会,进一步拓展了国际交流的渠道和网络,取得显著实效,这也是 21 世纪以来上海家庭文化建设的一个重要特色。主要体现在以下两个方面:

(1) 连续组织开展"为了孩子"国际论坛。从 20 世纪末开始,由上海市妇女儿童工作委员会、上海市妇女联合会、上海社会科学院、新民晚报社、华东师范大学等联合主办,每两年召开一届"为了孩子"国际论坛,每届论坛由来自美、英、法、德、澳等国家以及我国港澳台地区和境内多个省市的 300 多名中外专家参加,对相关核心议题进行全方位的深度交流。2011 年第八届"为了孩子"国际论坛,"公共政策与儿童发展"主题吸引了来自美、英、法等 22 个国家和地区,京、津、黔等 10 多个省市的 250 多名中外专家及代表,为儿童、专家参与社会公共生活与政策制定创造了平台。目前,这一论坛已经成为全国乃至全球性家庭与儿童问题的高端国际研讨会。这一举措,为上海学习世界经验提供了机遇,极大提升了上海儿童工作的世界影响力,也有助于提升妇女与儿童工作的质量和水平。

(2) 拓展和提升妇联的民间外交优势。围绕"城市,让生活更美好"的主题,相继参与、举办和承办了一系列论坛和活动,演绎和传播世博主题。例如 2009 年在安徽举行了世博妇女论坛开幕式暨第七届泛长三角地区妇联主席联席会议;2009 年 11 月在埃及举行"中非合作论坛——妇女论坛 2009";2010 年 3 月联手市美术家协会、驻沪领事配偶团在上海美术馆举办了"2010 百年·女性——中外女艺术家作品展";2010 年 9 月在金茂大酒店承办了由全国妇联主办的"妇女与城市发展暨第四次世界妇女大会十五周年论坛";2010 年 10 月初组团参加了在杭州举行的"和谐城市与宜居生活"论坛,并参与承办了其中的"和谐城市与女性智慧"分论坛;2010 年 10 月 30 日组织 150 多优秀女性参加了世博高峰论坛等。

（3）开拓运用外事资源、争取绿色通道，热情接待与服务各界优秀女性、知名女性。尤其是在 2010 年世博期间，在国家和上海"世博外交年"格局下，成功接待了澳大利亚总督、菲律宾总统、伊朗总统夫人、美国全球女性事务巡回大使以及德国、俄罗斯、孟加拉国、巴勒斯坦、芬兰、日本、印度、泰国等国以及我国香港、澳门特区等 50 多个国家和地区政府要员和妇女组织共 500 多人次的拜访、参观世博会。同时也借助世博机遇、利用世博平台，为各界优秀女性提供服务，先后接待了国内来宾 6 395 人次，其中省部级领导 18 批次 140 人次，来宾涉及全国所有省区市，她们中有全国巾帼建功标兵、全国三八红旗手代表。接待港澳台来宾 474 人次，其中，接待全国妇联主办的"海峡两岸妇女大型交流活动——上海世博之旅"120 余人访问团，千方百计寻求资源、积极争取，展现了智慧和韧劲。同时，积极组织市妇联执委、上海的先进女性参观世博会，为优秀女性提供了热情周到的服务。

（4）倡导建立紧密的泛长三角妇联工作区域合作机制。泛长三角地区的城市地域相邻、经济相通、文化相融、发展水平相近。在推动妇女创业就业方面，倡导联合发起"巾帼科技创新联盟行动"，为科技女性和女企业家提供合作、交流、发展、展示的服务平台；联合发起"巾帼旅游服务联盟行动"；联合发起"巾帼家政服务业联盟行动"，为进一步带动区域妇女创业就业开辟广袤空间；联合发起成立"泛长三角地区女企业家协会联盟"，集聚各方的优势资源，更好地服务泛长三角区域女性的创业就业。在家庭生态文明建设方面，倡导共同创建低碳生活示范区，相互借鉴经验做法，实现区域规模效应。在加强女性人才工作方面，倡导共同建立泛长三角女性人才联席工作制度、联合举办女性人才开发班、建设女性成长成才培训实践基地、适时召开女性人才工作研讨会、联合搭建信息化交流互动平台等，促进区域女性人才共同成长。

7. 构建家庭文化与和谐社会之间的衔接机制

（1）全面建设家庭文明建设指导中心，为家庭建设提供服务。2004 年，上海全面提出"社区建设实体化、社区管理网格化、社区党建全覆盖"的城市管理和建设总要求,按照这一要求,2004 年 12 月 31 日,上海市首个由政府支持、妇联指导、社会运作的服务实体——"社区家庭文明建设指导服务中心"在长宁区华阳路社区(街道)揭牌并运作,为妇联服务于社区党建和社区妇女创建了又一新的工作载体。继华阳路社区率先建立中心之后,市妇联在静安区静安寺街道、浦东新区潍坊街道、徐汇区湖南街道、黄浦区董家渡街道和广场街道等其他市委社区党建和社区建设试点街道继续推进。"社区家庭文明建设指导服务中心"是以社会化、项目化方式,组织开展有助于保障儿童安全、提高家庭成员素质和生活质量的公益性活动,提供各类家庭社会公共服务项目的一种全新探索,更是和谐家庭、和谐社区建设的一项重要基础性工作。

(2)实施"百万家庭世博志愿行动",努力构筑文明和谐家园。如何凸显家庭文化建设在文明和谐家园创建中的功能与作用,是新时期上海妇联家庭文化建设的一个十分重要的内容,也是上海家庭文化建设的一个亮点。具体而言,围绕"与文明同行,建和谐家庭"主线,全面实施"百万家庭世博志愿行动",在奉献世博、家庭建设、家庭服务三个重点领域开展100 余项工作,努力提升家庭文化建设的支持性、服务性、保障性功能。

一是,创建"世博人"放心家园,在服务中夯实"坚强阵地"。在世博期间,创建共计 189 家社区家庭文明建设指导中心,组织实施家庭教育、暑期培训、居家养老、心理疏导等 238 项"放心家园"项目服务,开展服务(活动)6 241 次,受益人数达 334 995 人。开展各类"涉博"人员慰问 1 828次,慰问了 49 076 人次。指导各中心属地化、公益化、实事化的方式推进,为世博工作人员、广大民警和家庭营造安心的生活环境、提供贴心的家庭服务。印发 13 000 余本放心家园手册,3 000 册总价值约 1 000 余万元的爱心支票,让园区工作者家庭享受健康体检、教育培训等十余种特色服务;向公安民警、园区工作者送上爱心牛奶、营养水果、演出门票、生活用品等价值 50 余万元物品。

二是，打造"邻里一家亲"美好家园，在互动中营造"温暖之家"。以"邻里一家亲，生活更美好"为主题，举办家庭文化节、上海邻里节。通过开展"送一个微笑，道一声问候、给一个帮助"行动，倡导邻里"相识、相助、相学、相长"的睦邻文化，为家庭、邻里之间的交流提供平台，提升家庭幸福指数，使妇联成为凝聚广大妇女，值得信赖的"温暖之家"。

上海家庭邻里节纪实：近年来，随着生活、工作节奏加快，家庭居住环境的改善，邻里之间相互沟通了解程度比改革开放前和初期有较大幅度的下降，出现了"大门一关，互不相干"的情况。从2009年开始，在全市各区县开展了邻里节活动。比如卢湾区各街道在元宵节的邻里节活动迄今为止已成功举办了七届，黄浦区豫园街道邻里节活动结合豫园老城厢风情，共赏中秋圆月，共叙邻里情深。这一根植于民间生活里的"邻里节"，记载着的是和睦相处、团结协作、共同发展的文化记忆和精神追求，它的核心内容体现着的是中华民族的"和"文化。

第一届邻里节

2009年9月26日上午，首届上海邻里节暨"欢聚世博全家都来赛"长宁赛区选拔赛在长宁区百联西郊购物中心广场隆重举行。市委宣传部副部长、市文明办主任马春雷，市妇联主席张丽丽，长宁区委副书记、区长李耀新及长宁区有关部门的领导出席了活动。领导们和世博会吉祥物海宝、"迎世博快乐驿家"共同敲响锣鼓，在全市正式启动首届上海邻里节。

张丽丽主席在致辞中表示：中华民族有着睦邻友好的优良传统。近年来，上海各个社区将传统与现代相结合，开展了丰富多彩的家庭文化、文明建设活动和邻里互爱、互助活动，广大居民在社区积极参加礼仪展示、才艺大赛、志愿服务、学习培训、帮困助学等活动，特别是积极参加迎世博600天行动，涌现出一大批尊老爱幼、夫妻和睦、文明礼仪、邻里互助等特色家庭，生动演绎了"城市，让生活更美好"的世博会主题。首届上海邻里节在全市家庭中倡导从"送一个微笑、道一声问候、给一点帮助"开始，营造"和美家庭、和睦邻里、和谐社区"的温馨氛围。活动中，诞生了长宁区首批 11 户"迎世博快乐驿家"家庭,他们在世博会期间接待来自国外的世博游客,邀请游客体验沪上人家的一天生活,参加社区文化活动。26 户守望相助、共建文明的"中外和谐好邻里"受到表彰,还命名了一批上海市"迎世博领跑家庭",他们都是在文广新闻传媒集团"欢聚世博、全家都来赛"节目中涌现出的才艺出众、积极参与的家庭。这些家庭积极践行文明礼仪,并在文化交流方面身先士卒,成为全市家庭共迎世博的一支重要力量。

此次活动由上海市精神文明建设委员会办公室、上海市妇女联合会、上海世博会事务协调局、上海文广新闻传媒集团和长宁区迎世博 600 天行动领导小组联合主办,旨在进一步加大社会动员力度,努力提升世博会在家庭成员中的知晓率和覆盖面,进一步提升广大市民的文明素养和综合素质,发动更多的家庭了解世博、参与世博、服务世博、奉献世博。

第二届邻里节

2010 年 9 月 28 日,上海市第二届邻里节在杨浦大剧院举行启动仪式。仪式上,徐汇区张虎、虹口区虞惠芬等 10 户获"上海市十佳"好邻里荣誉称号的家庭受到表彰。杨浦区的全国五好文明家庭、学习型家庭代表还表演了小品、朗诵、歌舞等邻里文化节目,体现出浓浓的社区邻里亲情。上海市邻里节以"邻里一家亲、生活更美好"为主题,倡导社区邻里间"送一个微笑、道一声问候、给一点帮助",鼓励广大市民建设家庭和谐、邻里互助的社区家园。

第三届邻里节

2011 年 9 月 13 日,致力于倡导和睦邻里、和谐社区建设的第三届家庭教育宣传周暨第三届邻里节在沪启动。仪式现场开辟了厨艺、民俗文化、节能减排等五个展区。居民们现场剪纸、制作香囊、扇面和草编艺术品,主办方还展示了"百万家庭低碳行,垃圾分类要先行"实事项目成果,分发家庭教育宣传页和节能减排书籍,推介有机蔬菜和粗粮,倡导绿色生活方式。启动仪式上,"开心家园·和谐一家门"社区行活动同时启动。

从 9 月至年底，柏万青、万峰、刘凝等沪上颇具知名度的婚姻家庭问题等方面专家将深入社区，面向居民开展讲座、咨询等服务。

在邻里节举办期间，各区县围绕"邻里携手，共创美好家园"的主题，精心策划安排了丰富多彩的活动，如百万家庭早期阅读、新孝行故事征集、家庭讲故事比赛、家庭教育巡回宣讲、新农村"最佳庭院"评选、科技环保进社区等活动。

2012 年上海两会期间，市妇联建议，在全市丰富多彩的邻里活动的基础上，确定每年农历八月十六为"上海邻里节"，寓意"十五的月亮十六圆"，中秋"小"家团圆，十六"大"家团圆。一是对全市现有不同层面的邻里活动统一规范，增加一天地方性公众假期，用于参与社区邻里活动，便于形成活动的同城效应。二是进一步弘扬上海特色文化以及中华民族传统文化和传统美德。三是由妇联等社会团体策划弄堂"九子"游戏大赛、"邻里百家宴"、"关爱独居老人"等活动载体，组织便于社区家庭参与的全市性活动。

三是，招募"世博人家"快乐家园，在实践中壮大家庭志愿者队伍。以世博会为契机，积极打造一支人文素养好、热心社会公益的家庭志愿者队伍，整合社会组织、各类人才和优秀文化资源，广泛发动城乡符合标准的家庭参与，经推荐、遴选评审出 269 户"世博人（农）家"，开展 164 场次培训，并通过开展石库门风情游、社区家庭参观、座谈联欢、文娱互动等展示传统海派民俗文化交流活动，接待人数达到 223 957 人次。同时，每月 15 日家庭志愿者还开展清洁家园活动，全年 15 000 余次，近 80 万人次参加。

8. 完善现代家庭关护机制

在城市转型发展进程中，从更广的视野出发，通过大力发展公益事业和主动关心爱护各类特殊家庭的方式，让更多家庭分享改革开放的成果，促进社会公平公正，帮助化解转型中的家庭危机，是这一时期上海家庭文化建设的一大特色。具体表现在以下两个方面：

（1）关爱弱势群体，投入爱心公益事业。上海市儿童基金会积极倡导和实践"为儿童办实事、作表率"的宗旨，近几年在帮困助学、资助贫困重病患儿、对口支援贫困地区以及关爱特殊儿童等方面加大力度并扩大收益面，使困境儿童、特殊儿童享有平等接受教育机会。

一是，帮困助学行动。2004 年市妇联将每年的 8 月 18 日定为帮困助学行动日后，儿基会将这项活动列为工作重点。受助学生中，有儿基会领导、理事长期结对帮助的困难儿童、有家庭经济困难且品学兼优的重点高中、大学的学生，有学医学、医药专业的大中专贫困学生，还有家庭经济困难的残障儿童、农村留守儿童等。儿基会在帮困助学中的示范作用，推动了全市妇联系统的帮困助学，形成了叠加效应，2005 年至 2011 年，妇联系统共募集资金 4 162 余万元，资助困难学生 65 400 人（次）。从 2011 年起，本市金山兴塔小学 61 名（农民工和留守儿童）困难学生将连续 3 年获得七万余元的助学资助，用于改善学习、生活条件。2006 年始，儿基会还累计对本市 2 414 人（次）虽然有监护人但因各种原因失去父母的准孤儿给予每人 500 元的资助，使这些过早失去父爱、母爱的孩子得到社会大家庭的关爱。

二是，"放送新年的爱"行动。每年春节前夕，儿基会与市妇联共同举行"放送新年的爱"活动，市妇联、基金会领导和理事们与自强儿童联欢、交谈、共吃年夜饭。活动还得到社会的大力支持，中国儿童发展有限公司、美国 Target 公司等单位和企业，多年来组织志愿者为小朋友提供各种服务，陪小朋友玩趣味游戏，还给小朋友带来礼物。2006 年，开展"恒爱行动"，发动全市的爱心妈妈们为孤残、困难儿童编织毛衣，为他们送上社会的关爱。"放送新年的爱"活动鼓励困难儿童自立、自信、自强，让他们感受社会的关爱，帮助他们更加健康快乐地成长，传递奉献、友爱、互助和进步的精神。

三是，救助贫困重症患儿阳光行动。儿基会设立的"阳光基金"，先后在儿童医院、儿童医学中心专为白血病患儿建"阳光小屋"，并且在这几年得到进一步发展。在资助困难白血病患儿之外，2008 年"六一"前夕，在儿科医院新院，由儿基会筹资 30 余万元建设的"阳光小屋"完工并正式运行。新建的"阳光小屋"在保存原有品牌的基础上，增加了新的设施和治疗康复内容，配备电视机、电脑、书籍、玩具等，使患儿在治病期间仍能学习、娱乐，帮助他们减轻病痛。2009 年 10 月，市儿基会与市儿科医院设立了"新生命—金宝新生儿结构缺陷慈善救助项目"，救助患有先天性畸形而家庭经济困难无力支付诊治费的新生患儿。至 2011 年底，已资助 30 万元，有 25 名患有巨结肠、胆道闭锁、腹裂、先天性心脏病的新生儿，1 名连体婴儿得到及时诊治。项目的实施，给这些孩子提供了很好的生存机会，更为社会、家庭减轻负担，带来和谐与幸福。

四是，帮助贫困地区孩子和灾区孩子行动。在努力为本市困难儿童办实事的基础上，儿基会也将目光聚集到我国西部边远地区和灾区，甚至是海外，为那里的儿童献上爱心。2005 年，儿基会参与全国妇联"关注未来、关注孩子，十大杰出母亲思想道德教育传播行动"，组织事迹报告会，募集物品、钱款约 50 万元，支持西部地区未成年人思想道德教育工作。2008 年四川大地震，儿基会积极组织和参加"上海母亲关爱震区孤儿行动"，向社会公布儿基会捐赠账号和热线，邀请儿基会爱心大使的妈妈参加公众捐款活动，产生较大的社会影响，共募集 1 300 余万元善款和价值 591.54 万元的物品。世博期间，邀请 40 多位都江堰困难家庭儿童参加"上海—都江堰儿童手拉手世博寻访大行动"。2010 年春节前夕，儿基会将价值 25 万元的 3 000 套童话森林宝宝衫和装有学习生活用品的爱心包裹捐赠给都江堰困难儿童。2010 年，还向青海玉树、舟曲等灾区捐赠 45 万元用于自救及重建。

五是，特殊儿童健康教育关爱行动。2006 年，儿基会在驻沪总领事配偶团和上海灵通系统集成科技有限公司的资助下，捐赠 35 万余元在徐汇区星雨儿童康建院建立"自闭症"康复训练项目—多媒体感官室，以增加患儿的训练兴趣，受到老师和家长普遍欢迎。为支持探索聋儿听力言语矫治康复训练新途径,儿基会争取了驻沪总领事配偶团的资助,斥资 18 万元购置了耳膜制作、纯音测听仪和发声诱导仪等设备,在上海市第一聋校筹建了"听力言语矫治康复训练中心"。2008 年,儿基会还资助专为脑瘫儿童提供康复训练的徐汇区"致康儿童康健园",购置了 3 万多元康复器材。

(2)帮助困难妇女群体。争取民政部门、慈善基金会和女企业家等支持,开展"姐妹情"帮困救助项目,定向援助困难"三八红旗手"、妇科重症患者、白血病儿童,形成了"8·18 帮困助学行动"、"温暖送三岛"等品牌;同时,创建 2 544 个"外来妇女维权服务点",专为外来媳妇和来沪女性提供工作生活帮助。

(3)设立白玉兰开心家园旗舰园·关护家庭心理咨询工作室。为了有效应对社会经济高速发展所引发的职场压力、婚姻家庭和亲子关系的心理困扰,上海市吸收心理服务专业力量、专业机构参与,成立了"白玉兰开心家园旗舰园暨关护家庭心理咨询工作室",借助以心理疏导调适为基础的专业社工服务、社区人文关怀、婚姻家庭辅导等方法,化解矛盾,修复婚姻家庭关系,同时"白玉兰开心家园"还要借助网络等手段零距离的接触婚姻家庭的潜在需求,实现对婚姻家庭矛盾的提前干预和主动调处,避免家庭矛盾恶化引发悲剧事件的发生。

9. 开创妇女终身教育新机制

在上海进入社会主义现代化国际大都市建设的重大转折阶段,城市经济和社会发展形势、世博会举办及"后世博"效应、妇女发展"国内领先、国际先进"的目标要求,都为新一轮上海妇女发展提供了助推力。"六普"数据显示,上海流动人口 897 万,其中女性占 45.7%,总体上技能等级很低,超过六成没有接受过职业培训,近 3/5 无技能等级,迫切需要大规模、系统性的职业培训,迫切需要接受城市融入教育,进而带动来沪务工家庭文化素质的提高。为此,构筑一个专门面向女性、体现社会性别意识引导、扶助女性人才成长发展的终身教育体系，以彰显上海国际水准的两性平等文明，助推和谐社会建设。主要举措如下：

（1）与部分高校联合创办高等女子院校。2000 年成为上海女子高等教育的历史性起点，在上海市妇联的积极推动下，上海师范大学女子文化学院和同济女子学院相继成立。一南一北，一文一理，上海高等女子院校女子教育的探索开始起步，在较高层面上向女性传播现代科学技术与文化的同时，探讨和研究女性成才规律，深度开发女性人力资源。2006 年，上海工程技术大学女工程师学院成立，使高校女子教育的探索从文、理科向工科延伸。

（2）依靠社会资源开办各类"女子学堂"。在上海提高城市综合竞争力对女性能力提出更高要求的背景下，2004 年起，上海市妇联在全市开展社区妇女学校建设。至今，全市 180 所社区妇女学校，每年举办各类讲座、培训 15 000 余场，开展面向全体妇女的普及型教育。全市创建的 200 余个"社区家庭文明建设指导服务中心"，面向社区家庭开展以婚姻调试、亲子教育、女性在家庭中的责任教育为主要内容的各类培训。2004 年 8 月成立的白玉兰女子远程教育学院，通过现代科技网络，在上海郊区的 253 个村、107 个镇的接收终端，向郊区妇女开设实用培训课程。伴随着上海城市软实力的建设，2006 年至 2007 年，上海市妇联在全市举办各种形式的"百万家庭学礼仪"社区培训班，累计有 138 万市民参加了礼仪知识的培训和考核。

（3）联合上海女子教育资源，建立上海女子教育联盟（上海女子大学）。2011 年，上海市政府颁布的《上海妇女发展"十二五"规划》明确规定，在"十二五"期间"建立上海女子大学"。在广泛调研的基础上，2012 年 2 月 22 日上海女子教育联盟（上海女子大学）正式成立。上海女子教育联盟（上海女子大学），是由市妇联牵头，市教委指导，联合上海相关女子教育资源，以实施妇女终身教育、开展女性教育研究和对外交流为基本职能的非教育实体的合作组织。它以女性教育需求为导向，涵盖职前教育机构、职后教育机构和上海女子教育研究院三大部分。目前,职前教育机构由同济女子学院、上师大女子文化学院、工技大女工程师学院等三家高等教育机构组成;职后教育机构由市妇联和上海开放大学联合组建的上海开放大学女子学院组成;还将在各学术和行业领域,以及政策指导、研究部门等方面聘请专业人士,组成专业咨询委员会。其基本框架如图 2.1。上海女子教育联盟(上海女子大学)旨在协调各方、整合资源,为上海妇女教育和发展提供服务;集聚各领域专业人才,加强妇女问题和教育需求的高层研究和顶层设计,推动妇女教育的国际交流与合作。

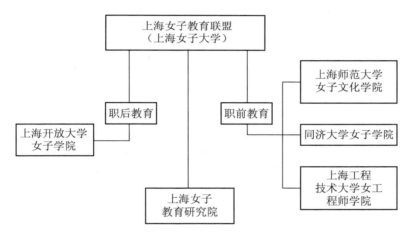

图 2.1　上海女子教育联盟(上海女子大学)体系结构图

(四) 内涵提升阶段(2012 年—至今)

这一阶段,是党的十八大(2012)、十九大(2017)相继召开,党的十八届三中全会提出:全面深化改革的总目标是完善和发展中国特色社会主义制度,推进国家治理体系和治理能力现代化。习近平同志在十九大报告中强调,中国特色社会主义进入新时代,我国社会主要矛盾已经转化为人民日益增长的美好生活需要和不平衡不充分的发展之间的矛盾。习近平总书记综合分析国际国内形势和我国发展条件提出,从现在到 2020

年，是全面建成小康社会决胜期。从 2020 年到 2035 年，在全面建成小康社会的基础上，再奋斗十五年，基本实现社会主义现代化。从 2035 年到本世纪中叶，在基本实现现代化的基础上，再奋斗十五年，把我国建成富强民主文明和谐美丽的社会主义现代化强国。美好生活的创建和现代化强国的建设，离不开全国各类家庭的积极参与和支撑。党的十八大以来，习近平总书记在不同场合多次谈到要"注重家庭、注重家教、注重家风"，强调"家庭的前途命运同国家和民族的前途命运紧密相连"。在中国特色社会主义开启新征程的过程中，上海不断加快建设"五个中心"、不断把具有世界影响力的社会主义现代化国际大都市建设推向前进，迈向卓越的全球城市。正是在新时代背景下，上海市妇联和社会各界，以习近平新时代中国特色社会主义思想为指导，全面贯彻落实党的十八大、十九大精神和市第十一次党代会确定的目标任务，开拓创新、攻坚克难，团结引领全市妇女"不忘初心再出发，巾帼建功新时代"，开启了以求实效、促进卓越全球城市为主要目的的家庭文化建设新时代，采取新举措，旨在全面提升家庭文化功能，最大限度地为上海经济社会发展和改革开放凝聚智慧和力量，为决胜全面建成小康社会，夺取新时代中国特色社会主义伟大胜利，建设卓越的全球城市和具有世界影响力的社会主义现代化国际大都市鉴定坚实的社会基础。其主要建设举措和特征如下：

1. 突出新时代党的重大政策方针的指导性

党的十八大以来，我国特色社会主义发展进入新时代，中国社会经济发展进入新常态，如何全方位贯彻落实十八大、十九大的精神，成为全国各个领域创新性工作的主要任务。上海家庭文化建设也不例外，全市妇联系统组织引导各类家庭，全面学习十八大、十九大精神，以习近平新时代中国特色社会主义思想为引导，成为有效开展家庭文化建设的首要行动。为此，在十八大之后，上海市妇女联合会在全系统内发布了《关于认真学习宣传贯彻党的十八大精神的通知》，提出了五个方面的基本要求：

一是要深刻领会和把握中国特色社会主义是党和人民长期实践取得的根本成就,是广大妇女进步和发展的必由之路。二是要深刻领会和把握科学发展观是中国特色社会主义理论体系最新成果,是指导妇女和妇女工作发展的强大思想武器。三是要深刻领会和把握建设中国特色社会主义的总依据、总布局、总任务,引导广大妇女全面参与建设美丽中国。四是要深刻领会和把握男女平等基本国策首次写入党代会报告的里程碑意义,积极推进社会性别意识纳入决策主流。五是要深刻领会和把握在改善民生和创新社会管理中加强社会建设的重大机遇,担当起实现社会协同、引领妇女参与的重要责任。十九大以后,认真学习习近平新时代中国特色社会主义思想,深入开展党的十九大精神学习宣讲和"中国梦·巾帼美""巾帼心向党·建功新时代"等主题教育活动,引导广大妇女准确理解、真心认同党的理论路线方针政策。

2. 家庭文化全面纳入精神文明总体框架中

十八大以来,习近平总书记在多个场合多次讲到家庭建设的重要性,他强调,"我们要重视家庭文明建设,努力使千千万万个家庭成为国家发展、民族进步、社会和谐的重要基点,成为人们梦想启航的地方。要动员社会各界广泛参与家庭文明建设,推动形成爱国爱家、相亲相爱、向上向善、共建共享的社会主义家庭文明新风尚"。同时要求,"各级党委和政府要切实把家庭文明建设摆上议事日程。工会、共青团、妇联等群众团体要结合自身特点,积极组织开展家庭文明建设活动。各方面要满腔热情关心和帮助生活困难的家庭,帮助他们排忧解难。精神文明建设工作部门要发挥统筹、协调、指导、督促作用"。正是在习近平总书记对家庭建设的高度重视下,上海进一步注重家庭文化建设中多元参与、共建共治共享的工作机制,努力整合资源,提升家庭文化建设的合力。一方面,依托上海市家庭文明建设协调小组的力量,充分发挥市委宣传部、市文明办、市妇联、市民政局、市文广局、市教委、市卫健委、市体育局、市总工会、团市委、市科协、市新闻出版局、市绿化市容局、市房管理局、市住建委、市司法局等成员单位的职能和作用,既有分工又有合作,各尽其能,共同为丰富全市家庭文化活动,提升家庭和谐、提高家庭生活质量发挥力量。另一方面,不断拓展完善向社会力量购买服务平台,联合专业社会机构、引导女性社会组织、招募社会工作志愿者,以妇女儿童家庭关切为重点确立购买服务项目、优化资源配置流程、提升专业规范水平、强化效益监测评估,初步形成了家庭文化建设的政社合作机制,整合社会资本,提升了家庭文化产品供给的效率和质量。

3. 全面注重家庭文化与城市文明的有机融合

自十八大以来,全面树立以人民为中心的发展理念,满足人民群众多样化需求,增强人民群众的获得感、安全感和幸福感,是各行各业开展一切工作的出发点和落脚点。为此,新时代上海市家庭文化建设工作,从家庭文化消费需求升级的趋势和特点出发,以全面满足广大人民群众多元化文化需求为核心,将家庭文化建设工作与城市文化、人类文明高度契合,旨在形成依靠家庭文化建设着力推动城市文明的新路子。对此,上海推行了家庭文化建设的"两个有机融合",一方面,在全市范围内,将家庭文化建设与每个区创建全国文明城区工作有机结合,将家风建设、家教建设、家庭建设、践行社会主义核心价值观纳入文明城区创建的整体框架之中,结合弘扬"海纳百川、追求卓越、开明睿智、大气谦和"的上海城市精神,以良好的家风促进民风、党风、政风的转变,进而提升城市居民的文明素质,提升整个城市的文明程度。另一方面,将家庭文化建设与国际文化大都市建设有机融合,制定出台有利于扩大消费的文化消费政策,在满足家庭文化消费需求的同时,促进城市文化产业的升级。更为重要的是,为贯彻落实市委、市政府关于全力打响"上海服务"、"上海制造"、"上海购物"和"上海文化"四大品牌的决策部署,上海市妇联专门制定出台了《关于上海市妇联系统落实全力打响上海"四大品牌"引领巾帼建功新时代的实施意见》,动员和整合所有力量,围绕家庭文化和女性发展,顶层设计专项行动计划,为打造"四大品牌"的战略实施提供人才扶持和保障,为上海率先推动高质量发展、创造高品质生活作出新贡献。举办"弘扬时代家风·共建卓越城市"改革开放 40 周年上海家庭文化展、"改革开放再出发"长三角家庭文化建设理论与实践研讨会,制作《春风化雨润申城上海家庭文化发展 40 年巡礼》短片等多项举措,全面总结展示改革开放 40 年来上海家庭文化成果。

4. 深入开展家风家教家训的社会化建设

党的十八大以来,习近平总书记多次对妇联工作作出重要指示,明确要求妇联组织"广泛深入地开展家庭文明建设,以好的家风支撑起好的社会风气",要"注重发挥妇女在社会生活和家庭生活中的独特作用,发挥妇女在弘扬中华民族家庭美德、树立良好家风方面的独特作用"。2015 年春节团拜会上,习总书记指出"要重视家庭建设,注重家庭、注重家教、注重家风"。在 2016 年 12 月 12 日第一届全国文明家庭表彰大会上,他又提出"要动员社会各界广泛参与家庭文明建设,推动形成爱国爱家、相亲相爱、向上向善、共建共享的社会主义家庭文明新风尚"。市委高度重视家庭建设工作,韩正同志在市精神文明建设工作表彰暨学雷锋志愿服务大会指出,上海城市文明程度提高,最根本的基础、最重要的依赖是市民文明素养的提高,而人的文明素养提高,关键是以文化育人、以家庭育人。领导干部要率先垂范,重家教,重家风。因此,"注重家庭、注重家教、注重家风"成为新时代上海家庭文化建设的核心,扎实推动相关工作,取得了显著成效,主要体现在以下几个方面:

(1)制定出台《关于上海深入开展"注重家庭、注重家教、注重家风"建设工作的意见》,对全市"三个注重"建设提出明确要求。意见提出,一是,加强党员领导干部家庭建设专题教育,发挥领导干部的表率带头作用。二是,广泛开展寻找"最美家庭"等活动,发挥典型家庭、先进事迹的示范引领作用。三是，积极开展市民文化节"家文化"主题系列活动，营造浓厚社会氛围。四是，完善学校、家庭和社会"三位一体"的育人机制，积极开展未成年人主题教育系列活动。五是，深化"我们的节日"等主题活动，推进工作日常化、具体化、形象化、生活化。六是，充分发挥各类媒体平台的宣传作用，不断增强社会影响力。

（2）立规、察德，探索实施干部提拔的家庭美德评价制度。如 2012 年，奉贤出台了《区管领导干部"德"的考核评价办法》，把家庭美德作为考核评价干部的重要内容，以干部诺德、民主测德、民意查德、谈话问德、联动审德的办法，对拟提拔干部实行全方位、多角度考评，形成比较完整的干部"考德链"。截至目前，已对多名拟提拔干部进行家庭、邻里、社区"德"的测评，未通过的取消提拔资格，为家训家风促党风政风提供了"铁律背书"。

（3）从师、明德，积极搭建家庭美德教育的平台载体——"公民道德讲坛"家风专题讲座。为深入贯彻落实习近平总书记重要讲话精神，2015 年 3 月 13 日，由市文明办、市妇联与上海图书馆联合主办，开展"公民道德讲坛"家风家训专题讲座，首场活动在上海图书馆举行。首场讲座以"世界文明视角下的钱氏家风文化"为主题，邀请了江南钱氏家族后人、上海钱镠研究会会长钱汉东教授，介绍江南钱氏家族的"名流现象"，分析"钱氏家训""钱王遗训"等家庭教化载体的特点，解读家风文化对当代家庭教育及社会治理的意义。700 多位来自本市各区县、各系统的听众参加讲座。2015 年 4 月 21 日，由市精神文明建设委员会办公室、市妇女联合会主办，奉贤区委、上海图书馆承办的"公民道德讲坛"家风专题讲座在奉贤举行首场城区巡讲。奉贤区开设"言子讲坛"，传承当年言子的讲学精神，弘扬"贤文化"，传播中华优秀传统文化。开办 6 年多来，举办讲座 120 多场，听众 25 200 多人次，内容涵盖人文历史、时政解读、百姓民生、民俗文化、法律知识等，全国知名专家学者王蒙、余秋雨、易中天、葛剑雄、钱文忠等名家均到场授学。"家风家训"专题系列讲座陆续邀请了孔子、朱熹等历史名人后裔,以及全国文化学者、公众人物举办了一系列讲座。通过一系列的传道授业解惑,使广大党员干部、人民群众及其家属进一步明晰了"好家训好家风"的时代内涵,为家训家风促党风政风垒出了精神高地。

(4)广泛开展"征集好家训、评议好家风、寻找好家庭"主题宣传活动。根据党的十八大精神要求,围绕培育和践行社会主义核心价值观,从 2014 年起,由中共上海市委宣传部、市文明办、市妇联等牵头,在全市广泛开展"征集好家训、评议好家风、寻找好家庭"主题宣传活动,各区积极参与。各区根据部署,在区域范围进行了广泛深入的思想动员和具体部署。各区文明办、妇联彼此配合以外,还充分发挥区史志办、党史办、档案馆、博物馆、纪念馆、名人故居、社区单位的作用。在基层组织座谈会时,多数区都邀请上述单位参加并介绍情况。比如奉贤区注意发挥文化社团的作用;松江区和上海工程技术大学联动,在大学生中开展家训家风宣传和实践活动;长宁区新华社区和民革搞联建活动,等等。根据对上海 11 个区的问卷调查,市民对此项工作的知晓率达到 79%,参与度达到 43%。认为此项工作"很接地气,群众很欢迎,参与踊跃"的达 42%,认为"内容形式都不错,群众乐意参加"的达 25%,总体表示认可的达 67%。可见市民对家训家风活动的知晓率和满意度都比较高,对此工作的支持和赞同。

(5)采取多元化方式,创新性开展家训家风文化建设活动[①]。一是,挖掘历史名人的家训文化资源。中国古代和近现代的许多名人,都在上海留下过足迹,许多名人后裔都定居在上海。各区对本地历史名人资源充分重视,通过寻找挖掘名人的家训,了解名人家风对子女的积极影响,并以此为典型,广泛传播。黄浦区充分发掘丰子恺家训家风在当代的弘扬和影响。丰子恺作为现代画家、文艺大师,留下了许多栩栩如生,形象生动的漫画作品。丰子恺在黄浦区住了 21 个年头。其女儿丰一吟等亲属自筹资金购置了房屋,以民办公助形式,注册了丰子恺旧居陈列室,作为民间博物馆免费向社会开放,自 2010 年以来,接待参观人数达 5 万人。

---

① 上海市妇联:《上海市家训家风文化传承与发展现状调查》,2016 年。

2013 年，中宣部、中央文明办等七部委联合开展"讲文明、树新风"公益广告征集活动中，丰子恺漫画入选全国刊播首批作品。丰一吟等毅然把丰子恺先生 137 幅作品的版权全部无偿提供，作为全国公益广告的作品。丰子恺先生的作品遍布全国各地大街小巷，传递着中华传统美德的正能量，也体现了其家训对后代教诲所塑造的高风亮节。浦东新区在挖掘张闻天、黄炎培、傅雷、宋氏三姐妹的家训文化方面下了许多功夫，编撰出版了一批相关的书籍。2014 年 7 月 14 日，浦东新区借《傅雷家书全编》出版的机会，专门召开由各界人士参加的家教家风研讨会，在重点探讨《傅雷家书》的价值同时，集中谈到了《傅雷家书全编》出版对当前上海乃至全国开展家训家风建设活动所具有的重要意义。静安区介绍了蔡元培及其子女的家训家风。从蔡元培子女身上体现出来的良好家风对社区教育都产生了积极影响。虹口区介绍了左宗棠的后裔左焕琛、左焕群的家训，在祖训的影响下，从左景鉴到左焕琛、左焕琮，都是我国医学界杰出医生。左家至今仍是热心社区公益事业的志愿者。松江区具有悠久的历史和深厚的文化底蕴，名人辈出。为了配合家训家风建设活动，松江报开设"茸城旧闻"，每次用整版篇幅刊登记者专稿，介绍松江地区历史上名人家族故事和乡贤治家事迹，宣传好家训好家风，如《李東智斗贪官》，介绍了李氏家族的家风；《中国会计学大师杨纪琬》介绍了新中国会计制度奠基人之一的杨纪琬的家风；《陶白先生章宪文传》介绍了明代章宪文的事迹及章氏门风。

　　二是，通过家族活动践行家训。一些家族的家训往往和家谱联系在一起。部分区县借助区域内的丰富资源，对家族通过修家谱、续家谱践行家训的活动予以宣传推广。比如浦东新区重视和支持民间家谱的修撰工作，指导上海浦东傅氏文化研修中心修撰印制了《六灶傅氏家谱》；吴才珺主修了《南汇吴氏家谱文祥公支谱》等，这些家谱的修撰传播，对家族人员秉承祖训，约束自己行为、向善向上，践行公德起到了重要作用。2007 年，浦东六灶成立民间社团组织"浦东傅氏文化研修中心"，通过续修家谱，将浦东地区的傅氏后裔、家族成员凝聚在一起,确立了傅氏"忠孝节义,道德文章,仁慈谦让,温俭恭良"十六字家训行为规范和准则。傅氏家族文化研究会的成立,并不是恢复封建宗族制度和家族架构,研究会也不是旧时的族长会,而是从家族成员入手,以家训家风为约束,从道德角度对家族成员进行教育引导,摒弃旧时代落后封建的东西,提炼出符合时代潮流的主流价值观,以家风带动社会风气。傅氏家族已经举行了三次成人礼,在成人礼活动中,族人会重温傅氏先祖遗训,傅氏长者会带领子孙宣誓,教导他们不忘家族传统,约束自身行为,一言一行都须对社会负责,为家族争光。比如对参加高考获得好成绩的会给予表彰和奖励。除此以外,傅氏家族还设立敬老基金,给家族中每一位 90 岁以上的老人发慰问信与慰问金,当老人离世时为其写悼词,总结老人一生的功德与成绩。傅氏家族还计划设立家族"妈妈课堂",让家族中善于教育子女的长辈来指导后辈中年轻的妈妈们如何承担起一个妻子、母亲的责任。这种以家族活动传承家训形式,是将中国传统文化中重视家庭教化功能的优良传统与现代社会的发展要求和社会主义核心价值观建设有机结合的一个生动典型。

三是,重视当代家庭感人事迹的宣传。徐汇区充分关注区域的当代文化名人资源。文化名人不仅在艺术上取得很高成就,而且注重家训家风建设,治家有方,各有特色。如天平街道的尚长荣老师,出身梨园世家,现任中国戏剧家协会主席,父亲是京剧四大名旦之一的尚小云。在好家训指引下,尚长荣夫妻和睦,相敬如宾。同时,尚长荣作为大腕级的艺术家,是上海京剧院乃至全国京剧演员中的标杆,依然热心社区公益活动,经常辅导社区的艺术活动,参加社区艺术节,还登台为普通居民演唱,为戏曲爱好者做讲座,没有一点大艺术家的架子。嘉定区积极挖掘凡人家庭的感人事迹,比如嘉定镇街道的陈纪文医生,尽管已经年过八旬,但依然时时处处以家训来约束自己,也时刻以家训来教育自己的子女。崇明区广泛宣传"农民老娘舅"何其荣的事迹。在父亲的影响下,何其荣女儿作为企业家，坚持了十几年每年捐助当地养老院 130 位老人，每人每月平均 50 元。何其荣在女儿的支持下，将自己家变成四邻乡亲聚会的开放式场所，邀请邻里乡亲随时到家喝茶聊天，何其荣担当了百姓义务调解员，被大家尊称为农村"老娘舅"。长宁区重点宣传了赵生培家庭的事迹。

四是，用家训家风来引领村风社风。浦东新区注重推广界龙村经验，在界龙村召开家训家风培育工作现场推进会。界龙村是上海最早开展家训家风建设活动的基层村之一，已经坚持了 18 年，传唱《劝民歌》，谱写《家训词》，得到了中央文明办的肯定，推进会对推动浦东新区的家训家风建设活动起到了很好的示范推动作用。奉贤区总结推广杨王村经验，探索好家风推动民风村风和乡村民主治理。杨王村是全国文明村，从 2006 年开始，村"两委"就发动全体村民写家训，开展了两轮家训征集评选活动。2013 年开展了第二轮家训征集后，村党委将家训连同"星级户"评星情况、党员之家标识一起制作成展板，挂在各家门口，接受村民的监督和评议。杨王村的经验表明，家训家风建设活动确实能以家风带动民风，以民风带动村风，进而影响社风。同时，在基层社会建设和社会管理、村委会自治方面，要充分尊重最基层民众的实际需求，尊重他们的首创精神。松江区新浜镇自 2006 年被列为上海市新农村建设试点镇，针对农村出现的红白喜事大操大办、邻里纠纷等陋习，开展以家规家训传统推进现代乡风文明建设活动，取得良好效果。镇文明办通过走家入户、问卷、座谈、个别征询等形式，广泛征求意见，形成"治学"、"修心"、"齐家"、"节俭"、"礼仪"、"睦邻"等十一大类共 80 余条家规家训供村民选择，同时尊重村民自主拟定家训。这些被村民认可的家规家训，统一安排书写装裱，悬挂在村民家中，经过几年的坚持，使新浜镇形成了"家无规矩不和，人无良训不富"的共识。从 2006 年到现在，新浜镇以家规家训来推动乡风的文明建设活动已坚持了 8 年，通过活动，起到了移风易俗，改善村容村貌，提高村民道德境界，提升家庭品位，增强村民自律程度的效果。

　　五是，新上海人投身家训家风活动。近年来，在各区县都涌现出一批优秀的新上海人。而他们的家训，既有原居住地的文化特点，又融合了上海的文化要素。比如嘉定知名老中医喜棣，满族，出生在江苏南通的一个中医世家。2012 年为照顾孙子来到上海嘉定，现在是嘉定中医院的专家，同时又是社区医疗志愿者。她从小恪守"医人先治心，心正药自真"的家训，并以身作则，教育孩子践行家训。在家风引导下，她的儿子选择了医学作为自己的大学专业。现已成为嘉定医院有名的肛肠科专家。上海作为一个国际大都市，越来越多的外籍家庭参与到上海的家训家风建设活动。长宁区在开展"寻找最美家庭"活动时，聚焦区内的外籍家庭，重视中外文化的交融。来自土耳其的诺扬·罗拿家庭，被全国妇联授予"全国最美家庭"称号；来自印度的艾维那家庭被评为第五届"全国五好文明家庭"。这些外籍家庭的参与，为家训家风文化的传承与弘扬，增添了"地球村"时代的特有亮色。

5. 以全民阅读助推家庭文化功能提升

　　读书学习是家庭文化建设的重要渠道和有效机制，随着现代科技的发展，线上线下多重分享模式突破了传统的阅读方式，除了传统的纸质阅读外，各种电子阅读资源不断丰富和共享，阅读活动正在进入一个"全阅读"的新时代。引导广大市民积极开展阅读学习活动，成为上海每年文化节的重要内容，也是构建国际文化大都市的重要抓手。结合这一发展趋势，上海市妇联积极响应全国妇联的"精彩人生女性终生学习计划"（上海是试点城市），精心策划，积极行动，按照"互联网＋"的思维，通过创建和搭建多种类型的阅读平台和载体，引导广大家庭成员开展有效的阅读活动，为提升家庭生活质量、推动家庭文化建设注入新的活力，取得显著成效。根据 2015 年通过对 18 周岁以上女性读者在公共图书馆的阅读状况的数据分析，发现成年女性是很活跃的阅读群体。2014 年全市公共图书馆持证读者中，成年女性有 98.8 万余人，主要集中在 24 至 38 周岁之间的中青年女性,她们来自150多个国家或地区,外籍女性读者排名前三的为日本,2 124人,美国1 798人,韩国1 667人。这一阶段,主要采取的家庭阅读活动有如下几个:

(1) 设立女性阅读学习的新空间载体。积极发挥上海女子教育联盟作用,在各区建立上海开放大学女子学院学习中心,这是一个面向女性、服务女性、提高女性的新平台,是培育全市经济社会发展需求的女性人才的新窗口,是主动适应学习型社会建设和文明城区创建需要的新探索,这是具有里程碑意义的一件大事,它标志着全市妇女发展站在了一个新的历史起点上。

(2) 创设"智慧女性"读书论坛。改革开放40年的发展历程中,无数女性也在中国崛起之路上走出了属于自己的光彩。文艺界、科创业、制造业、服务业……各行各业都有杰出女性以自己独特的婀娜姿态,感国运之变化、立时代之潮头、发时代之先声,扎实地撑起了半边天。为了更好地发挥现代知识女性、成功女性在家庭文化建设中的带头示范作用,从2015年开始,上海市妇联和《新民周刊》联合创设了"智慧女性读书论坛",邀请不同领域的现代知识女性借助论坛,与观众畅谈"生逢美好时代"的人生感悟,发挥了良好的社会效应。这一论坛成为上海书展期间的一档固定活动,成为全城知识女性的一次精神盛宴。改革开放再出发,上海正在打造新的金字招牌,阅读她们的人生故事,为新女性在新时代、新征程中干出新作为,提供富有力量而美丽隽永的动力。

(3) 开设"农村女性智慧课堂"。根据全国妇联关于开展"乡村振兴巾帼行动"的实施意见,从2014年开始,由上海市妇联与上海市社区文化服务中心合作开展,以"做智慧女性,享美好生活,建美丽农村"为抓手,围绕市级"美好家园示范村"农村妇女为主要服务对象,创设了"农村女性智慧课堂"项目。用农村妇女喜闻乐见的故事会的形式,围绕"美丽乡村建设"、"家庭教育"、"法制宣传"、"创业成才"等主题,以发生在郊区女性身边的真人真事为蓝本,创作成通俗易懂的本地话故事、小品、情景剧等。

并通过基层点单,上海市妇联送服务的形式,积极宣传贯彻党的十九大提出的一系列惠农政策,体现宜居乡村、乡风文明和广大农村女性的精神风貌,普及法律、婚姻家庭、子女教育、女性保健等知识,传播健康科学的生活理念。项目开展四年来,已在上海全市巡回演出了百余场,吸引了 3 万余名农村妇女参与。

(4)设立"女职工周末学校学习服务超市"。依托全市已建立的 890 所周末学校,开展关于职业女性身心健康、文化生活、个人修养三大版块的学习培训。2012 年起,市总女职工委员会建立了"女职工周末学校学习服务超市",并在 2013 年、2014 年、2015 年的"三八"期间,开发推出了 3 期女职工周末学校培训菜单——《上海女职工提升素质行动学习服务手册》,内容涉及健康保健、心理调适、人际沟通、形象礼仪、形象设计、艺术修养、阅读艺术、插花艺术、生活美学、时尚布艺、珠宝鉴赏、蔬果生活、母乳喂养、理财、优脊健康、爱活力健身、陶艺、烘焙等课程。目前,女职工周末学校学习服务超市共培育了 24 个讲师团,设有 300 余门课程,注册有专业讲师 200 余名,为职业女性综合素质的全面提升,提供了坚实的平台。

(5)开展"好书童享"系列亲子阅读指导与实践活动。推出由儿童心理学、教育学等领域专家和实践者参与编写和审阅,适用于 3—12 岁儿童家庭的亲子阅读指导手册,推荐 200 余本适合亲子阅读的书籍。举办亲子阅读指导志愿者培训工作坊,从儿童心理、认知的规律出发,提供科学系统指导,让志愿者快速掌握亲子阅读指导要点;加强亲子阅读指导志愿者培训,向志愿者发放工作手册,由专人对亲子阅读指导实践进行记录和督导。

6. 发挥家庭教育对家庭文化建设的根基作用

教育和文化具有天然的联系。因此,伴随着经济社会的不断发展和进步,始终重视教育对促进家庭文化建设的根本性作用,是新时代上海家庭文化建设的又一重要特点。

（1）连续举办上海市家庭教育高峰讲坛。从 2013 年开始，由上海市妇联、上海社会科学院、上海图书馆、新东方教育科技集团等多家单位联合承办，由中国福利会少年宫、上海市教科院家庭教育研究与指导中心、东方广播中心"海上畅谈"工作室等单位支持，在上海连续举办"上海市家庭教育高峰讲坛"，每年邀请全国 10 名知名专家开展大型公益讲座，通过微信公众号共享专家精彩观点，为更多家长提供权威的家庭教育指导。此讲坛获得了社会的高度认可和广大家长的热烈欢迎。

（2）开设上海市家庭教育指导者培训班。立足全国《家庭教育指导者培训教程》，设立专门的培训班，以线上线下相结合的形式，邀请美国家庭关系委员会（NCFR）、清华大学、上海师范大学等学术机构的专家，就《家庭教育指导者的专业领导力》、《年幼儿童的情绪管理》等专题，举办一系列培训讲座每年 100 余名骨干参加培训，家庭教育指导者的专业能力获得了显著提升。

（3）以"树立科学家教，涵育时代家风"为主题，开展家庭教育"五进"项目（进社区、进学校、进机关、进企业、进楼宇）。对立项进行指导、项目书进行优化，全程参与项目管理。利用、推广家庭教育课程微视频资源库，对象覆盖学前、小学、中学家长以及特殊儿童家庭等，使更多的家庭得到科学便利的指导。

（4）开展家庭法治教育行动。在 2014 年 12 月 4 日首个国家宪法日之际，以"弘扬宪法精神、建设法治文化、加快法治上海建设"为主题举办第 26 届宪法宣传周活动，精心策划开展了"宣誓典礼与法治宣传"等六大类 80 余项活动，参与市民群众约 300 万人次，发放各类普法资料和产品超过 100 万份，20 多个普法网站和微博微信发帖近 280 个，点击量月 200 万次，在全市层面掀起学习宣传贯彻宪法的热潮。深入推进中小学校法治教育课时、教材、师资、经费"四落实"，加强"依法治校示范校"创建工作，大力开展大学生法治辩论赛、中学生法律知识竞赛、百场法治讲座进百所中学等系列法治宣传教育活动,不断增强青少年学法用法的积极性和主动性。积极配合有关部门广泛开展《妇女权益保障法》《未成年人权益保护法》《老年人权益保障法》的宣传教育,在全社会营造有利于妇女、儿童及老年人生存和发展的良好社会环境。积极开展"三八"妇女维权周活动,各区县纷纷组织开展大型法律咨询活动,为妇女群众送法律、送政策、送岗位、送健康、送服务、送关爱,在全社会营造共同关心妇女儿童权益保障的氛围。

(5)开展家庭环保教育行动。为配合全国妇联推行的以"绿色出行,低碳环保"为主题的"儿童环境保护家庭教育活动",近年来上海市妇联与市环保局、市容管理局等单位紧密配合,围绕"创新驱动、转型发展"大局,围绕着全市环境保护和生态建设工作的大局,积极参与和组织开展普及低碳和环保知识的宣传教育活动和低碳家庭创建活动,努力营造人人参与环保、爱护环境、节约资源的良好社会风尚,将"绿色出行,低碳环保"理念拓展至学龄前儿童及其家庭当中。各部门坚持"规划引领、政府主导、市场运作、社会参与"的基本思路,全市垃圾分类减量工作逐步深化。2011—2015 年,市妇联承接"百万家庭低碳行·垃圾分类要先行"市政府实事项目,对全市百万余户家庭进行环保知识普及、培训,大力推进垃圾分类减量工作。2014 年以来,以"上海绿色账户"为载体的分类正向激励机制正式运行,成为生活垃圾分类"上海模式"的有力抓手。为动员更多市民参与分类,根据垃圾"分类可积分、积分可兑换、兑换可获益"的原则,设计搭建"绿色账户"网站。目前,前台操作、平台管理、后台支撑的绿色账户激励机制的整体框架已基本形成。几年来发放了《百万家庭低碳行垃圾减量和分类指导手册》160 余万份,举行环保培训讲座近 8 000 场次,开展的"绿色星期六——社区资源回收日"活动约 3 400 场,参与人次近35 万。市教育部门将生活垃圾分类知识纳入小学生《社会与品德》课本。

(6)开展家庭科技教育行动。2013 年 11 月,上海市政府与中国科协签订了《落实全民科学素质行动计划纲要共建协议》后,"落实全民科学素质行动计划纲要"列入市政府工作报告。上海市科协以此为契机,在文明城区创建指标中,增加落实纲要的量化指标,开展"推进公民科学素质百家示范单位及百个示范项目"创建活动。形成了"科普进社区、进家庭"全年性的工作体系。每年的科技活动周期间举办的"科技创造未来"的上海市民讲坛覆盖全市 17 个区(县)。市民讲坛的举办,突破了"专家授、市民听"的模式,由市民亲自走上科普讲坛,极大地提高了广大市民对科普的参与度,在全市营造了"爱科学、学科学、用科学"的浓厚氛围。市科协系统各学会(协会、研究会)、区县科协及企业科协组织的"科普进社区、进家庭"活动覆盖全年,实施内容因地制宜,因区而异;有创新,有拓展、有深化;做到月月有活动,季季有重点,有力地推进了"科普进社区、进家庭"活动广泛、深入、持久地开展。2014 年举办了主题为"智慧城市——让生活更完美"的首届上海国际科普产品博览会,以科技和文化融合为主要展示手段,汇集了中、美、日、韩、法、丹麦及中国港台地区的 150 余家单位约 3 100 余件展品。科博会还推出了"科普演绎"这一展示传播新手段,将网络信息技术、展品现场体验、人机互动交流和知识静动态传播进行了有机结合。据不完全统计,展会现场及意向交易金额超 2 亿元,四天内吸引了十多个省市、近 8 万人次前来参观。

7. 构筑旨在提升生活质量的家庭服务保障体系

(1) 继续完善"家中心"服务功能。在原有基础上,2016 年拟订《关于进一步加强社区家庭文明建设指导服务中心管理的指导意见》,进一步明确了街镇"家中心"在家庭文明建设、家庭教育指导、婚姻家庭纠纷调解、心理疏导、法律服务、特殊困境妇女儿童帮扶等方面的重要职能,全面强化了家中心对家庭教育和文化建设的服务指导功能。

(2) 健全幼儿托管服务。制定出台《上海市社区幼儿托管点建设导则》《上海市社区幼儿托管点工作规程》《上海市社区幼儿托管点管理办法》和《上海市社区幼儿托管点机构设置基本标准》等规范性文件。推动市教委牵头编制《社区托育课程方案》(含指导手册、教养方案两本教材),组织两次社区幼儿托管点管理人员、保教人员、其他工作人员岗前培训,参训人员 200 多人,不断提升从业人员专业技能。同时,起草了传染病防治规范、食品服务规范、安全保障方案、保险方案、信息化管理制度、幼儿招生条件、家长告知书等工作规范,为各区推进幼儿托管点工作提供参考。

(3) 构筑家政服务体系。根据"职业化、信息化、标准化和规范化"发展目标,编制《上海市家政员服务操作规范》和《上海市家政机构服务管理规范》,内容涉及保洁服务、居家家务、居家养老、母婴护理等项目和规范和环境、能源、安全与应急、职业健康等,共 68 项标准。行业标准和规范的首次出台引起广大媒体的高度重视和广泛宣传,沪上电视和电台就有五次播出,共有 26 家传统媒体和新媒体进行了专题报道。与此同时,联合有关部门举办上海市家庭服务博览会,健全家政服务信息数据库,开设上海家政公共服务网(沪家政网)、上海家政微信公众号,家政服务信息平台功能的不断完善,为 18 家市区二级协会组织、411 家家政企业、716 家家政门店提供了实用的技术支持和后台运维服务。

(4) 开展"七色花"职业女性关爱行动。上海市总工会推出以"幸福有你,关爱有我"为主题的上海工会女职工"七色花"关爱行动与实事项目,以 7 种色彩的丝带分别标识 7 个关爱项目,对女职工最关心、最直接、最现实的热点问题和难点问题,给予充分关注和大力帮扶。其中,橙丝带项目是帮助女职工解决生育与职业发展之间的两难困境而推出的实事项目,目前已经形成服务职场"背奶妈妈"的"爱心妈咪小屋"和针对职工子女"托育难"问题的亲子工作室两个品牌。2013 年,市总工会率先开展"爱心妈咪小屋"创建工作。2014 年 8 月,全国总工会在上海召开现场会向全国推广经验。截至 2017 年 7 月,上海市共建成小屋 2 024 家,遍布全市公共场所。

"七色花"关爱行动包括：

"蓝绿丝带"：把关爱送给困难女职工和女农民工，2009 年起与解放军 411 医院、上海市工人疗养院等社会机构合作，开展"外来务工女性健康实事项目"，截至 2014 年底，体检总人数近 4 万人。通过开展免费妇科"两病筛查"①，构筑一张女职工身心健康防护网。"粉红丝带"：把关爱送给爱美的职业女性，通过与瑞金医院乳腺中心等机构合作，为困难女职工提供优先乳腺癌救助基金诊治，为女先进、女干部提供优质医疗服务和乳腺疾病防治教育，有力保障女职工的乳腺健康。"橙色丝带"：把关爱送给职场孕妈妈，通过开展公益讲座和建设"爱心妈咪小屋"，母爱十平方，悉心呵护孕前、孕中、孕后妈妈的特殊需求。经过近年的快速发展，截至 2017 年 7 月，已建成 2 000 多家、覆盖全市 17 个区县。在给每个"爱心妈咪小屋"的配送中，都包含有《上海家庭发展》《家庭发展与家庭计划 200 问》《青春期家庭教育手册》等资料，供职场妈妈们阅读、学习。作为一个安全、私密、舒适的休息空间，爱心妈咪小屋为职业女性安然度过特殊生理阶段提供了人性化的关爱和服务，受到企业事业单位、女职工和社会各方赞誉和肯定。"春绿丝带"：把关爱送给单亲困难女职工，2011 年以来我们将 400 名单亲困难女职工，纳入女职工"关爱行动"帮扶对象，提供 1 000 元/人的帮扶金。对于单亲困难女职工的子女，我们每年"六一"组织他们开展各类参观、娱乐亲子活动，深受单亲困难女职工子女的欢迎。"红色丝带"：把关爱送给广大女职工，在积极推进预防和控制艾滋病的行动中，为健康城市助一己之力，在区县建立"上海职工红丝带健康行动服务点"，每年举办大型的防艾咨询和宣传活动，发放宣传光盘、资料 1 万余册。"玫瑰丝带"：把关爱送给适婚职业女性，搭建交友平台，举办交友活动。"金黄丝带"：把关爱送给工会女干部，为女职工干部的成长成才搭建"绿色通道"。

---

① "两病筛查"指妇科病、乳腺病的筛查。

8. 以"最美家庭"促动家庭文化品质提升

2014 年全国妇联推出寻找"最美家庭"活动,市妇联与市委宣传部、市文明办、市网信办共同开展此项工作。为深入贯彻落实习近平总书记关于"注重家庭、注重家教、注重家风"的重要指示及在会见第一届全国文明家庭代表时的重要讲话精神,全面落实中央关于精神文明建设工作的部署和要求,充分发挥妇女和妇联组织在家庭文明建设中的独特作用,以好的家风支撑起好的社会风气,以家庭文明建设促进全社会文明程度的提高,在总结推广前几年开展寻找"海上最美家庭"活动经验成果基础上,寻找"海上最美家庭"活动在申城全面开展,以注重协调联动"发现美"、注重拓展延伸"培育美"、注重线上线下"宣传美"的方式,促进家庭文化全方位、品质化发展。具体活动内容包括如下:

(1)大力弘扬优良家风,进一步深化寻找"最美家庭"活动。联合市委宣传部、市文明办,在充分征求上海市家庭文明建设协调小组成员单位意见的基础上,制定、下发有关通知。充分发挥社区家庭文明建设指导服务中心和"妇女之家"的阵地优势,组织动员家庭晒幸福生活图文、议良好家风家教、讲家庭和谐故事、展家庭文明风采、秀家庭未来梦想、树家庭先进典型,激发家庭内部活力,促进家庭自我教育、自我成长。注重从动员手段、寻找环节、引导路径上不断探索创新,通过线上线下互动的方式,找准活动与时代精神的对接点、与妇女群众的共鸣点、与家庭需求的契合点,吸引更多年轻家庭、双职工家庭、流动家庭等不同类型的家庭加入到活动中来。向市级机关、科教系统、公安系统、驻沪部队延伸,向非公有制经济组织、社会组织、楼宇园区延伸,使参与活动的人群和家庭类型更多元,活动覆盖范围更广。

(2)坚持清廉家风建设,进一步加强党员干部的表率作用。立足于本行业、本部门、本单位实际情况和工作特色,通过在机关干部、党员中广泛开展"传家训、立家规、扬家风"专题活动,培育、寻找体现崇德向善、廉洁家风的"最美家庭"，引导党员干部特别是各级领导干部继承和弘扬中华优秀传统文化，廉洁修身，廉洁齐家，做家风建设的先行者。帮助党员干部及其家庭成员拧紧崇俭尚廉"总开关"，鼓励其争做家庭美德和家庭文明的践行者、示范者，以纯正家风为干事创业提供源源不断的正能量。发挥领导干部的表率作用，要求其带头正家风、严家教，使其配偶子女严格遵守相关规定，促使干部家庭风清气正。发挥示范引领作用，在全社会营造廉洁自律的良好氛围。

（3）提升最美家庭展示力度，进一步拓展活动的参与度和覆盖率。通过创新"最美家庭"榜样引领的方法和途径，吸引老百姓走出"小"家、融入"大"家，以可敬可配、可亲可学的方式带动更多家庭在学习感悟中付诸行动。利用三八妇女节，在东方明珠广播电视塔开展"秀秀我家传家宝公益集市"活动，给最美家庭展示的平台，体现服务群众和社会责任意识。举办由 200 户最美家庭参与的"爱上海、爱家庭、爱生活——大美魔都航拍摄影展"和"观上海老风情、看上海新高度"学习交流活动，为最美家庭提供展示交流和登高望远的机会。与《新闻晨报》等媒体合作，对家庭文明建设的特色工作做不同时期的重点专题报道。发挥"上海女性"官方微博、微信公众号等新媒体影响力，将"自媒体"作为宣传推广寻找"最美家庭"的新途径，引领更多群众共同讲好家庭故事，扩大受众面，提升影响力和知晓率。以"幸福三宝"项目为抓手，通过幸福课——专家讲授家庭关系学知识，幸福说——历届最美家庭代表现场分享幸福故事再由专家团队分析案例，幸福问——在官微上开展"家庭幸福问"互动，对家庭成员进行指导，聚集家庭建设的正能量。结合"5·15"国际家庭日，利用地铁人民广场站人流量大的优势，设计 30 块灯箱展板，展示第一届全国文明家庭及上海市五好文明家庭标兵户的先进事迹，希望吸引更多家庭参与到文明家庭的创建活动中来，积极传承家庭美德，践行健康生活理念。首发妇联原创歌曲——《家》，用音乐的艺术形式，唱响爱的主旋律。

（4）丰富最美家庭活动形式，进一步扩大家庭文明建设影响力。创新活动形式，使寻找和评选贯穿全年，形成同城互动的生动格局。邀请梁波罗、刘家桢等上海艺术界中德艺双馨的艺术家们,充分运用艺术家的人格魅力、感染力和影响力,与最美家庭和各类各级家庭开展走访、交流活动,宣传、展示、弘扬女性和家庭风采。通过市民文化节、家庭教育宣传周等重大节庆,组织策划上下联动、群众喜闻乐见的主题实践活动,大力弘扬好家训、好家风、好家庭。继续与文明办、文广局、群艺馆等合作,策划最美家庭大型展览。通过上海市家庭教育指导服务项目,夯实最美家庭工作基础。举办"五进"活动启动仪式,鼓励先进典型进社区、进机关、进企业、进园区、进学校,通过学习最美、争做最美,汇聚起共同参与家庭文明建设的强大正能量。举办"新时代家庭教育"的微论坛,面向一线家庭教育指导者开展系统培训,提升家庭教育管理者的业务水平。以各种方式实现优质资源在基层聚焦、地域特色在社区形成、科学理念和实用技能在家长中传播。开展万户家庭亲子文明游活动,号召广大家庭当好文明风尚的引领者,寻找和争做最美家庭。

9. 延续并深化家庭文化领域的调查研究工作

(1)深化家庭文化议题的研究与评估工作。家庭文化建设既是具体实在的实战工作,更是一项富有理论指导的创新性研究工作。十八大以来的这一时期,上海市妇联充分发挥和吸收借鉴"十一五"时期已经积累的有关经验,进一步发挥上海学术理论资源优势,与高校、科研院所等研究机构合作,围绕社会热点和妇女需求,开展"公共政策的社会性别评估及评估机制研究"等 13 个全会重点课题和"家庭功能研究"等招标课题、委托课题、网上系列调查等研究工作,先后出版《上海市学习型家庭创建——理论与实践》和《儿童发展与公共政策》等东方家庭系列丛书,展示学习型家庭的理论研究与实践探索,通过多视角探讨儿童政策问题,促进"儿童优先"原则融入公共政策的设计、供给和执行过程。与此同时,对上海家庭文明建设开展了十二五终期评估,在此基础上,研制了《上海市家庭文明建设"十三五"指导工作手册》,在 2018 年开展了"十三五"中期评估,依靠强有力的理论建设,对家庭文化建设提供指导和帮助,增强了家庭文化建设与政策决策的科学性。

(2) 积极建言献策。在前期理论研究的基础上,积极向两会递交提案和议案。近年来向两会相继提出《关于建立国家监护制度的建议》、《关于设立"上海邻里节"的建议》、《关于完善城市"垃圾分类、源头减量、低碳生活"的若干建议》《关于完善流浪儿童救助》、《关于将虐童罪入刑法》、《关于关注失独家庭问题》、《关于进一步推进上海学习型社会建设的建议》、《关于设立暑托班的建议》、《关于支持家庭育儿政策发展的建议》等提案和议案,这些提案和议案既符合现实需求,又具有操作性和前瞻性。

(3) 研制并发布全市女性民生民意调查报告。从 2014 年开始,与上海社科院社会调查中心合作,依托全市民生民意调查报告的主要成果,围绕家庭文化建设中的热点难点问题,进行二次开发和研制全市女性民生民意年度报告,向全国发布,对政府决策发挥了十分重要的作用。如 2015 年度"女性从业人员'劳动就业'状况"显示,男性、女性从业人员从未受到过职场歧视的比例分别为 77.1% 和 78.9%,这表明上海从业人员的职业歧视未呈现出明显的性别差异。近八成女性从业人员从未受到过职场歧视的现状也提示上海较好的职场环境。2016 年的"子女教育"民生民意调查显示,仅 11.1% 的市民为子女择校特意购买"学区房",而市民择校最看重学校"教育质量",最不看重"费用高低"。此外,逾六成家庭的子女教育消费占家庭收入比例超过 15%。2016 年的女性家庭收入调查显示,女性劳动力的个人年收入在"5 万元及以下"和"5.1 万元—7 万元"的分别占38.80% 和 34.20%,而男性劳动力的对应百分比仅分别为 19.00% 和26.20%。但是,男性劳动力的个人年收入在"7.1 万元—10 万元"和"10 万元以上"的占比分别达到 29.70% 和 25.10%,而女性的对应比例则分别只有21.50% 和 5.40%。可见,经济收入的性别不平等现象依然非常突出。一方面可能与劳动力市场中存在性别歧视的状况有关,另一方面也可能是因为女性为了承担家庭责任,更多地选择了时间灵活但工资较低的工作。

三、上海市家庭文化发展现状、问题及对策

家庭文化的内涵和外延非常广泛,包括家庭成员的价值观念、理想信念、人生追求、伦理道德、审美情趣、人际关系、生活方式、家庭氛围、家教家风等方面。在上海推进家庭文化发展 40 周年之际,进一步梳理、总结全市家庭文化发展的现状,厘清其在发展中存在的突出问题,为上海家庭文化的发展提供进一步的对策建议,有利于进一步贯彻落实习近平总书记关于"注重家庭、注重家教、注重家风"指示精神,弘扬中华民族传统家庭美德,推进新时期上海家庭文化深化发展,为持续提高上海家庭文明程度和家庭生活质量,为上海建成社会主义现代化国际大都市提供有力支撑。

(一) 家庭文化发展成效测评

为更深入了解上海市家庭文化发展的总体状况,市家庭文明建设协调小组办公室组织相关力量,于 2018 年 6 月至 8 月对全市 16 个区的家庭文化发展展开问卷调查。从程序上看,调查在徐汇、杨浦、青浦 3 个抽评区各抽取(不少于)400 户常住人口家庭,其他 13 个非抽评区各抽取(不少于)200 户常住人口家庭,全市 16 个区共计获得 6 050 份有效问卷。从内容上看,问卷主要对包括"五建五家"(健康之家、学习之家、文化之家、安全之家和生态之家)在内的 40 项具体内容进行评测。同时,各区则对家庭文化发展的 4 个方面 26 项内容进行自评,并结合各区对 40 年来家庭文

化发展的总结分析,从而全面解读全市家庭文化发展的成效。

1."五建五家"的整体情况

全市 16 个区"五建五家"建设情况的测评,具体包括"建健康之家,促身心和谐"、"建学习之家,促终身发展"、"建文化之家,促文明修养"、"建安全之家,创平安环境"、"建生态之家,促环保行为"等 5 个方面共 40 项指标。

表 3.1　"五个之家"调查结构

序号	一级指标	二级指标	权重(%)
1	健康之家	身体健康、心理健康、生活习惯健康	20
2	学习之家	学习活动、学习投入	15
3	文化之家	文明素养、艺术修养、公益活动	25
4	安全之家	安全知识、安全技能、安全行为	20
5	生态之家	环保知识、环保行为	20

而且,在家庭文化发展中,"五建五家"的权重不尽相同。其中,"健康之家"占 20%,"学习之家"占 15%,"文化之家"占 25%,"安全之家"占 20%,"生态之家"占 20%。即文化之家的占比最高,学习之家占比最低,其余三者占比相同。

(1)全市家庭文化发展达标率较高,五建五家内部差异明显。全市 16 个区 6 050 户家庭的自评结果显示,家庭文化测评的平均得分为 87.23 分,处于"良好"水平。这相较于"十二五"中期的 86.56 分提高了 0.67 分,表明"十三五"以来的家庭文化建设工作取得了一定的成效。从各区的得分情况(图 3.1)来看,16 个区均达到了"良好"及以上水平,其中有 3 个区达到"优秀"水平。

从家庭文化发展程度来看,全市 48.81% 的家庭为优秀家庭(90 分及以上),43.37% 的家庭为良好家庭(70—89 分),5.7% 的家庭属于合格家庭(60—69 分)、不合格家庭(60 分以下)的仅占 2.12%(图 3.2)。

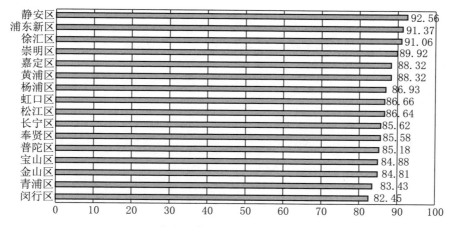

图3.1　全市家庭文化发展问卷测评平均分

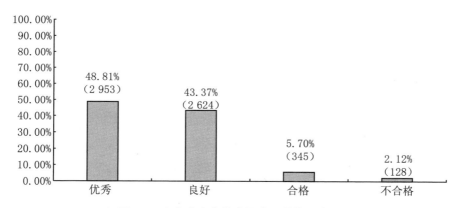

图3.2　全市家庭文化发展水平结构分布图

本次调查发现,上海家庭文化发展的总体达标率为97.88%。具体来看,安全之家(98.8%)、生态之家(98.1%)、文化之家(97.5%)和健康之家(96.5%)的达标率相对更高,均达到了95%以上;而学习之家(88.7%)的达标率未达到90%以上,其建设有待进一步加强。

表3.2　上海家庭文化建设达标情况(%)

一级指标	优秀	良好	合格	达标率
安全之家	64.7	30.3	3.8	98.8
生态之家	57.8	35.1	5.2	98.1

117

一级指标	优秀	良好	合格	达标率
文化之家	57.0	35.3	5.1	97.5
健康之家	43.1	45.8	7.6	96.5
学习之家	36.0	40.3	12.4	88.7
家庭文化发展	48.81	43.37	5.7	97.88

注:达标率=优秀+良好+合格。

从 16 个区的调查数据来看,上海家庭文化发展总体情况良好,"五建五家"平均分为 86.64 分。其中,安全之家得分最高,为 90.80 分,其次为生态之家,得分为 89.08 分,再次为文化之家,得分为 88.44 分,它们均高于整体平均分。比较而言,健康之家和学习之家的得分略低,其中健康之家的得分为 84.90 分,学习之家的得分为 79.98 分,且均低于整体平均分。尤其是学习之家的得分低于 80 分,这可能与网络化时代人们学习、阅读时间的碎片化有一定关系(图 3.3)。

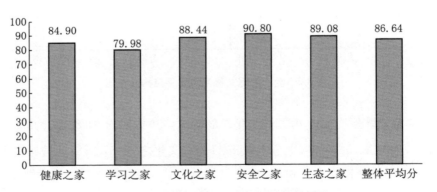

图 3.3　全市家庭文化发展"五建五家"基本情况

(2)健康之家:家庭成员心理健康程度较高,但身体健康、生活习惯健康程度还可以做得更好。上海家庭成员在健康之家的平均得分为 84.9 分。其中,心理健康的得分较高,为 89.07 分,身体健康的得分为 85.36 分,均高于整体平均分。但在生活习惯健康方面的得分较低,为 81.66 分(图 3.4)。

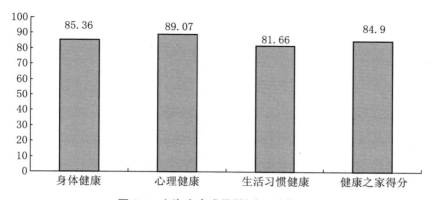

图 3.4 上海家庭成员"健康之家"建设

这表明,全市绝大多数家庭成员关注心理健康,了解心理健康知识,其平均分达 85.91 分。尤其是夫妻关系和睦,亲子关系融洽,其平均分达 92.24 分,这使得人们的心理健康保持在较高水平。在身体健康方面,人们掌握一定的自我保健知识,平均得分 84.71 分;定期参加身体健康检查(每年参加一次以上),平均得分 86.05 分;家庭备有保健药箱方面的平均分为 85.31 分。在生活习惯健康方面,绝大部分家庭成员睡眠充足、生活起居有规律,每天吃健康营养的早餐,两者的平均分为 85.70 分和 84.80 分。而在体育锻炼方面则明显不足,每周参加 4 小时以上体育锻炼的平均得分仅为 74.48 分。这可能与上海居民快速的生活节奏、较少的闲暇时间有关。

具体而言,上海家庭的健康意识比较高,超过 80％的家庭都能很好地掌握自我保健意识、关注心理健康、了解心理健康知识,保证充足的睡眠时间和有规律的生活起居,吃健康营养的早餐,并在家里备有保健药箱,及时地、定期地参加身体健康检查。但能够做到每周参加 4 小时以上的体育锻炼的家庭仅为 60.8％。

(3)学习之家:家庭成员在学习活动、学习投入上均需要加强。全市家庭成员在学习之家的得分为 79.98 分。其中,学习活动的得分为 80.19 分,学习投入的得分为 78.92 分,总体而言均偏低(图 3.5)。具体而言,每天学习(读书看报等)1 小时以上的平均分为 79.21 分,在"关心时事,根据

表3.3　健康之家建设情况统计表

	非常符合	比较符合	有点符合	不太符合	不符合
1. 掌握了自我保健知识	39.9	45.9	12.4	1.7	0.2
2. 定期参加身体健康检查(每年参加一次以上)	52.7	31.2	10.8	4.2	1.1
3. 家里备有保健药箱	51.1	31.5	11.7	4.4	1.3
4. 夫妻关系和睦,亲子关系融洽	67.8	26.9	4.3	0.6	0.4
5. 关注心理健康,了解心理健康知识	46.4	39.8	11.4	2.1	0.4
6. 睡眠充足,生活起居有规律	45.4	40.9	10.8	2.3	0.5
7. 吃健康营养的早餐	44.3	39.7	12.4	3.1	0.6
8. 每周参加4小时以上的体育锻炼	31.7	29.1	22.7	12.9	3.5

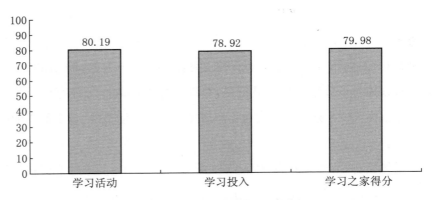

图3.5　上海家庭成员"学习之家"建设

时代变化更新知识结构"方面的平均得分为81.66分,在"0—18周岁儿童的家长或监护人每年接受4次以上家庭教育指导活动(或成年孩子的家庭亲子之间经常沟通交流,互相学习,共同成长)"方面的平均得分为78.03分。积极参与创建学习型家庭活动平均得分为79.53分,积极参与社区教育活动平均得分为82.51分,图书报刊、网络信息等学习投入占家庭年总收入的3%以上的平均得分为78.92分。这可能与当下微信、微博等手机阅读较多挤占了人们系统化的阅读时间、传统化的阅读方式有密切关系。且应进一步加强创建学习型家庭相关活动,加强家庭的学习投入及亲子之间的家庭教育指导活动。

具体而言,全市家庭在学习之家建设的各项指标中,"比较符合"和"非常符合"的占比均在60%—70%之间。多数家庭都能积极主动参与创建学习型家庭以及社区教育活动,以及读书看报、关心时事,及时掌握最新动态更新知识结构,能保证用于图书报刊、网络信息等方面的费用占年总收入的3%以上。

表3.4　学习之家建设情况统计表

	非常符合	比较符合	有点符合	不太符合	不符合
9. 每天学习(读书看报等)1小时以上	36.6	34.4	19.3	8.1	1.7
10. 关心时事,能够根据时代变化更新知识结构	37.5	39.4	17.9	4.3	0.8
11. 0—18周岁儿童的家长或监护人每年参与4次以上家庭教育指导活动(或成年孩子的家庭亲子之间经常沟通交流,互相学习,共同成长)	35.2	35.3	17.9	7.5	4.0
12. 积极参与创建学习型家庭活动	35.7	36.3	19.8	6.4	1.7
13. 积极参与社区教育活动	42.8	34.4	16.6	5.0	1.2
14. 图书报刊、网络信息等学习投入占家庭年总收入的3%以上	35.7	34.3	20.8	7.3	1.9

(4)文化之家:家庭成员文明素养较高,艺术修养及公益活动参与则需要加强。全市家庭成员在文化之家的得分为88.44分。其中,文明素养得分较高,为92.74分,艺术修养和公益活动方面的得分则相对较低,分别为83.72分和84.78分(图3.6)。

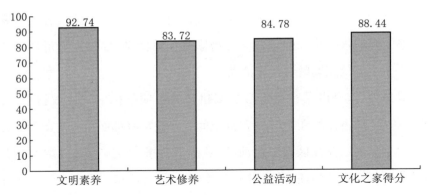

图 3.6　上海家庭成员"文化之家"建设

　　这表明,全市绝大多数家庭成员能做到举止文明,文明行路、文明乘车、文明游园、文明如厕等,平均得分为 92.80 分;了解和遵守家庭美德(尊老爱幼、男女平等、夫妻和睦、勤俭持家、邻里团结),平均得分为 92.51 分;饲养宠物、家庭娱乐等不妨碍邻里生活,平均得分为 92.38 分;公共场所遵守规则,不喧哗,不发出大的噪声(如手机铃声、大声说话等),平均得分为 92.51 分;对老、弱、病、残、孕者主动礼让,平均得分为 93.47 分。但艺术修养得分偏低表明在艺术爱好的培养、艺术活动的参与和消费方面还有一定的不足,每年参观或欣赏文化艺术活动 2 次以上的平均得分为 81.95 分,每年家庭文化娱乐消费(旅游、博物馆、美术馆等)占家庭年总收入 3%以上的平均得分为 81.22 分。在公益活动上的得分偏低则说明家庭成员每年参加社区或单位扶贫帮困等互助互济活动、每年参与社区志愿服务的积极性有待提升,这两方面的平均得分为 83.23 分和 86.34 分。

　　具体而言,上海家庭文化发展程度较高,95%以上的家庭了解和遵守家庭美德,在公共场所能做到遵守规则,能做到举止文明,对老、弱、病、残、孕者主动礼让、不妨碍邻里生活。在个人或家庭艺术修养育方面,86%的家庭能保持一项艺术爱好,约 76%的家庭能基本保证每年参观或欣赏文化艺术活动 2 次以上、每年家庭文化娱乐消费占家庭年总收入的 3%以上。最后,在公益活动方面,多数家庭能每年参与到扶贫帮困等互助互济活动当中,并能保持每年参与社区志愿者活动。

表 3.5　文化之家建设情况统计表

	非常符合	比较符合	有点符合	不太符合	不符合
15. 举止文明、文明行路、文明乘车、文明游园、文明如厕等	69.9	25.5	4.3	0.4	0.1
16. 了解和遵守家庭美德（尊老爱幼、男女平等、夫妻和睦、勤俭持家、邻里和气）	62.8	26.7	4.5	0.4	0.1
17. 在进行家庭娱乐或饲养宠物等时不妨碍邻居生活	69.0	25.3	4.8	0.5	0.4
18. 在公共场所遵守规则，不喧哗，不发出大的噪声（如手机铃声、大声说话等）	68.2	26.8	4.3	0.5	0.1
19. 对老、弱、病、残、孕者主动礼让	72.3	23.3	3.8	0.4	0.2
20. 有 1 项以上艺术爱好（如音乐、器乐、绘画、书法、舞蹈、收藏、集邮、阅读、诗歌、曲艺、园艺、编织、旅游、摄影等）	54.0	32.0	10.1	2.8	1.1
21. 每年参观或欣赏文化艺术活动 2 次以上	43.8	32.5	15.6	6.1	2.1
22. 每年家庭文化娱乐消费（旅游、博物馆、美术馆等）占家庭年总收入的 3% 以上	43.8	32.9	15.9	5.7	1.8
23. 每年参加社区或单位扶贫帮困等互助互济活动 1 次以上	46.8	31.5	14.4	5.5	1.8
24. 每年参与社区志愿者活动 1 次以上	56.8	26.2	10.7	4.4	1.9

　　（5）安全之家：家庭成员具有较好的安全知识、安全技能和安全行为。上海家庭成员在安全之家的得分为 90.80 分（图 3.7）。其中，安全知识上的得分为 90.74 分，人们知法、守法、用法，知晓合法维护利益诉求的途径和方法，知晓预防黄、赌、毒、艾、骗、贪的知识，知晓各类紧急状态时的呼救电话，这些方面的平均得分均超过 91 分。但在知晓防止家庭意外伤害发生的知识和方法方面相对不足，得分仅为 83.48 分。家庭成员在安全技能上的得分

为 89.59 分，人们正确操作各类家用电器，掌握呼救、逃生、灭火、防电等应急设施配置的使用方法，两方面的平均得分为 91.88 分和 87.30 分。家庭成员在安全行为方面的得分为 92.14 分，人们能够遵守车站、商场等公共场所规范，维护公共安全，平均得分为 92.93 分；邻里之间相互熟悉，能够互帮互救，平均得分为 91.35 分。

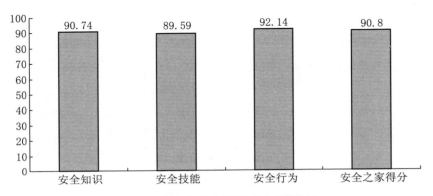

图 3.7　上海家庭成员"安全之家"建设

具体而言，上海家庭的安全意识非常高，超过九成的家庭能做到知法、守法、用法，知晓预防黄、赌、毒、艾、骗、贪的知识，合法维护利益诉求的途径和方法，各类紧急状态时的呼救电话以及防止家庭意外伤害发生的知识和方法等安全知识。并且能够做到正确操作各类家用电器，掌握了呼救、逃生、灭火、防电等应急设施配置的使用方法，遵守车站、商场等公共场所规范，维护公共安全以及和邻里之间相互熟悉、互帮互救。

表 3.6　安全之家建设情况统计表

	非常符合	比较符合	有点符合	不太符合	不符合
25. 知法、守法、用法，知晓合法维护利益诉求的途径和方法	64.0	28.9	6.1	0.9	0.2
26. 知晓预防黄、赌、毒、艾、骗、贪的知识	66.8	27.2	5.1	0.7	0.1
27. 知晓各类紧急状态时的呼救电话	64.4	29.2	5.7	0.7	0.1

	非常符合	比较符合	有点符合	不太符合	不符合
28. 知晓防止家庭意外伤害发生的知识和方法	54.4	34.7	9.5	1.3	0.1
29. 正确操作各类家用电器	65.3	29.3	4.9	0.4	0.1
30. 掌握了呼救、逃生、灭火、防电等应急设施配置的使用方法	50.9	36.8	10.3	1.7	0.3
31. 遵守车站、商场等公共场所规范,维护公共安全	69.8	25.5	4.3	0.3	0.1
32. 与邻里之间相互熟悉,能够互帮互救	65.2	27.6	6.1	0.9	0.2

(6)生态之家:家庭成员具有较好的环保知识,并能采取相应的环保行为。上海家庭成员在生态之家的得分为89.08分。其中,环保知识方面的得分为88.94分,环保行为方面的得分为89.17分(图3.8)。

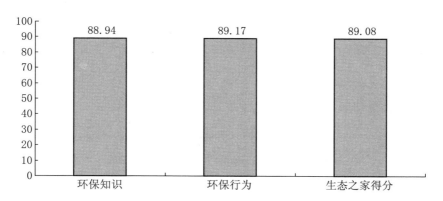

图 3.8 上海家庭成员"生态之家"建设

这表明,全市绝大多数家庭成员知晓环保知识,践行低碳生活方式,平均得分为90.36分;了解垃圾分类的基本知识,平均得分为88.76分;积极主动参与环保知识培训活动,平均得分为87.69分。同时,人们也积极采取相应的环保行为。其中,使用节能、节水、节电、节气等节能设施的平均得分为 90.19 分；生活垃圾分类投放的平均得分为 85.80 分；爱护环境，积极参与种植、养护等活动，绿化美化社区环境的平均得分为 89.46 分；日常生活注意节约，不浪费资源的平均得分为 91.04 分；科学理财，理性消费的平均得分为 89.38 分。

　　具体而言，上海家庭的环保意识很高，90％以上的家庭知晓环保知识，在实际中践行低碳生活，了解垃圾分类方面的基本知识，基本做到日常生活中使用节能减排设施，注意节约资源，爱护环境，积极参与种植、养护等活动以及科学理财，理性消费。另外绝大部分人会积极主动参与环保知识培训活动，对生活垃圾进行分类投放。

表 3.7　生态之家建设情况统计表

	非常符合	比较符合	有点符合	不太符合	不符合
33. 知晓环保知识，践行低碳生活	59.8	33.4	5.8	0.9	0.2
34. 了解垃圾分类的基本知识	55.6	34.5	8.0	1.5	0.3
35. 积极主动参与环保知识培训活动	54.6	32.6	9.9	2.5	0.5
36. 使用节能、节水、节电、节气等节能设施	59.7	32.9	6.3	1.0	0.2
37. 生活垃圾会分类投放	49.9	34.0	12.0	3.5	0.6
38. 爱护环境，积极参与种植、养护等活动，绿化美化社区环境	59.9	30.8	8.6	1.3	0.2
39. 日常生活注意节约，不浪费资源	62.3	31.1	6.0	0.4	0.1
40. 科学理财，理性消费	56.9	34.7	7.2	1.0	0.3

2. 家庭文化发展的影响因素分析

　　（1）家庭文化发展影响因素的描述性统计。经过数据统计分析，本次受访者的平均年龄为 42.82 岁，20.1％为男性，79.9％为女性，男女比例不均衡，女性受访者占绝大多数。在本次问卷中，73.8％被调查者拥有上海户籍,其余 26.2% 的被调查者为非上海户籍人口。在受教育程度上,86.2% 的被调查者具有高中及以上学历,总体教育处水平较高,其中未上过学的群体仅占 0.7%,小学和初中的被调查者占比 13.1%,高中/中专的被调查者占比 21.4%,大专的受访者占比 28.5%,大学本科及以上的被调查者占比 36.3%。在家庭类型上,联合家庭、单亲家庭、重组家庭以及丁克家庭占比较少,分别为 1.2%、2.6%、1.4% 和 1.3%,28.1% 的被调查者的家庭是主干家庭,而超过一半的家庭为核心家庭,其占比为 65.4%。

表 3.8　各相关因素的描述性统计表

	变量名称	百分比(%)
性　别	男	20.1
	女	79.9
户　籍	上海户籍	73.8
	非上海户籍	26.2
受教育程度	未上过学	0.7
	小　学	2.5
	初　中	10.6
	高中/中专	21.4
	大　专	28.5
	大学本科	34.2
	研究生	2.1
家庭类型	核心家庭	65.4
	主干家庭	28.1
	联合家庭	1.2
	单亲家庭	2.6
	重组家庭	1.4
	丁克家庭	1.3

（2）家庭文化建设的线性回归模型。（表3.9）

表3.9　基本情况与家庭文化建设多元线性回归模型结果

	模型一 家庭建设 总分	模型二 健康之家 得分	模型三 学习之家 得分	模型四 文化之家 得分	模型五 安全之家 得分	模型六 生态之家 得分
（常量）	71.399***	14.285***	8.929***	17.147***	15.811***	15.228***
年龄	.119***	.029***	.024***	.034***	.013***	.019***
性别 0＝女	−.554	.016	.076	−.332***	−.087	−.226***
户籍 0＝ 非上海	2.230***	.354***	.269***	.800***	.416***	.391***
受教育程度	1.927***	.270***	.388***	.626***	.315***	.328***
家庭类型： 0＝核心家庭						
主干家庭	−.258	−.183**	−.074	.014	.053	−.068
联合家庭	−7.965***	−1.527***	−1.192***	−2.076***	−1.423***	−1.747***
单亲家庭	−5.416***	−1.389***	−.984***	−1.028***	−.947***	−1.069***
重组家庭	−3.787***	−.828***	−1.083***	−.922***	−.424*	−.531**
丁克家庭	−3.900***	−.476	−1.364***	−.683***	−.611**	−.767***
R^2	0.063	0.042	0.045	0.088	0.047	0.045
F检验	44.658***	28.917***	31.067***	63.443***	32.281***	30.798***

注：显著度水平为 *** $p<0.001$，** $p<0.01$，* $p<0.05$。

　　以上统计结果显示，六个线性回归模型都是显著的。具体来看，模型一中自变量年龄、户籍、受教育程度、家庭类型对家庭文化建设的总得分具有显著影响。其中随着年龄的增长家庭文化建设总分越高；与非上海户籍相比，拥有上海户籍的居民的总得分更高；教育程度越高，家庭文化发展得分也越高；与核心家庭相比，其他类型的家庭得分都更低，值得注意的是，得分最低的是联合家庭，其次是单亲家庭、丁克家庭和重组家庭。

　　模型二至模型六更进一步分析各自变量对健康之家、学习之家、文化之家、安全之家和生态之家得分的影响。它们对不同维度家庭文化发展的影响趋势既有相同也有不同。不同之处在于,女性在文化之家和生态之家建设方面比男性得分更高,而在其他维度不同性别没有显著差异;主干家庭与核心家庭相比,只有在健康维度得分较低,其他维度没有显著差异;丁克家庭与核心家庭相比,只有健康维度得分没有显著差异,在学习之家、文化之家、安全之家和生态之家建设方面得分都更低;联合家庭、单亲家庭和重组家庭在"五个之家"建设中得分都比核心家庭低。

综上所述,应加强对非上海户籍、受教育程度低、来自联合家庭、单亲家庭、丁克家庭和重组家庭、年纪轻的群体进行家庭文化发展,并有意识地引导更多男性加入到文化和生态之家的建设中来。

3. 各区家庭文化发展指导工作分析

全市 16 个区针对"组织与队伍建设、舆论与活动指导、科研与保障机制、落实与推进成效"等 4 个一级指标、10 个二级指标共计 26 项测评内容进行了自评(表 3.10)。

统计显示:全市家庭文化建设指导工作平均得分为 96 分,达到"优秀"水平,且 15 个区达到"优秀"水平(图 3.9),仅黄浦区自评分数相对较低,为 84.5 分。从黄浦区的自评得分表来看,其在队伍培养、志愿服务、课题研究、经费保障等方面的分数均相对较低。

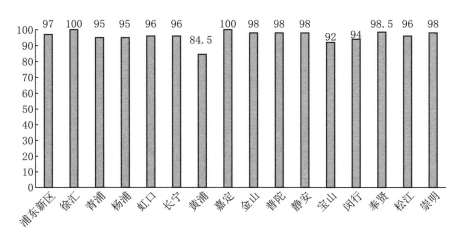

图 3.9 上海市 16 个区家庭文化建设工作自评分数

表 3.10　上海市家庭文化建设"十三五"指导工作中期自测

一级指标	二级指标	测评内容	满分	得分	合格率（%）	合计满分	合计得分	合计合格率（%）	总合格率（%）
1. 组织与队伍建设	1. 组织建设	协调小组	48	47	97.92%	240	230.5	96.04%	95.40%
		方案计划	32	32	100.00%				
		规划日程	64	62	96.88%				
		服务中心	96	89.5	93.23%				
	2. 队伍培养	指导队伍	48	46	95.83%	192	179.5	93.49%	
		业务培训	64	60	93.75%				
		社工力量	80	73.5	91.88%				
	3. 志愿服务	志愿队伍	80	77.5	96.88%	144	139.5	96.88%	
		志愿项目	64	62	96.88%				
2. 舆论与活动指导	4. 宣传活动	媒体宣传	48	47	97.92%	176	173.5	98.58%	99.18%
		礼仪美德	48	48	100.00%				
		节庆活动	80	78.5	98.13%				
	5. 家教指导	家长学校	64	64	100.00%	128	128	100.00%	
		社区学校	64	64	100.00%				

续表

一级指标	二级指标	测评内容	满分	得分	合格率(%)	合计满分	合计得分	合计合格率(%)	总合格率(%)
3. 科研与保障机制	6. 理论研究	课题研究	48	43.5	90.63%	160	147.5	92.19%	93.88%
		意见提案	48	46	95.83%				
		成果运用	64	58	90.63%				
	7. 激励机制	表彰制度	64	64	100.00%	112	109	97.32%	
		激励制度	48	45	93.75%				
	8. 经费保障	预决算制	64	62	96.88%	128	119	98.05%	
		社会资本	64	57	89.06%				
4. 落实与推进成效	9. 文明家庭创建比例	文明家庭合格率	64	63	98.44%	128	125.5	98.05%	96.72%
		文明家庭比例	64	62.5	97.66%				
		学习型家庭创建	64	63.5	99.22%				
	10. 推进成效	垃圾分类	64	58.5	91.41%	192	184	95.83%	
		品牌特色	64	62	96.88%				

说明:(1) 共26个指标,总分为100分。各个区的总分由各项累积获得。
(2) 测评结论:≥90,优秀;70—89分,良好;60—69分,合格;≤59分,不合格。

表3.11 上海市各区家庭文化建设"十三五"中期指导工作评估指标自评得分汇总表

一级指标	二级指标	测评内容	浦东新区	徐汇	青浦	杨浦	虹口	长宁	黄浦	嘉定	金山	普陀	静安	宝山	闵行	奉贤	松江	崇明	平均值
1.组织与队伍建设	1.组织建设	协调小组	3	3	3	3	3	3	3	3	3	3	3	3	2	3	3	3	2.94
		方案计划	2	2	2	2	2	2	2	2	2	2	2	2	2	2	2	2	2.00
		规划日程	4	4	4	4	4	4	2	4	4	4	4	4	4	4	4	4	3.88
		服务中心	5	6	6	5	5	6	6	6	6	6	5	5	5	5.5	6	6	5.59
	2.队伍培养	指导队伍	3	3	3	3	3	3	2	3	3	3	3	3	3	3	2	3	2.88
		业务培训	4	4	3	3	4	4	3	4	4	4	4	4	4	4	3	4	3.75
		社工力量	5	5	5	5	3	3	4	5	5	5	5	4	5	4.5	5	5	4.59
	3.志愿服务	志愿队伍	5	5	5	4	5	5	3.5	5	5	5	5	5	5	5	5	5	4.84
		志愿项目	4	4	4	4	4	4	2	4	4	4	4	4	4	4	4	4	3.88
2.舆论与活动指导	4.宣传活动	媒体宣传	3	3	2	3	3	3	3	3	3	3	3	3	3	3	3	3	2.94
		礼仪美德	3	3	3	3	3	3	3	3	3	3	3	3	3	3	3	3	3.00
		节庆活动	5	5	5	5	5	5	4.5	5	5	5	5	4	5	5	5	5	4.91
	5.家教指导	家长学校	4	4	4	4	4	4	4	4	4	4	4	4	4	4	4	4	4.00
		社区学校	4	4	4	4	4	4	4	4	4	4	4	4	4	4	4	4	4.00

续表

一级指标	二级指标	测评内容	浦东新区	徐汇	青浦	杨浦	虹口	长宁	黄浦	嘉定	金山	普陀	静安	宝山	闵行	奉贤	松江	崇明	平均值
3. 科研与保障机制	6. 理论研究	课题研究	3	3	2	2	3	3	1.5	3	3	3	2	3	3	3	3	3	2.72
		意见提案	3	3	3	2	3	3	3	3	3	3	3	3	2	3	3	3	2.88
		成果运用	3	4	3	4	4	4	4	4	4	2	3	3	4	4	4	4	3.63
	7. 激励机制	表彰制度	4	4	4	4	4	4	4	4	4	4	4	4	4	4	4	4	4.00
		激励制度	3	3	2	3	3	3	2	3	3	3	3	3	3	3	2	3	2.81
	8. 经费保障	预决算制	4	4	4	4	4	4	3	4	4	4	4	3	4	4	4	4	3.88
		社会资本	3	4	4	4	4	4	2	4	3	4	4	3	4	4	3	3	3.56
4. 落实与推进成效	9. 文明家庭创建比例	文明家庭合格率	4	4	4	4	4	4	4	4	4	4	4	4	3	4	4	4	3.94
		文明家庭比例	4	4	4	4	4	4	4	4	4	4	4	3.5	3	4	4	4	3.91
	10. 推进成效	学习型家庭创建	4	4	4	4	4	4	4	4	4	4	4	3.5	4	4	4	4	3.97
		垃圾分类	4	4	4	4	4	2	3	4	4	4	4	3	3	3.5	4	4	3.66
		品牌特色	4	4	4	4	4	4	4	4	3	4	4	4	4	4	4	3	3.88
总分			97	100	95	95	96	96	84.5	100	98	98	98	92	94	98.5	96	98	96.00

(1) 组织建设完善,志愿服务丰富,队伍培养尤其是社工力量需要增强。16 个区指导工作自评结果显示,全市"组织与队伍建设"工作合格率达 95.40%。其中,"组织建设"工作合格率 96.04%,"队伍培养"工作合格率为 93.49%,"志愿服务"工作合格率为 96.88%。

从单个指标来看:组织建设方面,各区家庭文明建设协调小组作用突出,有效整合各成员单位资源、发挥成员单位合力(合格率为 97.92%),制定家庭文化建设工作的实施方案与年度推进计划(合格率为 100%),并将家庭文化建设工作列入本地区、本系统、本单位工作的总体规划和议事日程(合格率为 96.88%),社区家庭文明建设指导中心每年承接有关妇女、儿童和家庭方面的社会公共服务项目(合格率为 93.23%)。队伍培养方面,各区均有一支素质高、能力强、业务精的专兼职指导队伍(合格率为 95.83%),区、街镇两级均有针对家庭文明建设指导者和研究骨干的业务培训(合格率为 93.75%)。但在培育和发展具有服务家庭潜力的社会组织、吸引社会公益组织参与各街镇"家中心"的项目化实施方面则略显不足,合格率为 91.88%。在志愿服务方面,家庭志愿者队伍建设的合格率为 96.88%,吸纳家庭志愿者机制不断完善,各类家庭志愿活动较为丰富。家庭志愿者服务项目、家庭志愿者活动示范团队和品牌项目的合格率达也较高,达到 96.88%。

(2) 宣传活动多样,家庭教育指导成效显著。自评结果显示,全市"舆论与活动指导"工作合格率达到 99.18%,比"十二五"中期的 98.71% 高出 0.47 个百分点。其中,"宣传活动"工作合格率为 98.58%,"家教指导"工作合格率为 100%,这说明该项工作扎实推进,成效显著。

从单个指标来看,"宣传活动"方面,家庭文化建设的理念和方法通过传统媒体、新兴媒体等多种宣传手段得以传播,并将"三个注重"要求融入全过程,其合格率为 97.92%。这使得家庭成员的礼仪知识知晓率、家庭美德知晓率达 80% 以上。并以重大节庆和重要活动为契机开展家庭文化宣传及教育活动,效果明显,合格率达 98.13%。"家庭指导"方面,全市新婚夫妇、孕妇、0—18 周岁儿童的家长或监护人接受家庭教育指导的合格率,以及家庭育儿指导、家庭教育讲坛、科学教育社区行的合格率,相较于"十二五"中期的合格率均有一定提升。

(3) 激励机制健全,经费保障充分,课题研究与吸引社会资本方面需要加强。自评结果表明,全市区级层面家庭文化建设"科研与保障机制"工作的合格率为 93.88%,比"十二五"中期的 90% 提高了 3.88%。其中,"理论研究"工作合格率为 92.19%,"激励机制"工作合格率为 97.32%,"经费保障"工作合格率为 98.05%。这与"十二五"中期三项的合格率86.03%、95.15% 和 90.81% 相比,均有较大幅度提升。

从单个指标来看,在"理论研究"方面,各区向市、区"两会"提交与家庭文化建设有关的书面意见和提议案的合格率达 95.83%,但每年针对家庭、妇女、儿童的现实问题开展的课题研究、成果运用的合格率均为90.63%。这说明相关课题研究工作有待进一步增强。在"激励机制"方面,对创建全国和上海市五好文明家庭等的表彰制度健全,合格率达100%,但激励制度有待提升,其合格率为 93.75%。在"经费保障"方面,全市家庭文化建设有专门的预决算制度,合格率为 96.88%,但吸引社会资本投入不足,其合格率仅为 89.06%,需要进一步加强。

(4) 文明家庭比例持续提升,学习型家庭创建成效显著,垃圾分类工作要进一步推进。自评结果显示,全市家庭文化建设工作的"落实与推进成效"显著,合格率达到 96.72%,比"十二五"中期的 96.76% 持平。其中,"文明家庭创建比例"工作合格率为 98.05%,"推进成效"工作合格率为95.83%。这也在"十二五"的基础上有 0.3% 的进一步提升。

从单个指标来看,"文明家庭合格率"工作达到 98.44%,"文明家庭比例"工作合格率为 97.66%,参与"学习型家庭创建"工作合格率达 99.22%,"垃圾分类"工作合格率为 91.41%,各区结合自身优势形成"品牌特色"工作的合格率为 96.88%。可见,应进一步增强人们对垃圾分类知识的知晓率和活动参与率。

(二) 家庭文化发展的具体做法

近年来，全市家庭文明建设协调小组成员单位及各区积极推进家庭文化建设工作，在体制机制、项目运作、人才队伍、舆论宣传、理论研究等方面不断探索，不懈努力，取得了显著成效，扎实稳步推进上海家庭文化建设持续深化，促进上海家庭文明程度不断提高，更好地服务于上海经济社会发展建设。

1. 上下联动，完善家庭文化发展工作机制

承上启下，确立家庭文化建设发展框架。在全面完成上海市家庭文明建设"十二五"目标任务的前提下，及时总结过去五年的工作成果和实践经验。联合专家力量，在充分征求上海市家庭文明建设协调小组成员单位意见的基础上，制定、下发《上海市家庭文明建设"十三五"计划》，通过倡导建健康、学习、文化、安全、生态之家（简称"五建五家"），构建专业化、社会化、立体化家庭文化建设体系，为进一步提高城市文明程度提供工作依据和践行策略。同时，全面梳理，建立家庭文化发展工作新框架。主动参与、推动完善市文明系列创建的工作网络和联动机制。按照党中央《关于积极培育和践行社会主义核心价值观的意见》和"尊老爱幼、男女平等、邻里团结、夫妻和睦、勤俭持家"的家庭美德要求，联手市文明办共同编制《关于深化上海市家庭文明建设的意见》，倡导以良好的家风带动社会风气的好转，以家庭文化发展促进全社会文明程度提高，不断深化本市家庭文化发展工作内涵。制定出台《上海市文明家庭测评体系及其操作办法》，为推进家庭文化发展工作深入开展奠定基础。召开家庭文明发展协调领导小组会议，整合各成员单位政策、资源优势，推动家庭文化发展工作领域不断拓展、制度不断健全、影响不断扩大。

响应需求，推动家庭文化发展管理方式转型发展。为了扩大妇联在

社区、家庭工作领域的影响,制定了《关于进一步加强社区家庭文明建设指导服务中心管理的指导意见》,明确街镇"家中心"在家庭文化建设、家庭教育指导、婚姻家庭纠纷调解、心理疏导、法律服务、特殊困境妇女儿童帮扶等方面的重要职能,同时设计"家中心"基本情况表,对全市200多个"家中心"的现状进行了渐进式的信息调查统计,为推动实现市妇儿中心、区妇儿中心、街镇"家中心"、社区妇女之家四级网络资源的有效共享和科学配置奠定基础。开发市妇联家庭儿童工作平台,梳理出家庭教育、家庭文化、家庭服务、儿童工作(儿基会)、"家中心"建设和部门信息发布六个板块,为家儿部高效、便捷服务和管理奠定了基础,在五好文明家庭、最美家庭、学习型家庭等申报,在上海市家庭教育讲坛街镇行、校园行、科学育儿社区行等工作的高效、规范管理中发挥了积极作用。2018年,进一步联合市文明办、市民政局制定下发《上海市社区家庭文明建设指导服务中心管理指导意见》,明确"家中心"的功能定位,对"家中心"的软硬件要求、服务范围、特色项目等做出原则性规定。鼓励各街镇"家中心"因地制宜,形成地域特色、品牌项目和长效机制,以展示、评比等方式扩大"家中心"影响力,以夯实阵地,推动家庭文化发展工作长效开展。

立体宣传,营造上海家庭文化发展良好氛围。近年来,全市定期举办上海市家庭文化节、上海邻里节、家庭教育宣传周,传播各类文明家庭的道德精神和感人事迹。利用"5·15"国际家庭日、市民文化节、世界儿童日等重大节庆,发挥家庭社工、家庭志愿者等作用,与媒体合作,对家庭文化发展的特色工作、各类先进人物等做不同时期的重点专题报道。发挥"上海女性"官方微博、微信公众号等新媒体影响力,宣传文明家庭创建的特色与亮点。以评促建,引领家庭践行社会主义核心价值观。立足城乡社区"妇女之家"和各种网上"妇女之家"阵地,组织动员家庭开展好"晒、议、讲、展、秀"5个环节活动,寻找市区二级"海上最美家庭",弘扬社会正能量。继续在各大媒体中开展家风家训讨论,宣传最美家庭的动人故事,使各级各类"最美家庭"成为全国、上海"文明家庭"评选的蓄水池。

2. 项目化运作，提升家庭文化发展工作质量

资源下沉，提升家庭教育服务的针对性、受益面和影响力。启动"树立科学家教　涵育时代家风"——上海市家庭教育指导服务项目。制定了《上海市家庭教育指导服务项目管理办法》和《上海市家庭教育指导服务项目绩效评估方案》，明确绩效指标、预算规定、财务凭证和台账整理等要求。举办"三行"启动仪式，成立新一轮市家庭教育专家库，推出了新一批课件，要求各区在实行上海市家庭教育讲坛街镇行、校园行、科学育儿社区行工作中，做到面上铺开，点上做实，工作起实效。整合资源，推进0—3 岁科学育儿指导精准化服务试点。牵头召开由市教委、市卫计委相关职能科室负责人、试点区妇联等 160 余人参加的上海市 0—3 岁科学育儿指导精准化服务试点推进会，交流工作经验，下发《关于加强 0—3 岁散居儿童科学育儿指导精准化服务的通知》，明确主要目标、责任分工、管理机制、制度建设、指导形式，下拨了 2017—2018 年度数据采集工作经费。据不完全统计，浦东新区、长宁、普陀、虹口等 8 个试点区共采集核对信息187 776 条，审核通过 147 833 条。开发、利用"家庭教育课程资源库"，开展覆盖学前、小学、中学家长以及特殊儿童家庭、祖辈课堂在内的在线家庭教育专题微视频。以亲子征文、讲故事等形式，培育和践行社会主义核心价值观，强化家长家庭教育的主体责任，培养儿童良好品质和健康人格。

立足家庭服务，优化美好生活的社会共建环境。充分发挥上海市家庭服务业行业协会的作用，围绕"提质增信，打造一个更有温度的行业"目标，进一步推进本市家庭服务行业健康发展，为家庭享受美好生活提供保障。规范管理，开展行业标准化体系建设。根据行业细分化、专业化、职业化和信息化发展的趋势，进一步健全和完善行业的标准化体系建设。全面贯彻和推进上海家政服务 3 项地方标准、8 项行业规范和 68 项企业管理、服务操作要求的实施。探索推进上海家庭服务业服务职业评价体

系,研究制订服务类别与职业等级评定评价体系,建立规范的职业晋升通道,促进从业人员的职业认同感。诚信服务,建立行业诚信评价体系。建立上海家协企业诚信创建评价指标体系,通过企业自主申报,协会委托第三方征信机构进行评估,建立上海家庭服务业企业诚信档案,引导企业倡导诚信为本,规范经营。围绕"提质增信"目标,提振市场和社会对本市家庭服务行业的整体认可度,推进和规范行业的健康发展,为本市人民的美好生活贡献力量。便民服务,完善优化家庭服务的社会环境。开展"美好生活 从家开始"的系列活动,为优化美好生活的社会共建环境努力实践。不断完善示范性家政服务站和家政员信息库,实现动态管理,为市场提供动态信息。结合上海家政公共服务网、上海家协官网和上海家政微信公众号及 APP 的开发,进一步完善和增强平台服务功能,为市民家庭生活提供更好服务。参与社区托幼机构管理服务规范的制定,调查研究全市家庭对托幼的需求状况,加强对女性从业人员的职业道德宣传和维权服务。

凸显品位,精心打造上海家庭文化品牌。深入贯彻落实习近平总书记关于"推动形成爱国爱家、相亲相爱、向上向善、共建共享的社会主义家庭文明新风尚"的重要讲话精神,充分发挥家庭文化在打响上海文化品牌中的基础性作用,以举办改革开放 40 周年上海家庭文化展、编印《春风化雨润申城:上海家庭文化发展 40 年》、举办长三角家庭文化建设理论与实践研讨会、下发《关于深化上海市家庭文明建设的意见》等,进一步推动家庭文化繁荣发展,宣传动员全市 825 万户家庭以好的家风支撑起好的社会风气。各区也积极开展形式多样的家庭文化活动,提升家庭和群众的文明素养。崇明开展"生态幸福崇明,美丽巾帼先行"家庭文化节系列活动,举办家庭教育宣传周活动,广泛开展家庭教育指导服务和家庭教育实践活动,推进廉政文化进家庭活动,筑牢防腐拒变的家庭阵线,打造廉洁文明的家庭新风。普陀区的"苏州河文化艺术节"、"苏州河家庭龙舟赛"、"长风杯新上海人歌唱大赛"等活动,成为面向普陀、辐射全市的优秀家庭文化活动项目。每两年一次家庭文化节和每年的家庭教育宣传周主题突出，形式多样，有效提升家庭成员文化素养。杨浦区以"爱·风尚"为主题打造家庭文化品牌，通过广泛开展寻找"最美家庭"、"文明家庭"活动，全面开展"扣好人生第一粒扣子"主题教育实践活动，积极开展各类"家"主题活动，大力弘扬家风文化，打造杨浦区家庭文化发展工作靓丽名片。

3. 统筹协调，推动家训家风文化传承与建设

市区政府高度重视，部门联动，市民支持。多年来，上海基层开展"好家训、好家风"培育试点工作取得了一定成效。根据党的十八大精神要求，围绕培育和践行社会主义核心价值观，从 2014 年起，由中共上海市委宣传部、市文明办、市妇联等牵头，在全市广泛开展"征集好家训、评议好家风、寻找好家庭"主题宣传活动，浦东新区、黄浦区、奉贤区等各区积极参与。各区根据部署，在区域范围进行了广泛深入的思想动员和具体部署。各区文明办、妇联彼此配合以外，还充分发挥区史志办、党史办、档案馆、博物馆、纪念馆、名人故居、社区单位的作用。在基层组织座谈会时，多数区都邀请上述单位参加并介绍情况。比如奉贤区注意发挥文化社团的作用；松江区和上海工程技术大学联动，在大学生中开展家训家风宣传和实践活动；长宁区新华社区和民革搞联建活动，等等。根据对上海 11 个区的问卷调查，市民对此项工作的知晓率达到 79%，参与度达到 43%。认为此项工作"很接地气，群众很欢迎，参与踊跃"的，达 42%，认为"内容形式都不错，群众乐意参加"的，达 25%，总体表示认可的达 67%。可见市民对家训家风活动的知晓率和满意度都比较高，对此工作的支持和赞同。

整合各类媒体资源，宣传深入，影响广泛。市文明办充分发挥各类媒体传播主流价值的主渠道作用，整合传统媒体和新媒体的优势资源，使家训家风活动不断深入人心。《新民晚报》以集中密集、专题大版面的方式进行了报道和宣传，收到了良好效果。各区还运用社区宣传栏、电子屏幕、黑板报及楼组活动，结合公益广告、宣传海报等方式进行有效宣传。

根据调查统计,居民了解"好家训、好家风"活动开展的信息渠道列在前四位的分别是报纸(49.38%),电视(46.58%),居委会活动组织(39.64%),社区宣传栏、电子屏或海报(38.07%)。比如,长宁区区委书记卞百平对家训家风活动要求是"铺天盖地,家喻户晓",区妇联主办的《成长的家园》报纸每月一期,发行量达29万份,大量登载家训家风建设活动的消息和感人事迹,至今已出版发行了多期,真正做到深入千家万户。同时,为了增加活动的互动性,吸引广大市民参与,市文明办、市妇联等部门积极运用网络等新媒体平台,以网络阵地宣传先进文化。通过投稿征集、网络评议、电视访谈、最美家庭评选、网民最喜爱的家训评议等活动,开设了手机、网络、报纸、电视四类媒体实时宣传互动,鼓励市民以文字、照片或视频等方式,组织故事征集、评议和讨论。

活动形式丰富多彩,贴近群众,成效明显。各区在开展活动的过程中,精心设计载体,运用老百姓喜闻乐见的形式,寓教于乐,润物无声,接地气,顺民意,入人心。挖掘历史名人的家训文化资源。各区对本地历史名人资源充分重视,通过寻找挖掘名人的家训,了解名人家风对子女的积极影响,并以此为典型,广泛传播。一些名人后裔还参加了座谈研讨,如徐汇区的徐光启第13代徐承熙,介绍了徐光启的家训;黄浦区的丰子恺的外孙宋雪君介绍了丰子恺的家训;嘉定区钱名海,是江南望族钱氏后裔,专门介绍了著名的"钱氏家训"。通过家族活动践行家训。部分区借助区域内的丰富资源,对家族通过修家谱、续家谱践行家训的活动予以宣传推广。比如浦东新区重视和支持民间家谱的修撰工作,指导上海浦东傅氏文化研修中心修撰印制了《六灶傅氏家谱》;吴才珺主修了《南汇吴氏家谱文祥公支谱》等,这些家谱的修撰传播,对家族人员秉承祖训,约束自己行为、向善向上,践行公德起到了重要作用。

4. 整合资源,优化配置家庭文化发展人才队伍

加强家庭文化发展指导队伍建设。按照《上海市家庭文明建设"十三

五"指导计划》的总体要求，不断完善家庭文化建设指导者队伍，开展市、区、街镇（基层单位）三级业务培训，使得家庭文化建设指导者与研究骨干每年参加业务培训的时间不低于 25 课时，参加业务培训率大于 85％以上，以建设一支素质高、能力强、业务精的家庭文化建设管理者和指导者队伍。抓好上海市各级家庭文化专家讲师团队伍建设，既包括市级也包括区讲师团，拓展讲师团的人员和讲课领域，规范讲师团的管理。一方面更紧密地团结广大专家、学者，继续补充吸收中青年骨干，另一方面调整增加讲课内容，使讲师团真正贴合民生问题、贴近家庭需求，在指导家庭树立科学理念，形成健康生活方式上发挥更大作用。松江区家庭文化建设讲师团现有成员 112 名，每年推出讲课授课菜单，内容涉及"文明礼仪、低碳环保、法律法规、健康生活、亲子沟通、心理健康"等 50 多个讲座课题，通过深入学校、社区、农村开展巡回讲座，为家庭提供多层次的家庭文化建设指导服务。宝山区妇联、区教育局均成立了区家庭教育讲师团，每年年初更新讲课菜单，由各家中心"按需点餐"，每年深入街镇、学校、社区开展近百场讲座，内容也扩展到文明礼仪、法律法规、健康生活、亲子沟通、心理健康等多个方面。通过巡回讲座，累计为全区 11 万余户家庭提供多层次的家庭文化建设指导服务。

推进家庭志愿者队伍建设。通过整合、梳理、归并，建立起一支数量充足、素质优秀、相对稳定的"家庭志愿者"队伍，形成包括礼仪指导、团队培训、儿童保健、心理咨询、便民服务等特色家庭志愿者服务体系，使志愿精神得到大力弘扬和传承，引领上海家庭实践城市精神，在形成良好社会风尚方面发挥重要作用。如静安区加强家庭志愿者队伍建设，主要通过深化"携手前行　共话爱与心"——助老志愿服务项目，培养一批核心和专业的志愿者队伍，建立"快乐志愿吧"服务长效机制。奉贤区则通过如下三方面加强家庭志愿者队伍建设：一是发挥家中心阵地作用，组建符合社区家庭需求的志愿者队伍，开展个性化家庭志愿服务。如留守儿童关怀、失独家庭照慰、特殊家庭帮扶、单亲家庭帮困等。二是依托各成员单位力量,组建特色家庭志愿服务队伍,如区计生委 200 多名计生专职协管员、区教育局 1 800 多名社区教育志愿者、区体育局体育培训指导员 150人、区环保局环保志愿者 170 多名等,为广大家庭提供更为专业化的志愿服务。三是吸纳社团组织力量,如夕阳红讲师团、老园丁讲师团、老年骑游队、童心艺术团等,为促进家庭文化建设当好宣传员,营造良好的舆论氛围。四是动员各级各类文明家庭加入家庭志愿者行列,为美化社区环境、丰富社区文化、促进社区文明和谐发挥积极作用。

重视发挥社工队伍的积极作用。注重引入社工力量,发挥社工在服务家庭文化建设方面的积极作用。努力建立家中心社工专业人才队伍,以保障家庭服务项目化运作长效机制。各区在社工队伍建设上也做出了多种有益的探索。普陀团区委建立了一支能满足青少年发展需求的社工队伍,配合医疗、康复、特殊教育等专业工作者,为未成年人发展提供综合性服务,结合"点亮心愿"等公益项目,开展对家庭困难儿童的社会救助,通过"含羞草工作室",关注青春期男女的生理心理健康。奉贤区吸纳专业社工队伍(青少年、社区矫正、禁毒三类社工)加入家庭文化建设指导员队伍,帮助特殊家庭修复亲子关系,提升家庭文明。青浦区注重发挥妇联社工的作用,在挂牌成立的 11 个社区家庭文明建设指导服务中心,均采用以妇联主管,妇联社工和社会组织提供服务运作的模式。徐汇区在每个"家中心"配备 2 名社工,配套专项资金,以更好推进家庭文化建设工作。

5. 加强宣传,扩大家庭文化发展的社会影响力

宣传表彰,推动形成全市家庭文化发展新风尚。以 2016 年为例,当年全市 6 735 个妇女之家发起创建、118 897 户家庭积极响应,近 30 万名群众投身参与寻找"最美家庭"活动,共举办故事会 5 034 场,评选出各级最美家庭 17 668 户。经基层推荐、公示、"上海女性"官微投票等环节,分别评选出吴敏霞家庭等 10 户家庭、丁才珠家庭等 479 户家庭、任冷家庭

等 100 户家庭为 2014—2015 年度市五好文明家庭标兵户、示范户和学习型家庭示范户；分别评选出浦东新区、普陀区等各 8 家单位为市家庭文明建设先进、优秀协调组织；推选庄国芳家庭等 137 户家庭为 2016 年度"海上最美家庭"。在此基础上，各推荐 30 户家庭为 2016 年全国"最美家庭"、全国"五好文明家庭"候选家庭，3 户家庭为全国"五好文明家庭标兵户"候选家庭。"5·15"国际家庭日，易解放等 4 户家庭代表在北京人民大会堂接受表彰。期间，市级机关"海上清风传万家"家庭建设主题活动、上海市教育电视台"海上名人谈家风"论坛等亮点纷呈，第八届上海邻里节、第十四届家庭文化节，第十八届家庭教育宣传周集中展现，召开了上海市五好文明家庭、海上最美家庭揭晓表彰大会，上海发布、澎湃新闻、上海女性官微、《新民晚报》等重点报道，仅上海发布官微的阅读量就达到 20 万以上，先进家庭的事迹为全市家庭树立了榜样。

选树典型，倡导社会主义核心价值观。继续立足城乡社区"妇女之家"和各种网上妇女之家阵地，组织动员家庭晒幸福生活图文、议良好家风家教、讲家庭和谐故事、展家庭文明风采、秀家庭未来梦想、树家庭先进典型，激发家庭内部活力。寻找市区二级"海上最美家庭"。继续在各大媒体中开展家风家训讨论，宣传最美家庭的动人故事。开展"社会主义核心价值观进家庭"优秀案例征集活动和家书抵万金——现代家书家信征集活动，编写"最美家庭"丛书和社会主义核心价值观案例集《向上向善的力量》，推动形成爱国爱家、相亲相爱、向上向善、共建共享的社会主义家庭文明新风尚。强化宣传，营造和谐向上的社会氛围。2017 年，经基层推荐、公示、"上海女性"官微自荐等环节，35 户家庭入选 2017 全国最美家庭，杨杰等家庭到北京人民大会堂领奖，151 户家庭入选 2017 年度"海上最美家庭"，引领更多群众走出"小"家、融入"大"家。结合三八妇女节，组织最美家庭公益集市、秀秀我家传家宝、登高参观等活动，"5·15"国际家庭日，利用地铁人民广场站人流量大的优势，设计 30 块灯箱展板，展示第一届全国文明家庭及上海市五好文明家庭标兵户的先进事迹。第九届上海邻里节、第十九届家庭教育宣传周集中宣传表彰,相关媒体重点报道,仅上海发布在活动当天官微的阅读量就达到 10 万以上。

以评促建,开展先进家庭评选。制定下发《关于推荐 2018 年度全国"最美家庭"和第十一届全国五好家庭的通知》,立足全市 216 个街镇"家中心"和 6 000 余个居村"妇女之家",广泛开展寻找"最美家庭"活动。依托报刊、电视、广播、互联网媒体等多种形式,报道身边典型、征集家风家训、晒出感人故事,将寻找"最美家庭"与宣传上海市文明家庭等工作相融共进,弘扬家庭美德,扩大示范效应。经过层层发动、好中选优、组织评审和社会公示,产生推荐全国妇联 40 户全国"最美家庭"和 40 户全国"五好家庭"候选家庭。"5·15"国际家庭日,通过人民网现场直播揭晓 2018 年度全国"最美家庭",在人民大会堂表彰第十一届全国五好家庭。其中,万财龙、田桢干等 2 户获奖家庭代表赴京接受表彰。评选典型,加强社会舆论引领。制定上海市文明家庭测评体系(试行),联合市文明办下发《关于开展 2016—2017 年度上海市文明家庭和家庭文明建设先进协调组织评选表彰工作的通知》(沪文明办〔2018〕5 号),评选产生上海市文明家庭 200 户,获奖家庭代表在上海市精神文明委大会上受到表彰。《新闻晨报》、周到、《东方教育时报》、文汇 APP、伴公汀微信公众号等多家媒体,对上海市首届文明家庭进行了宣传与报道。

聚焦重点,以活动引领社会关注。举行"好书童享 用爱润德"——上海市家庭亲子阅读活动启动仪式,启动了全年亲子阅读活动。开展创意亲子阅读微视频征集活动,各区共推荐作品近 50 个,经专家评审和网上投票,共产生 21 个入围作品,10 个人气作品和 10 个优秀作品。召开上海市家庭教育研究会年会暨家庭教育优秀指导师表彰会,以理论研讨方式启发实践思考。与市中小学幼儿教师奖励基金会、上海教育报刊总社共同表彰评选出第五届"师爱在家庭中闪光"家庭教育优秀指导者 92 名,激励广大教育工作者进一步做好家庭教育指导工作。并且,在《新闻晨报》上围绕家庭教育项目进行三期专版宣传,介绍项目的特色、做法和进展,通过案例形式进一步普及家庭教育的理念。

6. 理论引领,促进家庭文化发展的科学性

出版家庭文化建设理论研究成果。配合国务院参事室完成《中国家庭教育蓝皮书》相关稿件的,完成《上海市学习型社会建设白皮书》家庭教育部分相关内容撰稿。编辑出版了《望子成人——家庭教育十人谈》等书,提炼与分享专家观点。与市文明办等共同开展市民修身行动,共同出台《关于推进"市民修身行动教育培训工作的实施办法"(试行)》。与专业机构合作制定《关于深化上海市家庭文明建设的意见》及《上海市文明家庭测评体系及其操作办法》征求意见稿。完成 2016 年《上海市学习型社会建设白皮书》学习型家庭部分的综述撰写和稿件组稿,由上海人民出版社出版发行。编写第十一届"为了孩子"国际论坛论文集和第四届家庭教育高峰讲坛成果集,让家庭教育研究成果惠及更多工作者和家长。

发布家庭文化发展研究课题。开展家庭教育立法调研,为人大立法提供依据和参考。面向社会招投标,确立"家庭教育指导服务中资源整合策略的研究"等 10 项课题为 2016 年上海市家庭文化建设重点立项课题。开展 2017—2018 年度上海市家庭文化建设重点立项课题招投标,确立《流动儿童的家庭教育指导策略》等 10 项课题为重点立项课题。发挥女性社会组织发展中心作用,向社会力量公开 2017 年度家庭教育指导服务进社区、进校园、进机关、进企业、进园区及其他特色项目(网上家长课堂、微直播、提供微视频、音频服务、亲子阅读、安全教育等)招投标要求,组织复旦大学、社科院、民政局、社工协会等领域专家评审,共立项 33 个项目,涉及金额 400 余万元,受益人数近 20 万人次。2018 年,对《构建"二孩"家庭的家庭教育与社会支持体系研究》等立项课题加强过程管理,为实践提供启发和借鉴。同时,继续以"树立科学家教,涵育时代家风"为主题,有序开展家庭教育"五进"活动(进社区、进学校、进机关、进企业、进楼宇)。根据基层实际,支持、鼓励有地域特色、符合当地家庭需求的特色项目申

报。加强招标、实施过程的项目督导与管理,提升项目承接方的运作水平和专业能力。

参与家庭文化会议与交流。2016 年以来,举办 2 期上海市家庭教育指导者培训班,特邀美国家庭关系委员会(NCFR)的五位专家、上海社科院和复旦大学的专家授课,分析上海目前家庭教育的现状、问题和挑战,演绎家庭教育的基本原理、实用技能和先进方法。联合市教委早教中心等举行 0—3 岁家庭科学育儿指导信息化工作会议和实操培训,并在 8 个区全面铺开 0—3 岁婴幼儿家庭信息的登记核对工作,将涉及 20 多万户的家庭,为有效提升家教指导服务项目的精准化、有效性和全覆盖奠定了基础。召开上海市家庭教育研究会年会暨 2016 年"家庭教育需求研究与实践创新"研讨会,就"通过亲子阅读促进学习型家庭的创建研究"、"引入专业社会组织开展儿童和家庭服务项目的实践与思考"等 4 个重点立项课题进行交流。举行上海市"树立科学家教·弘扬时代家风"家庭教育"五进"活动启动仪式暨 2017 年"少年中国梦"励志讲堂首讲。举办第五届"上海市家庭教育高峰讲坛",邀请全国知名专家开展大型讲座,通过微信公众号共享专家精彩观点,为更多家长提供权威的家庭教育指导。2018 年,开展"蓝天挚爱·为爱悦读"亲子阅读实践与展示活动,通过快闪、比赛、讲座、公益等形式,鼓励家长与孩子共读好书,培养终身阅读的良好习惯。

(三)家庭文化发展的主要问题

近年来,上海家庭文化发展虽然取得了较好的成绩,但也面临一定的问题:

1. 家庭文化发展的组织体系需要实现有效整合

如前所述,家庭文化发展的内容较为广泛,包括众多方面,如家庭组建、家庭成员关系、家庭教育、家庭经济管理、家庭民主平等、家庭法律法规、老人赡养、邻里关系、家庭发展等。因此，在家庭文化发展中，实质上涉及的政府组织除妇联外，还包括教育、民政、人口、卫生、体育、工会、共青团、文广、宣传等相关部门。虽然这些部门在推进家庭文化发展的总体方向上是一致的，但他们从属于不同的条线部门，具有各自的职能与要求，因而均会从各自部门的角度对家庭文化发展提出不同的标准和要求。上海在市、区两级层面成立了家庭文明建设协调小组，协调处理家庭文化发展中遇到的、事关多个工作部门的复杂问题。但各部门在推进家庭文化发展时"各行其是、各自为政"的情况在一定程度上仍然存在。这表明，家庭文化发展的组织体系需要进一步整合，以切实、有效的统筹、协调各成员单位的建设目标、组织资源和运作体系，使各部门之间的整体合力，更好提升上海家庭文化发展的绩效水平。

2. 不同区域、不同群体的家庭文化发展存在不均衡

由于各区、街镇、社区和各类家庭在经济发展、文化素养等方面的差异，使得全市的家庭文化发展在总体水平较高的同时，也存在发展的区域性、群体性不平衡。从问卷调查结果来看，市中心区的家庭文化发展参与程度与发展水平高于近郊区和远郊区，女性高于男性，老年群体高于青年群体，退休家庭高于在职家庭，户籍人口多于非户籍人口等。这既和各区的经济结构、人口结构、家庭结构有密切关系，也反映出随着经济社会的快速发展，不同群体的需求呈现出多样化、复杂化的趋势。而受到体制、机制及人财物等多种因素的制约，家庭文化发展项目不仅存在数量、类型上的不足，也存在结构与质量上的差异。这在客观上加剧了家庭文化发展在各区域、各群体之间的非均衡化发展。

3. 家庭文化发展有待进一步规范化和社会化

目前，全市各街镇已经全部建立了家庭文明建设指导中心，但受经

费、场地、人力物力等资源的限制,各"家中心"在组织架构、人员配备、经费支持等方面发展不平衡,缺乏统一的规范,社会化、项目化的运作模式以及社会影响力尚未完全形成,一定程度上限制了"家中心"功能的有效发挥。"家中心"工作者的能力参差不齐,主要以退休返聘人员、志愿者为主,需要一大批有专业知识和技能的社会工作者来进行有效运作。但因缺乏必要的政策、机制保证,使得这一队伍的流动性较大,专业性不足,不少服务还与妇女、儿童和家庭的需求有显著差距。前期问卷调查显示,在培育和发展具有服务家庭潜力的社会组织、吸引社会公益组织参与各街镇"家中心"的项目化实施方面,社会力量参与的合格率为 91.88%,吸引社会资本的合格率为 89.06%。这表明,"家中心"建设中社会力量的参与已经有了显著提升。如何提高社会力量参与的专业性、持续性则是进一步需要思考的问题。

4. 家庭文化发展应对新环境、新挑战的能力不足

当前,上海家庭文化发展工作不断面临更多新环境、新问题的挑战:互联网、移动通讯技术的飞速发展,显著改变了人际的学习、生活、交往方式等;大城市快速的生活节奏、繁重的工作压力,引发了人们更多的心理压力和心理负担;"独二代"成长、"全面二孩"实施、"隔代教养"普遍化、"起跑线焦虑"、"闪婚""闪离"等现象时有发生,使加强家庭工作的呼声越来越高;经济发展、文明进步带来了权利意识的增长,因家庭暴力、离婚析产、老人赡养和儿童抚育等引发的社会问题逐渐增多;社会转型中利益格局的深刻调整加剧了社会分化,导致困境儿童、困境家庭需要更多的关注;非户籍的常住人口家庭越来越多,其对家庭教务、家庭服务的均等化诉求日渐增长。这些现实问题都对上海家庭文化发展工作提出了新的要求。问卷调查显示,五建五家中"学习之家"的得分最低,健康之家次之,两者均低于家庭文化发展的平均水平,人们对家庭教务、家庭服务、家庭文化等也表现出新的期待。只有采取有针对性的措施加以应对,才能切

实推进家庭文化建设工作向纵深发展。

5. 家庭文化研究与政策转化能力有待增强

虽然与"十二五"同期相比，家庭文化建设的理论研究与政策影响力有了进一步的提升，但在当下，随着家庭类型的日益多样化、家庭需求的多元化，如何更有效地实现个性化、精准化服务，切实增强广大家庭和群众的获得感、幸福感，首要的就是加强家庭文化建设的理论研究。如当前关于家庭的整体性数据较为缺乏，绝大多数数据的基础单位是个人而非家庭。只有摸清各类家庭的基本情况，进而才能分析各类家庭需求，对各类家庭在经济社会发展中出现的新情况、新问题也缺乏较为深入的理论研究。家庭文化建设的研究力量较为分散，研究基地、研究成果尚未形成体系，致使相关研究的政策转化力和社会影响力有待加强。家庭文化建设的基层组织仍然是以日常工作、执行落实为主，在实践基础上进行理论研究和成果转化的内驱力和自觉性存在一定的不足。

(四) 推进家庭文化发展的对策建议

"十三五"时期是上海实现创新驱动发展、经济转型升级，建成"四个中心"和社会主义现代化国际大都市的关键时期，也是上海以改革开放排头兵和创新发展先行者的姿态，向具有全球影响力的科技创新中心进军，不断提高城市核心竞争力的重要时期。改革全面深化、经济快速发展、法治建设深入推进、社会治理体系日渐完善、智慧城市创建与发展，对家庭文化发展提出了更高的要求。应当以"三个注重"为导向、以"五建五家"为基础，广泛深入开展寻找"最美家庭"和五好文明家庭创建等活动，推进新时期上海家庭文化发展工作再上新台阶。

1. 总体目标

按照国家治理体系和治理能力现代化的总体要求，积极推进和落实群团组织改革,发展并完善家庭文化发展的相关组织体系和政策执行体系,实现工作方式从行政化向社会化的转变。以寻找"最美家庭"和五好文明家庭创建作为推进家庭文化建设、培育和践行社会主义核心价值观的重要抓手,营造家庭文化建设创新氛围,构建工作内容系统化、传播手段多样化、资源配置集聚化的家庭文化建设创新体系。积极参与以改善民生为重点的社会建设,提升家庭对公共事务的参与能力。到"十三五"末期,基本形成与上海发展相适应的、以"三个注重"为导向、以寻找"最美家庭"为载体、以"五建五家"为基础的专业化、社会化、立体化家庭文化建设体系。家庭文化建设组织体系实现强基层、全覆盖、有保障,资源共建共享机制实现群众化、社会化、网络化,人才队伍实现专兼结合,基础设施建设实现人性化、广应用、多受益,市民家庭文化建设程度继续保持全国领先水平。

2. 对策思路

(1)推进机制创新,构建更加有效的家庭文化建设组织体系。目前,上海在市、区层面已经建立了家庭文明建设协调小组,加强家庭文化建设相关组织的沟通协调,对促进上海家庭文化建设发挥了重要作用,但在街镇、社区中家庭文化建设的沟通协调组织和机制则相对薄弱。因此,应进一步加强街道、社区层面的组织体系建设,使市、区家庭文化建设联席会议制度向街镇、社区延伸,在街道、社区中也形成由妇联及相关部门组成的家庭文化建设的联动合作机制,定期召开基层的家庭文化建设联席会成员单位会议,在街镇、社区层面统筹家庭文化建设的项目、程序、方法等,更好形成基层家庭文化建设工作的整体合力。同时,全面贯彻"注重家庭、注重家教、注重家风"的要求,更加注重家庭,推动建构以"支持和引导家庭发展"为目标、以"家庭赋权、适度普惠、家庭友好"为导向的家庭公共政策体系。更加注重家教,坚持内涵创新,聚焦家庭教育的科学性,针对家庭结构新变化、新情况,开发家庭教育新模式。更加注重家风,以家庭美德涵养社会公德，推动形成爱国爱家、相亲相爱、向上向善、共建共享的社会主义家庭文明新风尚。

（2）加强有效供给，促进家庭文化建设的均衡化发展。党的十九大报告指出：中国特色社会主义已经进入新时代，我国社会主要矛盾已经转化为人民日益增长的美好生活需要和不平衡不充分的发展之间的矛盾。应加强宣传引领，提高各群体参与家庭文化建设的积极性和主动性。同时，进一步提高对家庭文化发展相对落后地区、街镇、社区的关注力度，以调研结果、需求评估为指引，编制不同类型家庭、群体的需求结构图，增强家庭文化建设的公共服务能力，促进家庭文化服务的均衡化。这至少涉及补缺型、普惠型、发展型三个层面，以满足不同家庭、群体最关心最直接最现实的需求，努力让不同类型家庭、群体享受到公平的公共服务。对于困境家庭和困境群体，应继续做好扶贫帮困、社会保障等兜底性服务，帮助其渡过难关。对于一般家庭和群体，应继续提供家庭教育、家庭文化、家庭服务等普遍性公共服务。对于高收入家庭和群体，则可以提供具有选择性、个性化的服务。使所有家庭和群体能共享改革发展的成果，促进社会的公平正义。

（3）规范阵地建设，提升家庭文化建设的专业化和社会化水平。应进一步规范和加强各"家中心"的组织架构、工作机制、项目运作等方面的工作。加强"家中心"工作人员的专业化建设，提高项目专业指导服务能力，推进"家中心"社会化、项目化运作，切实增强"家中心"的服务水平。区"家中心"除了指导街镇、社区"家中心"工作之外，还应加强在培训、引领方面的作用，培训街镇、社区"家中心"的员工，引领各街镇、社区家庭文化建设。对运作好、效果好的特色项目及时进行宣传推广，扩大其社会影响力和公众知晓率，培育和形成更多的项目品牌。采取集中培训、学习考察等形式，加强对家庭教育指导师、家庭社工师等专兼职队伍的培训，不断提高其职业素质和专业水平。加强对家庭志愿者队伍的规范化管理，完善相应的招募、培训、考核、表彰等制度，进一步动员更多有专长、有爱心的家庭志愿者参与到家庭文化建设中来。联合民政局、社团局等相关职能部门,加强对从事有关妇女儿童、家庭文化建设等相关事宜的社会组织的孵化、培育和管理,加强对现有相关社会组织的培训和扶持,与之展开相应的项目化合作,更好提升其服务能级和水平。

(4)深化活动内涵,满足不同类型家庭的深层次需求。积极探索家庭教育新模式,从源头上加强对新婚夫妇家庭的宣传教育和培训,引导他们注重传承好家风、好家训,树立责任、忠诚、包容、沟通的婚姻观和科学、正确的育儿观,营造良好的家庭教育氛围。进一步加强学习型家庭创建工作,除了充分依托家长学校这一传统阵地之外,更要充分运用新技术,通过微博、微信、网络直播等新媒体方式开发新项目,使家长树立与孩子同学习、同成长的理念,激励更多家庭树立终身学习理念,提高家庭成员综合素质。深入研究和了解不同类型家庭的实际需要,以需求和问题为导向,把各种类型家庭最关心、最迫切的需求作为家庭文化建设的切入点,针对性地提供各类服务。如面向双警双医双科等特殊群体的小学生子女,开设"放心家园"安心暑托班,完善管理制度,确保安全优质服务;针对失能失智、重病卧床的长期照护者,联合家护中心开展喘息服务;针对特殊家庭、困境儿童等,通过对口援建、定点帮扶、特殊困境儿童救助等,逐步健全上海市儿童基金会困境儿童分类保障制度,改善特殊困难儿童生活水平,增加困难儿童的获得感。加强对其他特殊家庭、特殊群体的关爱,努力促进家庭文化服务的均等化。同时,积极拓展社会合作机制,鼓励和引导各类慈善公益组织、社会组织等通过市场化、项目化、实事化的运作方式参与家庭文化建设,更好满足不同类型家庭、群体的深层次需求。

(5)突出政策导向,提高家庭文化建设的理论研究及政策转化能力。与高校院校、科研院所及专业社会组织展开深入合作,以项目化的形式,系统开展家庭文化建设的理论研究。在对家庭政策进行系统梳理的同时,以大型的概率抽样基础建立全市家庭的基础数据库,对各种类型家庭的基本情况、需求特点、发展变化等进行系统梳理。对已有的运作好、效果好的家庭文化建设项目进行理论提炼,打造一批家庭文化建设的上海品牌。借助"外力""外脑"等专业力量,建立专业化的家庭文化建设研究队伍和家庭政策研究基地,围绕国家、长三角、全市等不同层面的家庭文化建设招标一批重点课题,主动参与到这方面的国家重大项目中去。定期举办高规格的家庭文化建设学术会议与政策论坛,发布《家庭文化建设蓝皮书》等系列研究成果。定期向两会提交相应的提案和议案,向政府相关部门提供决策咨询报告,逐步扩大理论研究的政策转化率和社会影响力。

（6）紧扣"四大品牌"建设（主要是上海文化建设）,推动繁荣家庭文化专项行动。为贯彻落实市委、市政府关于全力打响"上海服务"、"上海制造"、"上海购物"和"上海文化"四大品牌的决策部署,妇联应进一步推动繁荣家庭文化建设专项行动。一方面,注重群众性家庭文化建设。突出家庭文化建设在"上海文化"品牌建设中的基础性作用,持续开展文明家庭创建和寻找"最美家庭"活动,突出时代内涵,以良好家风引领社会新风。深化群众性家庭文化建设,激励向上向善,传承中华优秀传统文化,挖掘百姓良好家风家训,以家庭文明助推社会文明。继续举办上海家庭文化节、上海邻里节、家庭教育宣传周,倡导孝老爱亲、男女平等、移风易俗、勤俭持家、邻里和睦、绿色环保的文明风尚,以家庭美德培树社会公德。广泛开展传家训、立家规、扬家风活动,组织动员各行业、各领域、各区的家庭晒、议、讲、展、秀,广泛宣传优秀家庭的感人事迹,发挥家庭在传承中华文化、弘扬传统美德中的重要作用。另一方面,围绕实施"乡村振兴"战略,发动妇女、组织家庭开展美丽庭院建设,优化农村人居环境,美化乡村环境。继续实施农村女性智慧课堂,以乡风文明为导向,用乡村语言讲好乡村故事,繁荣兴盛农村文化,提升农民的精神面貌和乡村的文明程度。扶植"百万家庭乡村游"活动,拓展乡村休闲、旅游、创意等产业。按照"产业兴旺、生态宜居、乡风文明、治理有效、生活富裕"的总要求,动员市郊妇女在全面参与上海美丽乡村、幸福农家建设中发挥积极作用。在农村新产业新业态中挖掘和培育农村女带头人,示范引导更多的农村妇女在乡村振兴中建功立业。

四、上海家庭文化发展 40 年经验总结

改革开放 40 年来,上海市各级妇联认真落实中央的指示要求,不断深化家庭文明创建活动,创新家庭教育工作的路径方法,大力培树良好家风,更好地发挥妇联组织在家庭文化发展中的独特作用,形成了别具特色的发展经验。

(一) 广泛开展活动,营造家庭文明建设的社会风气

上海市妇联多年来在城乡社区广泛开展各种活动,在家庭这一优势领域深耕厚植,取得积极成效,使活动成为社会主义核心价值观在家庭层面落细落小落实的重要载体。

1. 开展寻找"最美家庭"活动

各区县立足全市 200 余个街镇"家庭文明建设指导服务中心"和 6 000 余个"妇女之家",广泛开展以"议家训家风,找最美家庭"为主题的"寻找海上最美家庭"活动。每个"妇女之家"都要设立"最美家庭"光荣榜、光荣榜必须一年四季常设常新,使寻找活动成为群众天天看得见、随时能参加、不断受教育的常态化工作。把"寻找"活动向机关、企业和部队延伸,广泛开展"最美公务员家庭"、"最美警察家庭"、"最美军人家庭"等推介活动,夯实和丰富活动的社会基础。结合"感动上海人物"和"最美人物"评选、"我推荐、我评议身边好人"活动、"十佳好人好事"评选等主题活动,注

155

重挖掘先进典型的家风故事、家训家规和治家之道，通过各种形式进行宣传推介，以真实的事迹感染人、启发人、教育人，引导全社会见贤思齐、崇德向善。

2. 开展市民文化节"家文化"主题系列活动

针对广大市民的文化需求，将"三个注重"①要求融入活动的主题设定、创意征集、礼仪大赛、达人展演、宣传推广等各个环节，精心策划寓教于乐、通俗易懂的各类活动，广泛吸引市民参与，浓郁活动氛围。围绕家庭、家教、家风主题，举办"家和万事兴"——上海市民家庭故事征集和讲演大赛，推出百个动人故事、百位故事达人、百户最美家庭、百场社区巡讲等，倡导时代家风，展示上海品牌，讲好中国故事。

3. 开展未成年人主题教育系列活动

在学校层面，各级教育主管部门和学校要聚焦未成年人思想道德建设，将完善"三位一体"育人机制纳入教育综合改革中，深化家庭教育的基础作用；充分运用学科教材中与"家庭、家教、家风"教育相关资源，加强教学指导，将"三个注重"教育融入课堂教学和日常教育之中，纳入学生综合素质评价体系；加强师资队伍培训和教育，发挥学生党团员和干部的表率带头作用，密切学校、家庭和社区的衔接互动，实现家庭教育和学校、社会教育相辅相成。在家庭层面，深化"家庭教育高峰讲坛"、"家庭教育宣传周"等品牌活动，充分发挥城市少年宫等各类阵地作用，开展"家风家训伴我成长"等主题教育活动，将家庭美德教育融入日常生活，引导广大青少年讲文明、重礼仪。在社会层面，各相关单位要组织"家风家训"未成年人专场研讨等活动，探索符合时代特征、适应未成年人需求的活动载体。开展家庭教育优质资源的征集评选工作，遴选出一批家长学校优质微课程、微视频、课件、家庭教育指导活动方案等，探索建立优质资源库。

---

① 即习近平总书记提出的注重家庭、注重家教、注重家风。

4. 深化"我们的节日"等主题活动，推进工作日常化、具体化、形象化、生活化

结合春节、元宵、清明、端午、中秋、重阳等传统节日和重大节点，以家庭、家教、家风为主线，组织各类文化嘉年华、群众庙会、市民才艺交流、中华经典文化诵读等展演活动，让优秀传统文化走进寻常百姓家。依托各区县、各委办局，以"树立良好家教、涵育时代家风"为主题，针对不同市民群体，组织"十百千"系列专场讲座，即十场"公民道德讲坛"家风文化专题讲座、百场社区系列讲座、千场家庭教育讲坛，引导广大市民了解传统文化，增强建设和谐幸福家庭的意识，把中华民族传统美德和先进的家庭教育理念送到千家万户。面向农村开展"农村女性智慧课堂"，以群众喜闻乐见的故事会形式，讲述百姓身边好故事。

（二）实行项目化运作，积聚家庭公共服务的品牌效应

上海市妇联积极围绕服务国家战略和市委、市政府打响"四大品牌"的工作要求，通过项目化运作的方式，着力塑造家庭公共服务的优秀品牌，切实提高妇女在上海实现高质量发展、创造高品质生活中的参与度和贡献率，激励全市妇女"做新时代女性，共建卓越城市，共创美好生活"。

1. 凝聚社会组织，推动家庭文明工作社会化

以项目为载体，鼓励社会组织根据需求调研以及自身优势，申报和承接家庭服务项目，满足家庭多样化需求。对缺乏社会组织参与的社区，通过加强专业培训、政策支持、资金扶助等方式，培育和发展具有服务家庭潜力的社会组织，提升其承接政府公共服务项目的能力，实现从自发走向规范，从互益走向公益，在参与社会发展、承担社会责任中体现更大的

价值。

2. 全力打造"上海家政"服务品牌

培育树立"上海家政"服务品牌，鼓励全市 200 余个家庭文明建设指导中心探索形成具有同城效应、区域特色、品牌影响的家庭教育服务项目，积极参与推动城市生活型服务业向精细化和高品质提升。对标联合国关于建设儿童友好型城市的要求，统筹规划和推进适合上海经济社会文化发展实际的儿童友好型城市建设的路径、目标，全面提升城市精细化管理服务水平，不断满足人民群众多样化、个性化、高品位的服务需求。瞄准需求，通过提交提案议案、参与决策咨询评估、承接市政府实事项目、购买社会服务等形式，鼓励各级妇女组织，引导行业协会、社会组织，努力提供高品质的社会公共服务、志愿公益服务和家庭社区服务。支持上海家庭服务业行业协会打造"上海家政"品牌，加强诚信体系建设，增进家政员职业荣誉感和社会认同度，使上海家庭找得到、用得起称心满意的家政员。根据行业发展产业化、规范化、细分化和专业化的要求和趋势，逐步建立和完善溯源管理、培训管理、星（等）级标准、质量评价等体系，通过管理规范化、服务标准化，满足不同服务对象多维度的服务需求，发挥家庭服务业在服务民生、满足民需、促进就业和国家精准扶贫战略中的作用，提高服务对象的满意度、服务人员的专业度、家政服务市场的信誉度。办好一年一度的家博会、金牌家政服务员评选表彰及关爱家政员活动，加强与上海开放大学女子学院家政专业共建。

3. 以承接政府实事项目推动家庭建设

实施"百万家庭低碳行、垃圾分类要先行"项目，开展实事项目进机关、进学校、进社区、进菜场、进公园、进企事业单位的活动。积极创建"生态之家"。进一步发挥家庭志愿者在垃圾分类减量实事项目中的作用，在探索形成长效机制上下功夫。弘扬低碳环保理念。举办"环境保护与公

民责任"中德研讨会,借鉴先进理念与方法。全年举行"绿色星期六"资源
回收日活动 1 149 场,参与人数 9.8 万人次。借助主流媒体播放公益广告
670 多次,推出多媒体儿童剧《爱绿色的给力兔》、大型滑稽戏《搭界不搭
界》展演 56 场,4.5 万人观看;发放《指导手册》等宣传品 25 万份,举行环
保培训讲座 2 482 场,普及家庭 29 万余户,招募志愿者 2 万名广泛宣传普
及垃圾分类知识,在市政府实事项目评估中名列前茅。继续实施"支持建
立 80 个示范性家政服务站"项目,发挥家庭服务业行业协会作用,推进家
政行业规范化、职业化发展。积极实施"建设 200 个小学生爱心暑托班"
项目,关注儿童暑期安全,为广大家庭和职业女性解决后顾之忧。

4. 以帮困扶贫项目关爱妇女儿童

围绕家庭需求,整合各类资源,落实"社区家庭文明建设指导服务中
心"实施意见和"妇女之家"创建标准,进一步实施"关爱一生"项目。凝聚
妇女组织、社会组织和家庭社工,合力开展"关爱困难三八红旗手"、"关爱
高龄独居困难妇女"、"关爱失独家庭"、"关爱零就业家庭"、"关爱单亲家
庭儿童"、"关爱残疾儿童"和暑托班,实现同城效应,打造妇联服务品牌。
以"白玉兰开心家园旗舰园暨关护家庭心理咨询工作室"为示范,加强妇
联系统婚姻咨询和家庭关护网络建设。市总工会女职工委员会重点推进
"七色花"系列关爱项目和"爱心妈咪小屋"建设,为白领女性、孕期妈妈、
女农民工、困难女性等不同群众提供针对性服务。借助妇儿工委平台逐
步落实免费婚前保健、孕前保健、孕期保健、新生儿疾病筛查、0—6 岁儿童
体检等系统保健服务;研究推进"定期向贫困家庭儿童发放文化福利补
贴"实事项目,加快推进中小学生营养午餐工程。继续做好退休和困难妇
女"两病筛查"项目和与西藏、新疆、云南地区妇联的结对项目。扶持成立
上海市白玉兰开心家园家庭服务社,并在长宁、闸北、虹口启动实施"社区
助福行——失独家庭关爱项目"。在长宁、松江成立上海市儿童基金会区
县分会。

(三) 立足调查研究，以理论研讨推动家庭教育实践

上海市妇联立足家庭文明、家庭文化、家庭教育、妇女发展等主题，开展多项卓有成效的理论研究和实证调研，提升理性思考水平。

1. 发布家庭文明建设相关研究课题

围绕社会热点和家庭需求，开展"公共政策的社会性别评估及评估机制研究"等全会重点课题和"家庭功能研究"等招标课题、委托课题、网上系列调查等研究工作。加强对立项课题的中终期管理工作，举行上海市家庭文明建设重点立项课题的中期交流会，就"开展家庭阅读指导与干预对儿童阅读习惯养成的有效性研究"、"家庭志愿者组织运作和管理模式研究"等重点立项课题的进展情况、存在问题和下一步研究计划等进行深入探讨。将"家庭志愿者参与城市社区管理模式研究"、"智慧城市引领下的学习型家庭建设的行动研究"、"夫妻冲突对儿童心理适应的预测：教养方式的中介作用"、"当代上海幼儿生活日程研究"、"校社联动推进'鲁冰花'学前家庭教育成长助学手段现代化的实践研究"等课题确立为上海市家庭文明建设重点立项课题。将"关于留守儿童的家庭教育现状及对策研究"、"双向模型视角下的隔代家庭教育研究"、"中学生性别角色态度的发展及其与父母性别有关认知的关系研究"、"校外开展少年儿童媒体素养教育的研究与实践"四项研究列为中国家庭教育学会研究课题。通过重点课题的立项和研究工作，关注家庭文明建设的热点和难点问题，有效提升基层组织的科研能力，为政府决策咨询提供理论基础和现实依据。

2. 出版家庭文明建设理论研究成果

先后出版《上海市学习型家庭创建——理论与实践》和《儿童发展与

公共政策》等东方家庭系列丛书 11 本,展示学习型家庭的理论研究与实践探索,通过多视角探讨儿童政策问题,促进"儿童优先"原则融入公共政策的设计、供给和执行过程。出版《上海家庭文化 30 年蓝皮书》,作为全国首本"家庭文化建设蓝皮书",回顾 30 年来"五好文明家庭"创建、家庭文明建设、家庭文化发展的历程,对上海家庭文明建设的经验与成效进行系统的理论分析和实证研究。编制《上海市家庭文明建设重点立项课题论文集》,总结理论和实践工作者的经验、做法和思考,为更好地服务家庭提供指导。

3. 推进妇女研究和实施上海女性教育五年发展计划

稳步推进上海女性教育研究和课程建设,在上海的女性教育中贯穿"性别平等"理念,贯彻落实男女平等基本国策,并逐步推动性别教育成为全民普及教育。联合市教委、市文明办、市文广局等相关部门,以及上海女子教育联盟和各级妇联组织,共同为上海女性提供相关可持续的教育机会和资源。包括而不仅限于:完善上海女子教育联盟原有职业技能、专业提升、婚姻家庭和女性修养四大板块的课程培训,在"上海女性"微信公众号平台上线,丰富"慧课堂"栏目;举办"女性教育＋"系列研讨会,结合国际前沿问题组织相关专家探讨,关注成果的实践运用;组织"四自"精神(自尊、自信、自立、自强)文化活动,推动女性发展参与社会建设;进一步加强区域化合作,打通高校与社区之间的文化通道,扩大上海女子教育联盟影响力和覆盖力;持续做好全国妇联"精彩人生"女性终身学习计划项目。在原有的上海女子教育联盟成员(同济大学、上海师范大学、上海工程技术大学和上海开大)的基础上,邀请复旦大学、华东师范大学等有妇女研究中心、性别研究相关课程的高校加入联盟。依托上海女子教育联盟,整合资源,切实做好性别研究相关的精品课程、师资队伍、微课平台建设和系列教材编写等工作,着重挖掘和培育性别教育和研究领域的领军人物。

（四）加强成果转化，以研究推进家庭文明建设转型发展

上海市妇联积极构建家庭文明建设科研与保障机制，在强化研究的同时，促进科研成果的实践转化，运用优秀科研成果为家庭文明转型发展提供支持。

1. 为家庭文明建设积极建言献策

统计分析显示："十二五"期间各区县平均家庭文明科研成果在各市级以上刊物发表论文 25.4 篇，在各市级以上会议交流的论文 13 篇，家庭文明科研成果在实践中的应用推广 10 项。在前期理论研究的基础上，积极向两会递交提案和议案。近年来向两会提出《关于建立国家监护制度的建议》、《关于设立"上海邻里节"的建议》、《关于完善城市"垃圾分类、源头减量、低碳生活"的若干建议》、《关于完善流浪儿童救助》、《关于将虐童罪入刑法》、《关于关注失独家庭问题》、《关于进一步推进上海学习型社会建设的建议》、《关于设立暑托班的建议》、《关于支持家庭育儿政策发展的建议》等提案和议案，这些提案和议案既符合现实需求，又具有操作性和前瞻性。开展家庭教育立法调研，为人大立法提供依据和参考。依托社会公共政策专业研究机构和各妇女研究中心，开展包括决策咨询在内的家庭发展调查研究，为探究解决新时期家庭问题贡献妇联方案。

2. 推动家庭文明体系建设

与专业机构合作制定《关于深化上海市家庭文明建设的意见》及《上海市文明家庭测评体系及其操作办法》征求意见稿。完成 2016 年《上海市学习型社会建设白皮书》学习型家庭部分的综述撰写和稿件组稿，由上海人民出版社出版发行。草拟《关于进一步加强社区家庭文明建设指导服务中心管理的指导意见》（讨论稿），对全市"家中心"现状进行渐进式信

息调查统计,为推动实现市、区、街镇、社区妇联四级阵地的资源有效共享和科学配置奠定基础。推动建立以家庭为单位的社会统计指标;推动建构以"支持和引导家庭发展"为目标、以"家庭赋权、适度普惠、家庭友好"为导向的家庭公共政策体系。通过投资家庭、服务家庭、为家庭增能,实现家庭功能的倍增效应,促进家庭幸福。

3. 形成家庭教育指导同城效应

举办第五届"上海市家庭教育高峰讲坛",邀请全国知名专家开展大型讲座,通过微信公众号共享专家精彩观点,为更多家长提供权威的家庭教育指导。以"树立科学家教,涵育时代家风"为主题,开展家庭教育"五进"项目(进社区、进学校、进机关、进企业、进楼宇),对立项进行指导、项目书进行优化,全程参与项目管理。利用、推广家庭教育课程微视频资源库,对象覆盖学前、小学、中学家长以及特殊儿童家庭等,使更多的家庭得到科学便利的指导。

4. 强化家庭教育项目管理

开展"好书童享·为爱悦读"亲子阅读指导与实践活动。推出由儿童心理学、教育学等领域专家和实践者参与编写和审阅,适用于 3—12 岁儿童家庭的亲子阅读指导手册,推荐 200 余本适合亲子阅读的书籍。举办亲子阅读指导志愿者培训工作坊,从儿童心理、认知的规律出发,提供科学系统指导,让志愿者快速掌握亲子阅读指导要点;向志愿者发放工作手册,由专人对亲子阅读指导实践进行记录和督导。

(五) 依托专业培训,壮大家庭文明建设的人才队伍

上海市妇联会同教育行政部门等共同推进家庭教育,面向社会普及家庭教育知识,帮助和引导家长树立正确的家庭教育观念,掌握科学的家

庭教育方法。

1. 加强家庭文明建设专家队伍建设

依托高校、社科院等专业研究机构，开展市、区、街道三级培训，保证家庭文明建设指导者与研究骨干每年参加业务培训的时间不低于 25 课时。抓好上海市各级家庭文明专家讲师团队伍建设，既包括市级也包括区县讲师团，拓展讲师团的人员和讲课领域，规范讲师团的管理，一方面更紧密地团结广大专家、学者，继续补充吸收中青年骨干，另一方面调整增加家庭美德等讲课内容，使讲师团真正贴合民生问题、贴近家庭需求，在指导家庭树立科学理念，形成健康生活方式上发挥更大作用。这些讲师团活跃在家长学校和社区等基层单位，授课内容涉及心理健康、家庭美德、文明素养、家庭理财、节能环保、消防知识等五建五家的各个方面，成为推动家庭文明建设重要的专业性力量。

2. 建设家庭志愿者队伍

通过整合、梳理、归并，建立起一支数量充足、素质优秀、相对稳定的"家庭志愿者"队伍，形成包括礼仪指导、团队培训、儿童保健、心理咨询、便民服务等特色家庭志愿者服务体系，使志愿精神得到大力弘扬和传承，引领上海家庭实践城市精神，在形成良好社会风尚方面发挥重要作用。如长宁区招募家庭文明建设志愿者共计 2.7 万人，每年定期开展培训，建成 12 个开心家园志愿服务工作室，成立区级家庭志愿服务工作室联谊会，实现对志愿者和志愿服务项目的规范化管理，培育以文明家庭领衔的区、街两级家庭志愿服务工作室，推进家庭志愿服务的常态化、项目化和规范化。

3. 培养儿童和家庭工作的社工

努力建立家中心社工专业人才队伍，以保障家庭服务项目化运作长效机制。在社工队伍建设上，各区县做出了各种有效的探索，如杨浦区联手社工师事务所,采取项目化方式申请上海市公益创投资金,在社区家庭文明建设指导服务中心入驻社工,开展各类公共服务项目,为外来媳、单亲妈妈、军嫂、白领女青年、祖辈家长、癌症妇女、来沪青少年等群体提供专业社工服务,突破了"家中心"资源不足、人员不充裕和服务项目欠丰富等一系列发展难点,用专业化的社工服务项目,实现了工作理念的拓展和社会资源的融合,夯实了多元化家庭服务体系的基础。

(六) 发动多方参与,完善家庭文明建设工作机制

上海市妇联坚持与时俱进、务实创新的工作理念,进一步完善由市精神文明办牵头,各成员单位协作的工作模式,在此基础上广泛发动社会力量参与,形成上下联动、多方参与的工作机制。

1. 大力宣传,营造全社会共建家庭文明的氛围

各级妇联充分发挥广播电视、报纸杂志、网络及新媒体作用,全面开展宣传,着力彰显家庭文化成果,大力营造家庭文明建设的氛围。以家庭故事、家训家风、家庭风貌展览的形式展现上海家庭的真善美,以展板的形式进社区、进机关、进学校、进商务楼宇巡展,重点宣传表彰"最美家庭"、五好文明家庭、学习型家庭示范户等家庭典型,传播百姓家庭孝亲睦邻、崇礼重教、知义感恩的和谐家风,引导家庭成员提高素质,培养健康有益的生活情趣,提升家庭幸福指数和城市文明程度。

2. 立足基层,形成家庭文明建设的整体合力

发挥遍布全市"社区家庭文明建设指导服务中心"和"妇女之家"主阵地作用,针对不同群体,不仅有网站、微信、微博等新兴媒体发布渠道,还有区县的有线电视台、小区公告电子栏、户外电子屏和活动海报、入户告知单等宣传渠道,进一步扩大群众的参与度和活动的辐射面。各级妇联

更加注重整合自身、政府和社会资源，充分利用社区文化活动中心、社区家庭文明建设指导服务中心、妇女之家、社区志愿服务中心、青少年活动中心、未成年人校外活动场所等，形成家庭文明建设整体推进的框架，使家庭文明建设拥有更多的社会认同及合作支持，实现家庭文明建设与社区建设活动互为补充、互为依托的"共赢"目标。

3. 借势借力，扩大家庭文明建设的社会影响

将家庭文明建设协调小组成员单位、其他相关单位纳入工作范围，将家庭文明建设与其他社会活动结合起来，扩大家庭文明建设的社会影响。如沪台文化周期间，联合市伦理学会、市家庭教育研究会、市社区发展研究会、市台湾研究会等共同召开海峡两岸家训家风学术研讨会，在更大的格局中探讨上海家庭文明建设的发展方向。市妇联、市文明办联合举办"上海家训家风文化的传承与发展"系列研讨会。市妇联与市社科院主办，联合上海图书馆和新东方教育网络，开展"上海市家庭教育高峰讲坛"，邀请于丹、钱文忠、孙云晓等知名专家向广大家长传播先进的家庭教育理念，将家庭文明、家庭文化、家庭教育、未成年人思想道德建设融为一体。

(七) 整合媒体资源，构筑家庭文化的共建氛围

充分发挥各类媒体传播主流价值的主渠道作用，注重发挥微信、微博、微电影等新媒体的传播作用，整合传统媒体和新媒体的优势资源，吸引更多年轻群体参与家庭文化建设，使家庭文化活动不断深入人心。

1. 整合多元媒体资源

如家风家训活动通过《新民晚报》以集中密集、专题大版面的方式进行了报道和宣传，并在上海文明网、上海女性网、东方网、看看新闻网等开

设网络专栏,设立互动版块,及时更新活动动态,收到了良好效果。各个区县还运用社区宣传栏、电子屏幕、黑板报及楼组活动,结合公益广告、宣传海报等方式进行有效宣传。根据调查统计,居民了解"好家训、好家风"活动开展的信息渠道列在前四位的分别是报纸(49.38%),电视(46.58%),居委会活动组织(39.64%),社区宣传栏、电子屏或海报(38.07%)。同时,为了增加家庭活动的互动性,吸引广大市民参与,市文明办、市妇联等部门积极运用网络等新媒体平台,以网络阵地宣传先进文化。通过投稿征集、网络评议、电视访谈、最美家庭评选、网民最喜爱的家训评议等活动,开设了手机、网络、报纸、电视四类媒体实时宣传互动,鼓励市民以文字、照片或视频等方式,组织故事征集、评议和讨论。由市文明办、市妇联主办的"2014 年上海网民最喜欢的家训"网络评议活动,在东方网和上海移动信息平台上共同举办,活动网页访问量 22 万人次,网络和短信投票总数达 6 万张。又如在"最美家庭"评选活动中,经基层推荐、公示、"上海女性"官微自荐等环节,35 户家庭入选 2017 全国最美家庭,杨杰等散户家庭到北京人民大会堂领奖,151 户家庭入选 2017 年度"海上最美家庭",引领更多群众走出"小"家、融入"大"家。结合"三八妇女节",组织最美家庭公益集市、秀秀我家传家宝、登高参观等活动。第九届上海邻里节、第十九届家庭教育宣传周集中宣传表彰,相关媒体重点报道,仅上海发布在活动当天官微的阅读量就达到 10 万以上。

2. 加快推动信息化转型发展

进一步形成妇联系统新媒体矩阵合力,在社会主义核心价值观引导,重点工作、重大活动宣传,重大舆情处置的关键时刻上下联动,同步发力。进一步加强"上海女性"两微一网文化思想阵地建设,重引导、重服务,敢于发声,精准引导增进社会共识。完善网评网宣工作机制,在目前"50 人的网络专家、500 人的网评员、6 000 人的网络宣传员"队伍中,增加一批政治立场坚定、具有较强的社会性别意识和一定话语权和社会影响力的网络评论专家参与其中。在近期网上妇联项目招标工作结束后一年内，完成网上妇联整体建设，更好利用信息化手段建立直接与妇女沟通互动的渠道，并进一步将微信公众号的运营管理纳入网上妇联整体建设中，提高新时代妇联对妇女的动员力、号召力、影响力和凝聚力。

3. 提升家庭文化交流新高度

借助上海迈向全球城市的优势，进一步发展同世界各国特别是一带一路沿线国家、上海友城妇女和妇女组织的文化交往。通过举办上海妇女发展、"为了孩子"国际论坛，加强国际间妇女儿童家庭问题研究和合作项目开发。以文化交流为重点，开展如"中外妇女庆三八"、"6·6 海派旗袍文化推广日"等品牌活动，全方位、多层次、立体化的中外家庭文化交流活动，讲好中国故事，传播中国文化，增进理解和友谊，促进共同发展进步，扩大上海和上海家庭文化工作的影响力和感召力。利用三八妇女节、5·15 国际家庭日、家庭文化节、家庭教育宣传周等节点，传播各类先进家庭的感人事迹。注重发挥社会公众人物、党员领导干部、先进模范等重点人群的示范带头作用，通过讲、展、秀，广泛宣传优秀家庭的感人事迹，发挥家庭在传承中华文化、弘扬传统美德中的重要作用。共同汇聚"发现美、传播爱"的社会正能量，引导全社会共同推进家庭文化建设。进一步拓展与港澳地区妇女组织的交流合作，秉持"姐妹情 一家亲"理念，加强两岸妇女组织间的经济文化交流合作，共同弘扬中华"家"文化。

(八) 加强示范引领，扩大家庭文化社会效应

上海市妇联通过广泛地宣传表彰，引领家庭践行社会主义核心价值观，推动形成全市家庭文化建设新风尚。

1. 注重群众性家庭文明建设

全市先后举办上海市家庭文化节、上海邻里节、家庭教育宣传周，传

播各类文明家庭的道德精神和感人事迹,突出家庭文明建设在"上海文化"品牌建设中的基础性作用,持续开展文明家庭创建和寻找"最美家庭"活动,突出时代内涵,以良好家风引领社会新风。深化群众性家庭文明建设,激励向上向善,传承中华优秀传统文化,挖掘百姓良好家风家训,以家庭文明助推社会文明。继续举办上海邻里节、家庭教育宣传周,倡导孝老爱亲、男女平等、移风易俗、勤俭持家、邻里和睦、绿色环保的文明风尚,以家庭美德培树社会公德。

2. 提升家庭教育"五进"项目效能

举行上海市"树立科学家教·弘扬时代家风"家庭教育"五进"活动启动仪式暨 2017 年"少年中国梦"励志讲堂首讲。召开项目中期推进会,交流项目开展情况。开发二维码程序对家庭教育项目进行满意度调查。在媒体上围绕家庭教育项目进行三期专版宣传,介绍项目的特色、做法和进展,通过案例形式进一步普及家庭教育的理念。

3. 扩大家庭文明先进理念的知晓度

在上海女性官微上推出 289 门面向小学生、初中生家长的"智慧家长课程",播放量达 18 万多次,单个视频的播放数平均达 635 次。通过购买服务形式增加引入涵盖 0—6 岁、中学、祖辈课堂、特殊儿童家庭在内的家庭教育微视频和音频课程近 500 个,成立上海市社会工作者协会家庭社会工作专业委员会,开展广泛的家庭社会工作者培训。通过开展上海市家庭文明建设"十三五"中期评估工作,引导各区全面贯彻落实《上海市家庭文明建设"十三五"指导计划》,结合工作实际,抓住重点,突破难点,提高全市家庭参与家庭文明建设的积极性。

附录一:家庭文化发展品牌 案例项目汇总

一、 市级品牌项目及案例

1."创新与传承"——"五好文明家庭"引航家庭发展

"五好文明家庭"争创活动,是上海家庭文化建设的一大特色。1982年创建以来,开展了一系列主题鲜明、内容丰富、形式多样、成效显著的活动,弘扬了爱国爱家、相亲相爱、向上向善、共建共享的家庭文明新风尚。36年来共评选出近万户市级五好文明家庭,50余万户市、区、街五好文明家庭,为上海两个文明建设作出了积极贡献。2017年起,市五好文明家庭更名为上海市文明家庭。

图1　成立于1997年的上海市"五好文明家庭"创建活动协调小组全面负责创建工作的领导、协调、组织工作,同年原"五好家庭"更名为"五好文明家庭"

图2　上海电视台《生活广角》栏目推出"我爱我家——家庭美德大家谈专题片",宣传上海优秀家庭

图3 第一届上海市"五
好家庭"光荣册封面

图4 市民珍藏的1983年上海县五
好家庭证书

2."家庭的节日"——家庭文化节

1989年举办首届上海家庭文化节以来,每两年一届的家庭文化节活动成为上海市妇联系统标志性的群众文化活动。家庭文化节结合家庭教育宣传周、邻里节活动,紧扣时代脉搏、抓住社会热点、贴近家庭需求,体现了参与的广泛性、形式的生动性、宣传的导向性,形成同城效应,为上海城市的发展营造了温馨文明的浓浓氛围。

图5 1989年首届家庭文化节

图6 "邻里一家亲、生活更美好"——
上海市"世博人(农)家"招募启动仪式

图7 2009年首届上海邻里节

图8 "海上名人谈家风"论坛活动现场

3."使命与担当"——市政府服务项目,服务百万家庭发展

着眼于服务大局、服务家庭新时期发展需求,2003年起,市妇联适时开展了"百万妇女学习行动"等"五个百万"活动,先后承接了"百万家庭网上行"、"百万家庭学礼仪""发放家庭急救包""百万家庭低碳行""家政服务示范点""社区托育服务"等市政府实事项目,助力上海国际大都市的发展,服务百万市民发展需求,体现了妇联组织的使命和担当。

图9　2004年百万家庭网上行启动仪式　图10　2007年百万家庭学礼仪实事项目总结会现场

图11　"百万家庭低碳行·垃圾分类要先行"实事项目启动现场　图12　家政实事项目总结表彰大会现场

图13　社区幼儿托管点实事项目启动大会

4."城市的未来"——"为了孩子"国际论坛

上海"为了孩子"国际论坛自 1999 年以来,已经成功举办了 11 届,分别就"儿童发展与教育环境""城市变迁与家庭教育"等主题进行交流。每届论坛举办中外儿童参与的儿童论坛,来自美、日、英等十余个国家,港澳台地区和京、皖、浙等近二十个省市 300 多位学者、政府官员、非政府组织及企业代表踊跃参加,论文编成系列丛书公开发行。

图 14 国际论坛开幕式现场

图 15 市领导热情洋溢地致辞

图 16—17 论坛会场上各国专家专心聆听

5."树立科学家教·涵育时代家风"——家庭教育指导行动

在深化学习型家庭建设的基础上,每年开展 10 场"上海市家庭教育高峰讲坛",邀请全国知名专家学者为嘉宾,内容涵盖家风家教、亲子关系、父亲参与等,5 年来近 3 万人次受益。以政府购买服务的形式配送家庭教育讲座、亲子活动进社区、进机关、进校园、进企业、进楼宇,服务对象近百万人次。出版了《家庭教育十人谈》等家庭教育指导书籍;针对 3—12 周岁儿童家庭的亲子阅读指导,开展阅读小达人评选、亲子阅读微视频征集、绘本剧展演等系列活动;编写指导者教材,举办骨干志愿者培训班。

图 18　家庭教育"五进"活动现场

图 19　家庭教育高峰讲坛现场观众席

图 20　2017 年亲子阅读指导项目启动仪式

图 21　2018 年亲子阅读指导者培训班

6."发现美・培育美・宣传美"——寻找最美家庭活动

2014 年起，市妇联充分发挥妇女和妇联组织在家庭文明建设中的独特作用，在全市 820 余万家庭中，广泛开展"议家风家训・找最美家庭"为主题的寻找"海上最美家庭"活动，通过晒、议、讲、展、秀等多种方式，寻找最美最美家庭，以好的家风支撑起好的社会风气，以家庭文明建设促进全社会文明程度的提高，五年来，共寻找出各级海上最美家庭六万余户。

图 22　张贴于大街小巷的寻找最美家庭宣传海报

图 23　时任全国妇联副主席焦扬深入居民家中调研

图 24　2016 年度、2017 年度海上最美家庭揭晓仪式现场

7."城市的名片"——家庭志愿者

家庭志愿者是以各级五好文明家庭为骨干,以弘扬中华民族传统美德、弘扬文明新风、提高家庭幸福感为己任,倡导"人人参与·人人分享",弘扬"我为人人·人人为我"的社会新风尚,活跃在各个街道社区,部分区还成立了家庭志愿者工作室和联谊会,进一步凝聚力量,为困难家庭排忧解难,为社区精神文明建设添砖加瓦,以和美家庭助推和睦邻里、和谐社会建设。

图 25　1996 年"星期六家庭志愿者活动日"现场

图 26　2008 年"邻里互助一家亲、文明和谐迎世博"上海家庭志愿者行动

图 27　家庭志愿者上门为耄耋老人拍摄艺术照

8. "关爱一生"——社区家庭文明建设指导服务中心

全市首家"社区家庭文明建设指导服务中心"（家中心）于 2004 年 12 月 31 日落户长宁区华阳街道以来，全市 200 余个家中心围绕"关爱一生"，在社区家庭文明建设、家庭教育指导、婚姻家庭纠纷调解、心理疏导、法律服务、特殊困境妇女儿童帮扶等方面发挥重要作用，逐步形成了"党委领导、政府支持、妇联主管、社工承办、社会参与"的运作模式。

图 28　家中心工作推进会现场

图 29　全市首家注册成立的华阳社区"家中心"

图 30　各区积极推动"一街一特"项目

图 31　社区家中心开展各类家文化主题活动

9. "时代的进步"——文明家庭助推文明新风尚

2016 年 12 月，中央文明办和全国妇联评选表彰第一届全国文明家庭，上海共有 8 户家庭入选。2017 年，市文明办、市妇联制定实施《上海市文明家庭测评体系》，评选出 200 户上海市文明家庭，并在 2018 年市精神文明建设工作会议上进行表彰。市妇联会同市文明办共同研究制定《上海市文明家庭创建管理规定》和《关于深化上海市家庭文明建设的意见》并由市文明委发文。

图 32—33　第一届全国文明家庭载誉返沪

图 34　文明家庭代表接受表彰

二、各区品牌项目及案例

1. 浦东新区："同在蓝天下·共享一家亲"金桥中外家庭文化节

2005 年开始，浦东金桥镇政府联合区域内各企业、各学校等，正月十五举办中外家庭闹元宵活动，吸引在金桥开发区学习、工作和生活的近万名外籍人士和他们的中国邻居一起欢度节日。活动突出中国传统"家"文

图 35—36　中外家庭共同参与邻里节现场

化，内容包括猜灯谜、看皮影、贴窗花、包汤圆、做花灯等，在体味中国传统元宵民俗的同时，增进了交流，融洽了感情。

2. 黄浦区："海纳百川·爱无止境"老弄堂·新课堂

外滩街道北京居民区 116 幢石库门老房子。2013 年建立了"老弄堂·新课堂"自修室，以居住在本社区的外来务工人员子女及本地家庭经济条件困难的、假期无人看管的孩子为对象。免费提供文学阅读、思维训练、趣味英语、艺术创作、自然科普等辅导；专业社工设计的趣味游戏、安全知识讲座等形式多样的活动，提升了外来人员家庭对社区的认同感、归属感。

图 37—38　各类主题课堂现场

3. 徐汇区："厚植家风·传承文明"绿主妇创美丽家园，扬时代新风

徐汇梅陇三村"绿主妇"以一个妇女带动一个家庭、辐射一幢楼道做好社区生活垃圾源头减量，开展家庭一平方米菜园、有机芽菜种植、家庭微绿地等种植活动，形成了家庭微绿地、酵素坊等十大项目。用口述实录的方式编辑《家风家训在梅三》，传扬传统美德。目前社区绿主妇骨干志愿者达 180 名，成了居民区自治管理及服务平台。

图 39　绿主妇向居民讲解绿色账户积　　　图 40　绿主妇志愿者姐妹之家
　　　分卡使用方法

4. 长宁区:"爱的传递"成长家园·服务大联盟

2014 年成立"成长家园·服务大联盟"平台,推出为民、惠民、利民家庭服务项目。联手春秋航空等单位,举办"家庭教育亲子营"、"祖辈家长课堂"、"好爸爸亲子学堂"等项目;在全市率先推出"社会家中心",先后与刘海粟美术馆等机构联动举办小活动家社会实践行等活动;自办发行 30 万份《成长家园·服务指南报》,将好的家风、好的家教理念、好的家庭服务送到百姓家门口。

图 41 《成长家园·服务指南报》

图 42 社会家中心活动现场

5. 静安区:"家国历史的传承"传家宝的故事项目

妇联组织在征集到 531 个"传家宝的故事"基础上,评选出 50 个优秀故事,通过精心采写,使这些家庭故事具有更为深远的传承与传播价值。制作纪念册,拍摄专题纪录片,在微信公众号播放,影响和带动更多的家庭;进行"我最喜爱的传家宝的故事"的评选,超过 68 万的点击量和超过 26 万的投票量。

图 43 向获得"我最喜爱的传家宝的故事"家庭颁奖

图 44 居民观看传家宝的故事宣传展板

6. 普陀区："美丽家园"亲子教育服务大联盟

自 2012 年底启动以来，以弘扬核心价值观为主线，以创新社会治理方式为抓手，积极探索。以中华美德传承为重点，开展了"孝承敬和"家风传万家等项目，以节庆亲子互动活动为重点开展了"行走普陀"等项目。通过整合更多社会专业机构参与亲子教育服务，构建社会儿童发展和家庭教育资源共享的工作格局，促进文化创意活动在家庭教育活动中的普及。

图 45　家庭教育活动现场　　　　图 46　活动海报

7. 虹口区："美好时光·快乐成长"家庭时光家庭教育项目

致力于推广科学的家庭教育理念和家庭关系调节技巧。通过高端讲坛线下家庭教育理念宣讲；祖孙乐活动帮助社区家庭建立更良好的代际关系和代际互动能力；亲子坊等活动使游戏化家庭教育的理念和方法进入家庭，帮助家庭建立更良好的亲子关系、互动能力和教育理念。2014 年至今开展了三期共 100 余场活动，服务数万人次，并将服务范围延伸到楼宇园区。

图 47　家庭桌牌游戏　　　　图 48　亲子坊活动现场

8. 杨浦区："让孩子爱上阅读·让家长爱上陪伴"爱陪伴亲子阅读项目

以"爱·陪伴"为主题，开发亲子互动式的亲子阅读家庭教育项目，提高家长家庭教育水平。开展"家庭亲子阅读体验""爱心绘本漂流记""故事妈妈俱乐部""亲子共读·名师来了"等多个板块活动。启动杨浦区家庭教育研究与指导中心建设，打造"宝宝树小时光绘本馆"，首批推出了6个社区亲子绘本馆，提供6 000本的图书库，让更多的孩子爱上阅读。

图49 "爱·陪伴"家庭亲子阅读项目启动仪式　图50 居民区妇女之家宝宝树绘本馆活动

9. 闵行区："你我共成长·家庭更幸福"鲁冰花家庭教育项目

闵行区妇联于2012年提出了"鲁冰花家庭教育项目"以推动家庭教育社区化。41名指导师、751名志愿者成为项目基石。已形成青春期家庭教育、祖辈教育、家庭心理健康、教子能力提升、学习兴趣培养六大课程体系。鲁冰花微信公众号粉丝超过30 000，投放100台无人值守智能童书馆，建立鲁冰花家庭教育亲子活动室近20个，定期向家长们提供个案指导。

图51 鲁冰花家庭教育项目启动　图52 鲁冰花亲子朗读会

10. 宝山区："乐之家·美之家"罗泾家庭文化建设

罗泾镇深化"优美庭院"等"四合一"特色创评工作，用"五美三化"标准动员妇女和家庭从身边做起，实现庭院门前清、家整洁、无违建、人文明。启动"榜样家庭"工程，亮家风家训、讲家庭故事、展家庭风采、晒家庭幸福、秀家庭梦想，宣传身边的好榜样，涌现了全国最美家庭顾国明家庭、海上最美家庭樊培忠等优秀家庭。

图 53—54　优美庭院

图 55　美丽楼道　　　　　　图 56　榜样家庭掠影

11. 嘉定区："教化嘉定·幸福课堂"家庭教育项目

嘉定素有"教化嘉定"美名，2015 年开始实施"幸福课堂"家庭教育品牌，成立"幸福课堂"家庭教育讲师团、5 个区家庭教育实践基地、"张怡筠家庭情商教育工作室"，设立全国首个"幼儿情商教室"。通过开展"家庭教育五进"、"核心价值观进家庭"、"幸福课堂进校园"、"爱成长"绘本阅读、"家庭情商教育进社区"等活动，积极传播科学家庭教育理念，不断体现"教化嘉定"的文化传承。全区共举行"幸福课堂"家庭教育 1239 期，146 872 人受益。

图57 "5·15"国际家庭日上成立名师工作室推进情商教育进社区

图58 "幸福课堂"进校园——《儿童权利公约》儿童剧宣传

12. 奉贤区:"传承贤文化·培育好家风"杨王村家风建设

杨王村开设家风课堂,挖掘家训,编撰家谱,开启"寻根"之旅,开展以"十个没有"为主要内容的"星级户"评选,举办"弘扬汉服文化·传承礼乐和风"主题汉服文化节、"传承好家风,弘扬敬老情"文艺活动、拍摄并播出反映杨王村乡风文明建设的《杨王追星记》等,营造良好"家文化"氛围。2014年全国妇联在奉贤召开家风主题华东地区现场会并在杨王村现场交流。

图59 杨王村口的村训墙

图60 村民在"微家"写春联

13. 松江区:"松江是我家"家庭美德万家行项目

记录美:向广大家庭发放家庭记事本,为每个家庭留下文明纪事,宣传身边人新气象、新面貌、新愿景。分享美:在全区"妇女之家"设立家庭照片展示栏、"好家风、好家训"多媒介展示。传播美:开展"家庭美德小戏"巡演、"话家情·传家风"家风家训征文;开展《好人歌》万户传唱行动。10年来,宣传活动2 000余场次,惠及21万人次,发放美德宣传品40万份。

图 61　松江区"家庭美德万家行"小戏
巡演启动仪式

图 62　5·15 国际家庭日——书香人
家在学习启动仪式

14. 金山区："厚德金山·礼尚之滨"家风家训实践项目

　　金山区妇联依托家中心、妇女之家等阵地，开展"晒家庭最美瞬间、讲家庭最美故事、议最美家风家训"活动，全区 4 000 名执委进行家风家训寻访活动、组织开展"书画名家寻家风"、"美丽金山我的家园"少年儿童图文创作征集活动、"我的家风家训"征集及优秀童谣征集、童谣传唱等活动，建设了好人公园家训廊，形成了一道道村居最美家风"墙"。

图 63—64　各类家风家训主题活动现场

15. 青浦区："蔡浜村美·阿婆茶甜"蔡浜村家风建设

　　绿树成荫瓜果香，小河清清见鱼虾，邻里和睦互相帮，安居乐业人人夸，打打莲湘跳跳舞，闲来喝喝阿婆茶。金泽镇蔡浜村，以美丽乡村建设和创建全国文明村工作为目标，开展了"好婆婆、好媳妇"评选等一系列家庭文明建设工作；建造了家训家风长廊，开展家训家规上墙活动，促进村民素质的提高和文明家风的形成。

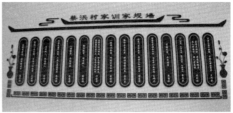

图65　村民齐家参与蔡浜村丰收节主题活动

图66　家训家规上墙展示营造良好家风文化

16.崇明区:"文明好家风·最美生态岛"移风易俗项目

利用妇女之家、妇女微家、妇联微信公众号等,通过开展姐妹议事会、发放倡议书、宣传品等形式,引领广大妇女和家庭争做移风易俗的倡导者、践行者和传播者。发挥村居百言堂姐妹议事会等群众自治组织的宣传引领作用,完善《村规民约》,规范红白事,明确倡导性要求和制约措施,发挥文明家庭、最美家庭、"好乡贤"等道德模范的示范引领作用。

图67　移风易俗文艺巡演启动首场演出

图68　群众纷纷签名响应倡议

附录二：上海市各区家庭
文化发展 40 年总结

一、 浦东新区家庭文化建设与发展工作

（一）

我们回首远望,改革开放 40 年,浦东开发 28 年。中国变化无穷大。对中国和浦东的每个人来说,感受最深刻变化的"点"在哪里呢? ——家。

40 年,家的变化何等之大? 家人的增减,收入的提升,和睦的程度,文明的水平,一切都在动态之中,让人牵肠挂肚,忧喜交加。

"家""国"这两个字的概念紧密联系,家是最小的国,国是最大的家。都有兴旺发达的期望,都有国破家亡的忧心。在"治理"的道理上,两者融会贯通,才有"修身、齐家、平天下"的名言。在情感上,有一种高尚且复杂的情感,叫"家国情怀"。家国情怀源远流长,从屈原时代形成中华民族生生不息的文化基因。

中国有 4 亿、上海有 825 万、浦东有 108 万个家庭。

浦东成为改革开放的龙头和世界城市发展的传奇。传奇是一部宏篇巨著,她的一个重要章节是浦东家庭的变化,浦东家庭的文明走向。

这个章节关系着浦东的方方面面,家是浦东社会的依托,是浦东发展和谐文明,积极向上的力量源泉。

（二）

曾经流行的"宁要浦西一张床,不要浦东一间房"那句话,很刺激浦东

人。"我们的家就这么不值钱吗？走着瞧，浦东刚刚开始。"浦东人心里这么想，但不说话。

当浦东开发显示出"速度"，又显现出"高度"和"亮度"的时候，当陆家嘴和周边地区显现出国际大都市的风采、让人赞叹不已的时候，当浦东经济总量不断攀升，占上海的比重越来越大，政府和居民收入明显高于边的时候，又有一句话让浦东人不高兴。那句话说浦东像个暴发户。言下之意，浦东人有钱，但没文化，或者素质不行。

如果真是这样，那是一场悲剧，更不符合邓小平对浦东开发"两个文明一起抓，两手都要硬"的要求。

话言重了，而问题显而易见。中国人、外国人、上海人、本地人，外地人、刚刚变成市民的农村人，在一个空间里碰撞，文明素质参差不齐，而陈规陋习在"城市化"、"国际化"的途中是那样顽固。

（三）

浦东在精神文明创建中也体现出"只争朝夕，追求卓越"的精神，其重大举措体现出以人为本，以家为单元，以社区为依托的思路，一系列大手笔亮相出来。

手笔一：从 1997 年起，浦东新区每年安排 5 000 万元精神文明建设专项资金。

手笔二：快速实现街镇文化中心和村（居）文体活动室的全覆盖。部分文化中心硬件设施在全市名列前茅。

手笔三：政府主管的科教文卫体法工作重心下移，选派专人进入社区与群众面对面开展工作，并定期进行考核。"六进社区"①轰轰烈烈，旷日持久。

手笔四：在全区开展"学习型家庭"的培育和评比的同时，又组织起

---

① 指社会主义核心价值观进教材、进课堂、进头脑、进课外、进网络、进教师队伍、进评价体系。

"百万家庭学电脑"，而后步入"百万家庭网上行"，在到"百万家庭学礼仪"等一系列提升市民素质的大型活动。

手笔五：当时的"老浦东"依托街镇文化中心纷纷组建起规模不等的百余支文化体育团队。

手笔六：实施"一街一品"创立文化品牌活动。街镇创建"品牌"之后，又扶持村居委的品牌创立。名扬全国，走向世界的三林舞龙、海派秧歌都是那个时期起步，越做越大的。

（四）

文明创建，文化引领。千家万户走出小家，融入大家，相互学习，相互促进，文明创建有了新的载体。

可谓众人拾柴火焰高，可谓百花齐放，百家争鸣。已经消逝的张江镇十村村委 100 对老人举办"金婚纪念"；花木街道培花居委的一个楼组，不仅举办文化节，还创作了"楼歌"，一个楼组老小一起歌唱，好不开心。

在新中国成立 50 周年、即将跨世纪的时候，浦东成为首批"全国创建文明城市工作先进单位"，浦东高兴而不自满，眼睛盯着 5 年后的首批全国文明城市评选。

2005 年 8 月初，首批文明城市创评检查团，跟随着台风"麦莎"的脚步分批到达，并不声张。台风使街面社区一片狼藉。可是，一夜之后，街面和所有小区，地面上干干净净了。无法统计那一夜有多少家庭走出"小家"参加清扫。在抽查市民"创建知晓率""创建意义"的问答环节，浦东家家户户都交出满意答卷。

浦东人为荣誉而战的精神，以及强大的社会动员力量，给检查团留下深刻印象。

（五）

浦东用了 10 年，荣获"全国创建文明城市工作先进单位"，再用 5 年，荣获首批全国文明城市。交出"两个文明一起抓的答卷"。

2010 上海世博会，作为世博核心区域的浦东，会 OK 吗？

世博会主题是"城市，让生活美好"，浦东的回应是"世界给浦东一个机会，浦东还世界一个精彩"。

2007 年迎接世博倒计时 3 周年之后，浦东进入激情燃烧的岁月。"还世界一个精彩"激励数十万人走出"小家"，奔向"大家"。面对一切各种居民的陈规陋习和不文明现象说"不"，进行文明劝导。使乱穿马路、乱挤公交、乱丢垃圾、乱贴小广告、随地吐痰、占地经营等不文明现象得到好转。

世博会顺利开幕，圆满结束。志愿者成为最亮丽的风景，给世界留下最美好的记忆。

世博举办期间，包括社会平安志愿者，人数达到 30 万，约 10 万家庭作出了奉献。夫妻双双参与比比皆是，最核心区域的南码头街道，志愿者兵员不足，大量的夫妻、母女、祖孙、姐妹同时上岗。

（六）

浦东创建首批全国文明城市，成功举办上海世博会，这两件标志性大事让浦东的文明创建跨上新的台阶，站上新的高度。两件大事与"后世博"时期社会主义核心价值观培育和践行，形成了浦东文明创建的"三部曲"。

"三部曲"的高潮和重点是浦东家庭的文明创建，依然热烈，依然充满激情。

来自 5 万家庭的 17 万注册志愿者，成为浦东的家庭文明创建的生力军，引导浦东奔向"家庭和美，邻里和睦，社会和谐"方向。最美家庭的寻找、创评构建起立体化、社会化、专业化、网格化的体系，多元并存、兼收并蓄，中西融汇的理念拓展了建设空间，引领了社会风尚，体现了海派文化特点。

浦东家庭文明创建注重家庭、家教和家风，文明办、妇联等六个部门联合推进工作,并出台实施意见,向全区副处以上干部发出《争做"最美家庭"的联合倡议》,带动起全区50万户家庭参与了最美家庭的寻找。寻找,拓展到最美——创业、公益、外籍、低碳等十个类别,更好地诠释时代特征和浦东特点。

全区36个街镇全面参与、1 314个妇女之家当仁不让。网上网下同步进行,打破了时间和空间的界限。

浦东机关党工委等部门,结合"廉洁修身"、"廉洁齐家",举办"大爱最美"寻找"最美家庭"征文活动;全区学校开展了"爱浦东爱我家"的征文和主题演讲。

让寻找之旅有声有色,浦东成功举办第十五届家庭文化节暨第十八届家庭教育宣传周系列活动;举办新春佳节最美家庭新春茶话会;举办傅雷家庭家风座谈会;策划最美家庭与艺术家相遇活动;举办家风家训展示活动1 960场、征集到好家风好家训7 307条、最美家庭文章2 568篇。

"家训家风的征集、评比及展示"、"涵育时代家风 争做最美家庭"广场活动、亲子艺术之旅、亲子绘本阅读情景剧等各类活动,激励浦东的百万家庭见贤思齐,争当最美家庭。

全区共晒出幸福家庭照片8 455幅、宣传和展示最美家庭2万户、官网和官微"最美家庭"报道的点击量12万次,参与各类"晒、议、讲、展、秀"活动的家庭和群众数达30万人次。

从2014年的2017年,浦东区级层面的最美家庭达1 407户;市级达31户,有7户家庭获得国家级荣誉。捐献造血干细胞成功救助女大学生且四世同堂、家庭和睦的顾天来、郑君华家庭获得全国首届文明家庭。为四位并无血缘关系的老人养老送终的卢伟栋获得全国道德模范荣誉称号。

(七)

让榜样走向市民、走进社会。1 314个妇女之家设立了最美家庭光荣榜，将最美家庭的事迹创作成影视作品，描写郑君华家庭的微电影《红》，一上线浏览量即过万。编印"最美家庭"故事集，制作 1 万张故事 CD——把"最美家庭"的故事送进千万白领的视听世界。让艺术家走进最美家庭、最美家庭走进高校、走进社区，以及最美家庭网上与其他家庭的互动，使得浦东家庭文明建设这部交响曲浑厚有力。

一些与家庭文明建设相关的项目品牌，也像曾经的文化品牌如雨后春笋般应运而生。

打造指导家庭教育的立体化服务平台——"空中父母学堂"服务浦东 40 多万中小幼家长；"金贝贝"早教大篷车由深入街镇开展工作，培育了一支专业早教团队；社区家长学校办学模式得以全面推广；旨在关怀独居老人的"邻里守望"达到全面覆盖。

"法律服务进社区"，建立了家庭预测预警预报机制。拓展了"网上维权"；"趣尚学堂"开设"法律学院"和"幸福学院"。

"让浦东家庭更美好"项目聚合《现代家庭》、范本良公益红娘工作室、帼苑婚姻介绍所的优势力量，打造传媒、交友、婚恋三结合的平台，覆盖 18 万订阅户，引导都市人形成健康向上的择偶婚恋观和家庭观。

（八）

浦东家庭文明创建是浦东文明创建的有机部分，是浦东文明"三部曲"的重要部分。

最美家庭的寻找、评选、像是对浦东家庭的一次全面检阅。在检阅中我们惊喜发现：世上没有一样的人一样，也没有一样的家。家庭结构、经历、文化、价值观都不尽相同，但绝大多数所体现出的情谊、道德和美好追求都是相似的，都沿着社会主义核心价值观的文明之路，不断地向上攀登。尤其是家庭中的女性，在各种境遇中，体现出了坚定的信仰、家国命运的自觉担当、超越血缘的诚挚大爱和不离不弃的生命守望。

家庭是守望的阵地，文明是守望的方向。

二、 黄浦区家庭文化建设与发展工作

2011 年以来，黄浦区在区委、区政府和上海市家庭文明建设协调小组的领导下，按照《上海市"十二五"家庭文明建设指导计划》《上海市"十三五"家庭文明建设指导计划》工作要求，立足"撤二建一"后新黄浦的发展实际，切实围绕"五个之家"建设目标，进一步加强体制、机制建设，拓宽服务平台、巩固优秀品牌和特色活动，形成具有黄浦特点的家庭文明建设模式。现将我区家庭文明建设工作情况总结如下：

（一）黄浦区家庭文明建设工作的现状

2018 年 6 月，黄浦区 514 户家庭通过随机抽取接受了调查问卷，结果显示"十三五"期间黄浦区家庭文明建设工作取得了较为明显的成效。家庭文明程度的优良（70 分及以上）率高达 96.7％，其中优秀（90 分及以上）率达 48.4％，与"十二五"同期 43％的优秀率相比，提高了 5 个百分点，仅有 3.3％家庭的文明程度处于合格及以下水平（69.5 分以下）。

经过进一步分析发现，青年人家庭（35 岁以下）、中年人家庭（35—49 岁）、中老年人家庭（50—59 岁）、老年人家庭（60 岁以上）的家庭文明建设总体得分分别为 88.3、88.5、88.6、87.4，这表明各年龄段家庭的家庭文明水平相差不大，其中老年人家庭相对最低，而中老年人家庭则相对最高。

为进一步分析受教育程度及不同家庭结构类型对家庭文明建设的影响，我们将"未上过学"、"小学"、"初中"、"高中/中专"的受调查者归为未受过高等教育家庭，而"大专"、"大学本科"及"研究生"的调查者归为受过高等教育家庭。经过分析，受过高等教育家庭和未受过高等教育家庭的家庭文明建设总体得分分别为 88.7 和 87.4，这表明受过高等教育家庭的家庭文明水平略高于其他家庭，但差异不大。而在将联合家庭、单亲家庭、重组家庭和丁克家庭并为"其他类型家庭"，与核心家庭和主干家庭进行比较后发现：核心家庭、主干家庭和其他类型家庭的家庭文明建设得分分别为 87.7、91.1 和 88.3，这表明主干家庭的家庭文明水平最高，其次为其他类型家庭、核心家庭。

（二）黄浦区家庭文明建设工作的主要做法

1. 完善组织建设

区委、区政府领导高度重视家庭文明建设工作，区委常委会每半年听取妇联及区家庭文明建设工作情况，区四套班子领导经常参加区妇联组织的活动，深入了解家庭文明建设情况。根据实际，及时梳理、完善区家庭文明建设协调小组 27 家成员单位，组建成员单位分管领导、联络员的微信工作群，及时发布有关家庭文明建设工作的信息，确保每项工作任务和目标有落实、有跟进、有总结，做到职责明确，整体推进。

2. 加强队伍培养

一是依托社区，组建各类志愿者队伍。依托全区 177 个妇女之家、10 个街道家庭文明建设指导中心，巩固家庭文明建设主体阵地。建立了一支由妇联系统专兼职妇女干部及各成员单位联络员组成的家庭文明建设管理者队伍，定期交流培训；建立以最美家庭成员为基础的家庭志愿者队伍，积极开展文明礼仪宣传、家庭教育指导、特殊人员帮教等志愿服务；结合垃圾分类市政府实事项目，组建绿色环保志愿者。二是依托社会组织，引入专业服务团队。依托项目化推进机制，与专业服务团队共同开展睦邻家计划、老年人防跌倒干预、我和爸爸的挑战日记等项目，全方位提升区域家庭文明建设水平。

3. 落实保障机制

一是服务引领。运用古今妇女儿童慈善帮困基金、黄浦区女企业家慈善基金等各类慈善基金和慈善捐款，吸纳企业资源，引导企业与社会双向服务，充分发挥家庭文明建设社会化保障功能。二是创新模式。区妇联打破传统管理模式，积极探索坚持需求为导向，凝聚更多的企业和社会组织，向社会力量购买服务项目，并根据项目内容的社会需求、项目理念的创新性、项目的可持续性等方面进行评审，筛选出具有理念创新、定位准确、规划科学等特点的项目，通过多种专业化的社会服务，为我区家庭文明建设项目提供有力支撑。

（三）黄浦区家庭文明建设工作的成效

1. 坚持核心价值引领，打造家庭阵地活力

结合寻找"最美家庭"活动，依托国际家庭日、邻里节、"果色family"项目等，通过开展主题系列活动，为社区居民家庭创造交流沟通的平台，传播家庭文明正能量，促进家庭和美、邻里和睦、社区和谐，推动社会主义核心价值观落细、落小、落实，融入百姓生活。2011年以来，黄浦区以"让爱住我家""小家争创最美家庭，大家共创文明城区"等为主题，连续开展六届邻里节、家庭文化节暨家庭教育宣传周活动，将家庭教育、家庭建设、未成年人思想道德建设等工作融入和渗透到家庭教育宣传周和邻里节的各项活动中，活动内容丰富，注重点面结合、注重实效，促进邻里之间互动交流，充分体现黄浦传统邻里文化与艺术、时尚的交融。全区共有2户家庭被评为全国五好文明家庭标兵户，5户家庭被评为全国五好文明家庭，2户家庭被评为全国五好家庭。2户家庭被评为"上海市五好文明家庭标兵户"、38户家庭被评为"上海市五好文明家庭"、11户家庭被评为"上海市文明家庭"、14户家庭被评为"上海市学习型家庭示范户"。寻找最美家庭活动中，共产生5户全国最美家庭，2户全国最美家庭提名，28户"海上最美家庭"，30户黄浦区"最美家庭"，30户黄浦区"最美家庭提名"。

2. 坚持网络覆盖，构建家庭教育大格局

根据家庭教育指导工作的总目标，确定了不同年龄段和不同类型孩子家长的指导内容和方法。设有区及街道孕妇培训学校、区早教中心和街道早教分中心、街道家庭儿童服务指导中心、社区学校、社区知识女性工作站、社区家庭教育工作指导室、社区残疾儿童康复活动室等。这些

校、站、点、中心的建立，逐步形成了分类指导，分层递进的指导体系；同时，区教育局、区卫计委和区妇联共同签署了《深化推进 0—3 岁科学育儿指导部门合作备忘录》，进一步强化管理与服务；并依托"家庭教育四进""亲子阅读""儿童居家安全促进""亲子安全课堂"、"青春纪念册"等项目，结合社区实际，分年龄、分主题开展多种形式的家庭教育指导，使儿童及家长通过实践活动的体验和感受，掌握知识，提升能力，促进发展。

3. 坚持把握民生需求，彰显服务活力

树立精准帮扶理念，通过出台政策、发挥专业社工的作用、推进"8·18"帮困助学、"爱心妈咪小屋"、"富邦华一——关爱老人专案"、服刑人员家庭未成年子女帮扶等工作，不断提升妇女儿童的获得感和幸福感。区检察院制定《关于深化未成年人司法救助的工作细则》，推进"向阳花被害人救助项目"，加强对未成年被害人的救助。区民政局出台《加强黄浦区困境儿童保障工作的实施方案》，强化困境儿童安全保护机制。区总工会制定《"爱心妈咪小屋"资金补贴发放规定》，对新建"爱心妈咪小屋"，每家提供 5 000 元到 10 000 元的补贴，对新建亲子工作室给予 10 000 元补贴。目前全区共建 49 家小屋（企事业类 32 家，楼宇区域类 12 家，公共空间类 5 家），不仅为女职工提供孕产期私密的休息点，也成为优生优育的宣传点。区文化局对全区 3—18 岁贫困家庭儿童发放文化福利补贴，每人每年补贴 100 元读书券，用于购置图书，目前已覆盖全区 7—18 岁低保家庭儿童共计 4 490 人次，补贴资金 44.9 万元。团区委充分立足社区学校、社区志愿者队伍、青年社会组织等资源，在全区建设了 15 所小学生"爱心暑托班"，为 1 000 余名小学生提供暑期看护服务，实现 10 个街道全覆盖。区妇联联合上海富邦华一公益基金会推出的"富邦华一关爱老人专案"，自 2016 年启动以来，共为黄浦区三个街道年满 70 周岁的低保及纳保妇女提供了 1 731 人次的意外骨折保险，为 12 位发生意外的老人提供了理赔，2019 年，此项目将覆盖全区所有年满 70 周岁的低保及纳保妇女，为老人们在人身意外伤害发生时添一份医疗方面的保障。

4. 坚持整合多方资源，合力推进区域家庭文明建设

以家庭文化、家庭教育、家庭服务为重点，积极设计和策划服务项目，搭建多方参与平台，动员汇聚更多的企业资源和社会爱心力量参与为妇女儿童家庭服务。2014—2018 年，黄浦区妇女儿童家庭公益服务项目共有 94 个，其中市妇联资助项目 13 个，争取社会资金资助项目 6 个，总计经费 755.08 万元。

随着城市的发展和社会文明水平的提高，居民对精神文化的需求越来越高，家庭文明建设工作也不断面临新的挑战。"十三五"期间，黄浦区家庭文明建设工作得到了各职能部门和社区街道的大力支持和参与，也引入了社会力量合力推进。今后，黄浦区将结合全国文明城区和"五个之家"等特色家庭的创建工作，深入研究家庭，了解家庭，把家庭最关心、最迫切的需求作为家庭文明建设的切入点，进一步激发家庭参与家庭文明建设的积极性；通过多媒体网络现代化途径和社区学校、玉兰学堂等公益活动，用群众喜闻乐见的形式，使家庭文明建设活动更具吸引力和感召力，成为针对居民日常生活需求的贴心服务，从而推动黄浦家庭文明建设水平更上一层楼。

三、 徐汇区家庭文化建设与发展工作

家庭是社会的细胞，是精神文明的重要领域，更是构建和谐社会的重要组成部分。长期以来，徐汇区家庭文明建设工作始终紧紧围绕徐汇经济建设和改革、发展、稳定的大局，突出工作重点，服务基层，注重实效，贴近家庭，不断完善工作机制、创新活动载体、拓展工作领域。近年来，家庭文明创建工作紧密结合培育和弘扬社会主义核心价值观，发扬光大中华民族传统家庭美德，以好的家风支撑起好的社会风气。2012 年徐汇区被评为全国家庭教育工作示范县市区，区家庭文明建设协调小组连续 3 年被评为市家庭文明建设先进协调组织。

（一）完善机制，建设队伍，夯实家庭文明建设工作基础

1. 职责明确，健全基层组织机制

徐汇区家庭文明建设工作按照上海市妇联各个阶段的家庭文明建设指导计划的要求，建立 18 家委办局、13 个街镇、307 个居民区为成员的家庭文明建设协调小组。为加强家庭教育指导，2007 年起区妇联在 13 个街镇建立社区家庭文明指导中心，运用社会化、市场化机制承接有关妇女儿童的事务，整合社会各方资源为家庭和妇女儿童提供多样化、多元化的服务，构建多层次的服务体系。制定各阶段的《徐汇区社区家庭文明建设指导中心》工作手册。通过梳理项目、督导评估、考核评优等手段，形成家庭文明指导中心良性循环发展模式。强化家长学校的功能，充分发挥家长学校在社会、学校、家庭一体化教育中的重要作用，宣传普及科学的家庭教育理念、知识和方法。

2. 志愿服务，助力家庭文明建设

自 2009 年起区妇联组建了公检法司在职和兼职专业维权志愿者队伍，她们在工作在信访、法律咨询、人民调解、心理咨询、离婚劝和维权窗口，为妇女儿童家庭提供专业的服务。2011 年至今处理信访 20 502 件，法律援助 4 811 人次，人民调解 1 866 件，心理咨询 788 人次，离婚劝和成功 576 对。2010 年建成全市首家社区志愿服务中心，实现区志愿者协会、社区志愿服务中心和居民区志愿服务工作站全覆盖的三级网络，全区 2 000 余支志愿者队伍活跃在社区基层，开展志愿服务行动。以绿色环保家庭废弃物回收为主题的"绿主妇"服务团队，荣获中宣部"最美人物之节约之星"、"2014 年感动上海十大人物"等多项荣誉。

3. 理论先行，开展家庭课题调研

依托高校力量，加大家庭文明建设领域理论研究用以指导家庭文明创建工作实践。开展了徐汇区新时代创新"家风、家教、家训"建设工作调研、陪伴随迁老人支持调研、女性创业者现状与需求调研、徐汇区女性社

会组织领导力建设与协同发展机制研究、徐汇区妇女"两病"筛查项目课题调研等。探索家庭文明建设工作的新模式，为家庭文明建设工作提供与时俱进的理论和实践参考。

(二) 广泛宣传，搭建平台，激发家庭文明建设工作活力

1. 核心价值引领，营造家庭文明创建氛围

一是典型人物培育。组织创评五好文明家庭、学习型家庭、最美家庭等，通过"晒、议、讲、展、秀"5 个环节活动，探索创新寻找最美家庭、文明家庭的动员手段，创建工作实现向社区企业、部队、社会组织、楼宇园区的延伸。涌现出沈翠英、张志勇、武霞敏等典型家庭。区、街镇、居委三级妇联组织通过海上名人谈家风、家庭文明建设巡讲团、好人故事会、廉洁家庭建设讲座、家风家训墙展示、微视频展播等方式传播最美家庭的事迹和良好家风家训。二是社会主义核心价值观教育落小落细落实。在全区中小学、家长学校开展坚持立德树人活动，深化社会主义核心价值观进教材、进课堂、进头脑、进课外、进网络、进教师队伍、进评价体系"六进"活动，不断拓展文化育人、实践育人、网络育人、评价激励的功能作用，确保核心价值观工作融入日常学校生活，渗透课堂内外，践行于学生言行之中。三是家庭教育活动分类分层分众。开展"树立科学家教，涵育时代家风"为主题的家庭教育"五进"项目，邀请教育、心理专家进社区、进机关、进企业、进园区、进学校，传授科学育儿知识，受众 18 000 余人。在区婚姻登记中心开展"汇缘启航"新婚夫妻成长体验课程，助力和谐家庭创建。开展"燕来归暖巢"外来媳融入上海生活引导、"雏鹰展翅"困境家庭儿童团体心理辅导等关爱活动。

2. 弘扬家风文化，提升家庭文明建设内涵

一是传承传统文化。为充分挖掘徐汇丰富的文化内涵和历史底蕴，通过区档案馆、徐光启纪念馆、钱学森图书馆等搜寻徐汇历史名人、革命烈士的家训家风故事，对居住、工作在徐汇的文化名人，一家家登门拜访

收集故事。拍摄家风专题片《上海徐汇徐光启：会通中西经世致用》视频，组织全体机关干部和社区居民观看。邀请小提琴演奏家俞丽拿、儿童文学作家秦文君等名人聚焦上海文化品牌，畅谈海上家风建设。二是注重家教养成。开展覆盖全区 13 个街道镇的"寻文化之源传家风家训"十万少年城市生存大挑战的品牌活动，优秀家庭代表举行优良家风家训传递活动，孩子自发创作诗歌《家风颂》，表达对家风家训的解读和感悟。开展"我的中国梦 童心同绘魅力中华"家庭主题文化活动，下设可爱家庭、德善家教、美好家风三个副主题，引导青少年学习和弘扬中华民族传统家庭美德。三是倡导家庭公益。围绕"汇善汇美 汇爱徐汇"的主题，开展公益实践活动，倡导家庭成员共同参与云南、西藏对口扶贫帮困、困难母亲邮包捐助、恒爱行动一线牵、爱心义卖、校服捐赠等公益活动，并且吸引众多爱心企业和员工家庭参与公益活动。

3. 围绕"五建五家"，巩固家庭文明建设实效

"汇·健康"。落实《妇保法》每年为退休及困难妇女实施妇科病及乳腺病筛查，2007 年起至今完成 19 万余人次的退休及困难妇女筛查工作，发现肿瘤 103 人，均得到有效救治。"汇·学习"。组织开展"百万家庭学礼仪"、"百万家庭网上行"等市政府实事项目。注重学习型家庭的创建，以"汇悦读"全民阅读季引领市民素养，每季度设一个主题开展活动，倡导社会形成爱读书、读好书、善读书的文明风尚。"汇·文化"。2011 年徐汇区作为唯一的区县入选全国首批 28 个国家级公共文化服务体系示范区行列，在此基础上，围绕建设独具魅力的一流文化强区的更高目标，打造"汇讲坛"、徐家汇星期音乐会等活动，成为面向群众、较有影响的文化品牌。打造社区亲子阅读绘本馆，开展"绘声绘色"系列亲子阅读活动。"汇·平安"。坚持信访接待、法律援助、心理疏导、人民调解"四位一体"维权受理服务处置模式，开展《反家暴法》宣传讲座、活动。与区检察院合作关爱性侵案件未成年被害人。与区法院合作徐汇区家事审判综合协调解决机制，参与家事调解等工作。"汇·生态"。组织开展"百万家庭低碳

行　垃圾分类要先行"文明创建活动,截至 2018 年,全区创成区级绿色小区 198 个,其中市级绿色社区 8 个。以绿色账户工作为抓手,推进垃圾分类,累计覆盖居民 31 万户,覆盖 400 多个小区。创新开展"生态微课堂"、"生态文明游"等主题宣传活动,形成线上环保微课堂与线下环保月月送互动模式,把生态文明和环境保护宣传带入家庭、社区、学校、机关、企业。

(三) 与时俱进,创新模式,打造家庭文明建设工作特色

1. 成立中心,为婚姻家庭关系护航

为贯彻落实全国妇联、中央综治办、最高人民法院、公安部、民政部、司法部六部委联合印发的《关于做好婚姻家庭纠纷预防化解工作的意见》的精神,区妇联成立婚姻家庭危机干预中心,联合区民政局、区法院、区检察院、区公安局、区司法局等单位在全区探索婚姻家庭危机干预服务新模式。整合区法院家事审判改革、区公安反家暴受理、区民政帮困救助社会支持、区社会组织专业家庭调处辅导等资源,为婚姻危机家庭提供法律维权、家庭关系辅导、心理危机干预等服务。

2. 资源整合,创建社区服务全覆盖"邻里汇"

为着力改变徐汇公共服务空间少、资源散的现状,以 15 分钟社区生活圈,家门口 5 分钟生活服务圈为标准,创建成立了"一汇多点、一体多元、一网覆盖、全时响应、全区联动"家庭服务载体"邻里汇"。"邻里汇"下设长者照护之家、社区幼儿托管点、社区卫生服务站等 10 余家服务机构,吸引各龄层的社区居民参与,体现家庭结伴、邻里结情、社区结缘的地域情怀。目前全区已建成邻里汇 16 家,总面积达 24 000 平方米,服务活动受益群众达数十万人次。

四、 长宁区家庭文化建设与发展工作

家,是人们心中温暖的港湾;家,是人生的第一个课堂。开始于 20 世

纪 80 年代初的文明家庭创建工作伴随时代的发展和家庭结构的变迁，走过了不平凡的 40 年。长宁区家庭文明建设工作沿着岁月的征途，一路走来，与时代同步，与百姓相伴，以服务为先，致力于以文化人，以家育人，积极改革创新，深化拓展家庭文明建设的内涵，在内容与形式上努力打造长宁特色，实现了一次次的提升和跨越，多年来的持续努力和辛勤耕耘，凝聚起长宁 30 万户家庭的积极力量，为长宁国际精品城区、全国文明城区、联合国儿童友好型城区建设作出积极贡献。

（一）坚持服务大局，大力培育和践行社会主义核心价值观

坚持以社会主义核心价值观引领家庭。贯穿八九十年代家庭文明主题宣传实践活动，新世纪以来"百万家庭网上行"、"百万家庭学礼仪"和"百万家庭低碳行"，积极影响和引领了新时期长宁家庭文明的发展。与区纪委共同开展"廉洁家风"宣传展示活动，广泛征集好家风家训作品累计千余份，汇编《长宁区廉洁家风家训征集成果集》，邀请各级"最美家庭"在家庭文化节、邻里节上晒家风家训、讲最美故事、展文明风采；上海女子开放大学长宁学习中心试点开办，为不同层面女性搭建培训、学习、交流平台，引导广大妇女树立正确的世界观、人生观、价值观，让学习改变女性的生活方式，以实践引导女性的社会体验，用发展提升女性的幸福感受；社区广泛开展家庭美德宣讲活动，运用讲座、短信、海报、视频、宣传品等各类载体让"尊老爱幼、男女平等、夫妻和睦、勤俭持家、邻里团结"为主要内容的家庭美德逐步深入家庭，传承中华传统文化；一大批优秀女性示范群体和宣传，展示了长宁优秀女性参与经济社会建设中的巾帼风采和时代女性精神，每年"三八"国际妇女节、"家庭文化节"、"家庭教育宣传周"活动成为宣传、展示长宁各界优秀妇女和示范家庭的大舞台，有力动员女性和社区家庭投身创先争优活动，凝聚各方力量为长宁发展再立新功。

探索宣传创新做到全区家庭广泛覆盖。在妇女群众和社区家庭中广泛宣传"最美家庭"、"志愿服务"、"文明创建"信息，传播科学家庭教育理

念,营造文明和谐家庭风尚,弘扬社会主义核心价值观。先后在《长宁时报》、"文明长宁"公众号、长宁教育网、上海女性、中国妇女报等媒体,发布信息及宣传报道,大力宣传长宁家庭文明建设成果。自 2014 年以来,区妇联自行编辑、自办发行《成长家园·服务指南》报每年 12 期,每月入户全区 30 万户家庭开展家庭文明宣传,在"长宁女性"微信号开设"最美家庭""家庭教育"等专栏,定期发布宣传家庭文明建设活动信息。

(二) 坚持服务妇女,积极宣传和营造男女平等的性别文化

精心打造家庭文明建设阵地和项目。我们积极争取政府支持,多年来精心打造了 10 个街镇社区家庭文明建设指导服务中心、妇女儿童心理健康指导服务中心、困难妇女和离退休妇女"两病"筛查工作、"妇联进家门工程"等一批惠及广大家庭和民生的实事项目;完成"长宁区少年儿童图书馆"新馆迁建等多项市、区重点项目,开展"爱心暑托班"政府实事项目,推进"基本国策进学校"项目,"性别平等故事课"丰富小学队会、班会课程内容,"性别平等主题辩论赛"纳入高中学生辩论活动。区属文体单位保障文化、体育等公益性设施和场所对儿童免费开放或优惠开放,全区有 12 家文化场馆建立了青少年实践基地。

积极运用公共政策加强研究和保障。坚持每年组织人大代表、政协委员对妇女儿童工作开展专项督查活动,并通过两会提案议案、书面意见促进妇女儿童发展中重点难点问题的落实,积极为妇女平等参与发展营造良好的社会环境;坚持每年组织成员单位开展妇女儿童发展课题研究,注重将妇女和性别研究成果转化成政府部门工作实践中的具体政策和公共服务手段,为女性参政、妇幼保健、女性就业、家庭教育等领域的重难点问题解决提供策略措施。

(三) 坚持服务家庭,深入创建健康和谐文明的家庭文化

坚持开展文明家庭创评活动。不断规范和完善文明家庭的创评机制

和创评程序,提高文明家庭评选质量;以"寻最美家庭,扬时代家风"为主题,连续多年广泛开展寻找"最美家庭"系列活动;联合广播电台采访报道"文明家庭示范户""长宁特色家庭",设立专刊专栏图文并茂宣传文明家庭和好邻里感人事迹,邀请专业剧团以文明家庭的真实故事为素材,倾情创编相关文艺作品,以群众喜闻乐见的方式宣传文明家庭的感动故事。开展外籍家庭参与长宁精品城区建设及家庭文明建设调研工作,加强中外家庭在社区文明建设中的融合互动,长宁外籍家庭参与文明建设的事迹纳入全国文明城市巡礼系列报道。

承接联合国"家庭教育与性别平等"国际项目试点。总结形成了一套代表较发达地区的家庭教育指导模式,培育形成了"祖辈家长课堂"、"蒲公英之家"、"亲子阅读课堂"等一批家庭教育服务项目,服务对象涉及祖辈家长、孕期准妈妈、全职太太、外来嫂等不同类型;积极致力于修复特殊家庭紧张关系,坚持 29 年开办特色"家长学校"——"为孩子父母学校",对有未成年子女的离婚当事人进行融情、理、法为一体的法制、伦理道德和心理教育,引导他们建立和谐的家庭关系,保护未成年人的合法权益。在此基础上,探索购买专业社工服务,在华阳街道试点开展"单亲家庭关爱计划","失独家庭关爱计划",探索以社会工作者、心理工作者介入的家庭教育指导方法。

广泛开展寓教于乐的家庭文化活动。我们连续举办十七届家庭文化节、二十届家庭教育宣传周活动,搭设各类家庭文化建设成果和家庭才艺展示平台,积极倡导文明健康的社会风尚。围绕"和美家庭、和睦邻里、和谐社区"目标,创建健康之家、学习之家、文化之家、平安之家、生态之家;承办全市首届邻里节,倡导"送一个微笑、道一声问候、给一点帮助",促进邻里互帮互助;成立区、街两级女性文体团队沙龙,举办女性文体团队风采展示活动。截至 2018 年,全区共有各级各类女性文体团队 300 余支,成为丰富和活跃社区文化的一支生力军。

(四)坚持服务社会,大力弘扬乐于奉献的家庭志愿文化

动员广大妇女积极参与家庭志愿行动。按照"立足基层、面向家庭、

见诸日常、细致入微、持续发展"的宗旨，广泛深入地开展各类志愿服务。推进家庭志愿服务的常态化、项目化、规范化，在"妇女之家"开设志愿服务项目，搭建家庭志愿服务工作室负责人交流平台，每年结合12·5家庭志愿者日，凝聚社会爱心企业和爱心人士，主动把志愿服务送进社区、送到家庭，帮助家庭解决实际困难。统一家庭志愿者标识，家庭志愿者们广泛活跃在社区治安巡逻、环境美化、文化活动、邻里互助等各个领域，培育形成了"社区心理讲座宣讲团"、"低碳生活志愿宣讲团"、"禁毒妈妈工作室"、"幸福家园电脑俱乐部"等家庭志愿服务品牌，协力维护社区的稳定与和谐。建立困难妇女和儿童关爱机制，整合市慈善基金会和女企业家等资源，为妇科重症困难妇女和重病困难儿童提供资金救助。

探索专业化志愿服务项目。成立"开心家园"志愿服务工作室，探索打造"妇工＋义工＋社工"的工作队伍，从心理疏导入手，将妇女维权和社会维稳工作相结合，开展信访接待、人民调解、法律援助。邀请女法律人才联谊会成员及心理学、医学、法律等方面的专家，组建了一支具有心理咨询资质、懂法律法规或医疗医学知识的专业人士的志愿者队伍，参与工作室个案咨询调处、团康讲座等志愿服务。积极探索购买社会组织专业服务，面向单亲家庭、外来务工家庭、信访家庭等特定家庭提供配套专业服务，跟踪了解个案情况。成立至今，"开心家园"志愿服务工作室接待处理个案2 000余件次。"开心家园"志愿服务工作被列入区委社会管理创新试点的重点项目。

回顾长宁40年的家庭文明建设发展道路，离不开上海市妇联和长宁区委、区政府的关心指导，长宁家庭文明建设一系列制度建设和配套的工作机制是支持这项工作蓬勃发展的持久动力和保障。每五年召开一次的长宁区妇女儿童工作会议制度，20家单位组成的长宁区家庭文明建设协调小组组织架构，家庭文明建设协调小组联席会议制度，以及日益完善的文明家庭与文明城区、文明社区、文明小区的联创机制，统一纳入全国文明城区创建工作内容的一系列定性定量的考核评估要求，推动形成了长宁家庭文明建设"党委领导、妇联牵头、各方参与"的良好工作格局。

值此改革开放 40 周年之际,长宁家庭文明建设工作将紧紧围绕习近平总书记关于"注重家庭、注重家教、注重家风"的系列重要讲话精神,秉承 40 年的发展积淀再次出发,结合长宁实际,深入推进家庭文明建设活动,发扬中华家庭传统美德,以好的家风支撑起好的社会风气,为上海城市精神弘扬和家庭文明建设而不懈努力。

五、 静安区家庭文化建设与发展工作

40 年的改革开放,特别是十八大以来,静安区家庭文明建设工作围绕"新标杆"、"新亮点"的定位要求,以"三个注重"为导向,主动围绕中心、服务大局、服务家庭,主动创新家庭文明建设工作机制,带领全区家庭成员弘扬家庭美德,培育和践行社会主义核心价值观,促进社会和谐发展。小家美大家好,携手奋进新时代。

(一) 资源整合搭建平台成合力

在区委、区政府的重视和支持下,家庭文明建设工作纳入区域经济和社会发展的总体规划之中,纳入全国文明城区创建规划体系和学习型城区建设之中,成为区精神文明建设的重要组成部分。区家庭文明建设协调小组由区委副书记担任组长,由区文明办、区妇联、区教育局等 29 家成员单位组成,按照各自的职责,认真完成目标任务,形成了"区委领导、政府支持、妇联牵头、各方参与、齐抓共管"的工作格局。

各成员单位齐心协力、相互配合、优势互补、资源共享、协作工作,从而增强了家庭文明创建工作的活力,激发了广大家庭在社区精神文明建设中的正能量。静安区家庭文明建设协调小组多次被评为上海市家庭文明建设先进协调组织。全区涌现出一批全国、市、区级"五好文明家庭"、"最美家庭"、"文明家庭"、"学习型家庭"等各类先进家庭。

（二）价值引领注重过程丰内涵

结合深入贯彻落实"三个注重"，全区上下通过寻找"最美家庭"活动，突出价值引领，注重寻找过程，激励广大家庭都来争做"最美家庭"，使核心价值观内化为精神追求，外化为自觉行动，促进城区文明程度和市民文明素养不断提升。

2012 年围绕"文化、健康、生活、公益"主题，推出了"爱暖家庭，情满静安"——静安区家庭文化系列活动，让社区家庭在丰富多彩的文化活动中"升华思想品德、提升综合素质、享受美好生活"。我们开展了"穿越岁月——品味静安名人故居"活动；我们组织洋太太学习中国的传统文化、参加慈善公益等活动，异国文化在此融合；我们围绕家庭美德主题，举办"幸福家庭从心开始"系列讲座，让居民学习掌握营造"幸福家庭"的金钥匙，提高幸福指数。

2012—2014 年连续两届开展"静安最美家庭"公众推选活动，围绕"健康之家"、"学习之家"、"文化之家"、"安全之家"、"生态之家"、"孝亲之家"的创建要求，共推选出"静安最美家庭"40 户，"静安最美家庭"提名奖 40 户。

2015 年先后举办传承好家风好家训的"好故事"征集、"口述家史"、家训家规征集、家庭美德大讨论、"中国梦·家园情"——静安区好家风好家训好故事宣传展示等活动。全区推选出好故事 20 个，产生了十大"原创家训"和十大"我最认同的家训"。参与各类"晒、议、讲、展、秀"和"好家风好家训"征集活动的居民数为 5 000 多人次。

2016 年在全区开展了寻找"最美家庭"暨"传家宝的故事"征集活动，共征集到 531 篇传家宝故事，并进行"我最喜爱的传家宝的故事"网络投票，累计投票达 26 万多人次。活动最终推选出 25 个"我最喜爱的传家宝的故事"，制作了"传家宝的故事"纪念册，拍摄了"传家宝的故事"宣传片，让更多家庭感受传承的力量。

两区合并后,2017 年在全区组织开展 2016—2017 年度"静安最美家庭"公众推选活动,经过推荐、自荐,全区 2 700 多户家庭参选,各街镇以擂台赛等形式,产生百户"静安最美家庭"。通过网络票选(投票数近 14 万)和专家评审等,推选出 10 户"静安最美家庭"标兵户,10 户"静安最美家庭"标兵户提名奖,并在静安区第十九届家庭教育宣传周活动上进行宣传表彰。

2018 年,继续挖掘特色家庭,以"四世同堂"为切入口,展现和睦和谐的大家庭以及这些大家庭的发展脉络和时代背景,以微电影的呈现方式让优秀家风文化、家庭观念更贴近生活,深入人心。组织开展"悦赏静安最美家庭文化之旅"活动,以静安历久弥新、具有深厚文化底蕴的艺术建筑为载体,从弄堂文化、建筑文化、历史文化、仓库文化、艺术文化和科技文化六个维度安排了 15 个参观点,带领历届先进家庭成员顺着时间脉络,由历史走向未来,感受和弘扬静安家庭文化。

(三) 项目运作打造品牌筑品质

为有效提升项目运作的规范化、科学化、社会化,我区制定完善了《静安区妇联关于购买社会组织公共服务的有关规定》,为项目持续健康运作打好基础。实施了"白领妈妈育儿学堂"、"洋太太俱乐部"等众多项目,树立了很好的品牌效应。

结合打造"一街一品",将家庭文明创建活动落实到基层。石门二路街道连续 14 年举办"邻居节",开展了一系列群众喜闻乐见的主题活动,吸引了广大的新老邻居和"洋"邻居、"新上海人"邻居踊跃参与。静安寺街道开展"超能家长汇"项目,聚集辖区内家长,建立亲子家庭共同学习共同成长的微信群,成立骨干队伍,打造线上线下联动的育儿项目。江宁街道推出"周末去哪儿"亲子主题活动营项目,以"一月一主题"的形式和丰富多彩的益智活动,构建起和谐的亲子关系。共和新路街道依托街道法律援助工作站、"燕子人民调解工作室",试点成立"家事维权工作室",接受辖区居民法律咨询，为困难群众（包括弱势妇女群体）提供法律服务，促进家庭和谐。

以家庭需求为导向，精心打造家庭教育品牌项目。结合商务楼宇中白领妈妈对科学育儿知识的需求，连续八年实施"白领妈妈育儿学堂"项目，为 0—6 岁白领妈妈提供科学育儿知识，截至 2018 年已为 8 000 人次白领妈妈提供服务。从 2011 年 3 月开始举办"家庭教育公益大讲堂"，让家长树立为国育儿和科学育儿的理念，据统计，已举办 112 场次讲座，覆盖家长约 14 000 人次。

围绕区域人群特点，打造优质公益品牌项目。2013 年建立"快乐志愿吧"，为本区域有需求的困难人群和社区家庭提供志愿服务及公益主题系列宣传活动，先后开展了关爱农民工姐妹、药品回收兑换宣传、困难儿童志愿服务等活动。2016 年，以静安区乐宁老年福利院、蝴蝶湾福利院为试点，启动"携手前行　共话爱与心——快乐志愿吧"助老服务，探索助老服务长效机制。2017 年，助老服务拓展到 4 个福利院，效果显著，得到老人们及家属们的欢迎。2018 年，通过培训的志愿者利用简单的益智拓展游戏与专业的音乐老师进一步对福利院的轻度失智老人进行游戏互动、音乐治疗促进老人身心健康，让老年人感受到社会的关爱与人间的温暖。

（四）保障到位创新机制扩影响

加强新闻宣传保障。在《静安时报》、静安有线台、微博、微信上宣传家庭文明建设成果。点赞"静安最美家庭"、品味"静安名人故居"、口述"家史"、讲述老百姓"好家风好家训"的好故事，让家庭感受家庭文明的魅力和享受美好生活的幸福。

提升理论宣传保障。我区承接了上海市"社区家庭文明建设指导中心项目化运作的创新探索与思考"、"智慧城市引领下的学习型家庭建设的行动研究"、"儿童安全问题的社会与心理因素分析"等家庭文明建设重点立项课题，为新形势下的上海家庭文明创建提供了经验。先后完成"增强妇联社会公共服务的能力"、"妇联系统巾帼志愿者服务调查"、"职业女性家庭角色研究"等 20 多项调研课题，为党政部门决策提供理论支撑。其中"职业女性家庭角色研究"在《解放日报》、《新民晚报》、《青年报》相继发表，中国社科院网站、新浪网等 20 多个重要网站转载，促进研究成果转化为社会效益。

扩大社会宣传保障。充分发挥区、街道两级家庭文明建设指导中心的作用，广泛长效开展家庭文明建设的活动；充分利用好 270 余个"妇女之家"的阵地优势，调动全区 4 000 余名妇联执委、基层妇女代表和社区单位的积极性，为家庭文明建设贡献力量。举办家庭文明建设成果展，《妇女权益保障》、《未成年人保护法》等讲座和报告，形成"领导重视、居民知晓、家庭参与"的良好氛围。

六、 普陀区家庭文化建设与发展工作

改革开放以来，普陀区家庭文明建设以构建和谐社会的内在要求和社区家庭妇女儿童的需求为出发点，以寻找各级各类优秀家庭为载体，聚焦建设健康之家、学习之家、文化之家、安全之家、生态之家。

(一) 坚持顶层设计，推动形成家庭文明建设新格局

1. 夯实组织基础，加强整合联动

在区委区政府的重视支持下，我区组建了家庭文明建设协调小组，把家庭文明建设纳入区域经济和社会发展的总体规划之中，重点推进。区委常委会每年听取有关家庭文明建设工作汇报，并对推进工作作重要指示。区家庭文明建设协调小组由区委副书记亲自挂帅，每年召开工作会议，制定年度工作计划，落实责任分解。我区建立了区、街镇两级家庭文明建设志愿者队伍，注册、登记人数达 13 万人，专兼结合的志愿者队伍，为推进家庭文明建设发挥了积极作用。

2. 加强理论研究，促进成果转化

近年来，各成员单位积极开展理论研究，为党政部门决策和开展家庭服务项目化运作提供了支撑，通过一系列的问卷调查，访谈和座谈会，了解普陀区家庭教育相关需求，有针对性开展家庭教育相关服务，区妇联"小玩具、大智慧——基于社会建构理论的婴幼儿玩具有效利用的实践研究"被纳入上海市家庭文明建设重点立项课题。

3. 树立品牌意识，扩大社会影响

区协调小组各司其职，依据家庭需要，营造上下联动、资源共享的局面，增强家庭文明建设社会影响力。家庭教育方面，我区家庭指导服务覆盖率达 98％。家庭文化方面，"苏州河文化艺术节"、"苏州河家庭龙舟赛"、"长风杯新上海人歌唱大赛"等活动，成为面向普陀、辐射全市的优秀家庭文化活动项目。每两年一次家庭文化节和每年的家庭教育宣传周主题突出，形式多样，有效提升家庭成员文化素养。

（二）围绕"五建五家"，推动提高社区文明程度

1. 以健康理念为引领创建健康之家

（1）提升妇女儿童卫生保健质量。市妇幼保健中心和市儿童医院落户普陀，持续探索市区联动、专业对接、全程规范的妇幼医疗保健模式。同时，区中心医院、人民医院、妇婴保健院、利群医院参与"上海市儿童医院儿科医疗联合体"的组建，发挥医联体优势，提升儿科临床能力。区妇婴保健院与市儿童医院建立无缝衔接的对口会诊、转运抢救网络，努力提高危重新生儿抢救成功率，降低婴儿死亡率。

（2）提高家庭生活质量。区体育局打造社区市民健身中心、百姓健身房、百姓健身步道、公共运动场和健身广场，以及一批全民健身品牌。区教育局建立了早教指导站联动网络、建立区 0—3 岁公益早教婴幼儿信息库。区卫生计生委与区教育局联合建立四位一体信息化平台。区妇联、区司法局联合成立"普陀区妇女儿童调解委员会"，开设婚姻家庭心理健

康咨询服务热线。区妇联通过"巾帼护家志愿者服务队"项目，完善街道镇的社区家庭文明建设指导中心、妇女之家、妇女维权点等服务窗口的法律及心理咨询功能。

2. 以终身学习为目标创建学习之家

（1）家庭教育指导服务多样化。教育局、文化局联合区妇联，有序开展家庭教育"五进"活动；区教育局在所有中小学幼儿园都建立了家长学校、家长委员会，实现了"全覆盖"；区卫计委积极扩大家庭计划指导服务的覆盖率；区妇联联合区早教中心开展"0—3 岁亲子教育服务大联盟"活动，区卫计委和妇婴保健院联合区妇联开展"健康大讲堂"。开展"妈咪宝贝帮"新生儿家庭父母支持服务；"为爱悦读"书香润万家项目培养家长和孩子共读好书；"行走普陀"艺术进万家项目带领家长和孩子共赏国粹；"孝承敬和"家风传万家项目弘扬新时代家风。

（2）推动家庭终身学习氛围浓厚。社区学校成为家庭终身学习的主课堂，充分发挥"百姓育百姓，百姓引百姓"的市民主体作用。以未成年人课外活动阵地建设提升普陀大学堂的内涵；推进"普陀大学堂"APP应用，把各实践基地的活动项目、各学校少年宫活动课程都放到 APP上，并要求各学校少年宫做到对社区开放，通过网上预约报名等形式方便未成年人参与活动课程和社会实践，实现线上和线下的融合。逐步建立公益劳动、志愿服务、社会调查、研学旅行、职业体验的过程记录评定机制。

3. 以各类实践活动为载体创建文化之家

（1）推进文化发展成果均衡共享。普陀实现社区文化活动中心和文化广场全覆盖。各社区图书馆功能不断完善，"美丽家园，缤纷舞台"月月演、"冬冬乐"少儿系列读书活动、刘海粟美术馆分馆馆藏精品社区巡展活动等深受社区家庭欢迎；苏州河文化空间建设通过文化艺术节、互联网电影节、主题文艺创作等活动推动社区家庭参与共享公共文化服务。区妇联、区文化局、区民政局联合向我区困难儿童家庭发放文化补贴卡。

（2）开展普陀特色家庭文化活动。各成员单位结合三八妇女节、五一劳动节、六一儿童节、邻里节、家庭文化节、家庭教育宣传周以及各传统节假日，开展传承践行家庭美德活动。区教育局定期在社区学校组织传统体育游戏大观园活动，区妇联打造"美丽家园·绿色阳台"行动引导妇女和家庭践行科学绿色、低碳节能的生活方式。团区委开展"我的中国梦"主题实践教育活动，开展"国旗下成长"普陀青少年升国旗暨爱国宣讲主题活动感召青少年爱国情。

4. 以平安建设为重点创建安全之家

（1）宣传普及家庭法律安全知识。区司法局开展家庭文明方面的普法宣传、法律咨询活动。区教育局举行"法律与我同行"法律专题讲座、"法在我心中"学法演讲比赛、网上法律知识竞赛、法治小报设计、"模拟法庭"等法治宣传教育活动。区红会、区妇联、区民防办等多家部门，在全区试点开展防灾减灾与自救互救知识宣传培训。区民政局开展普及公用安全和防灾预警活动，增强家庭的安全意识。

（2）引导家庭合法表达诉求。健全法律援助线上、线下工作网络，线下构筑了"区、街道（镇）、居（村）委"三级工作网络，区司法局联合区青保办、区老龄委、区妇联、区婚姻登记中心等设立了多个法律援助分中心。区司法局、区妇联、青保办共同协作，开展婚姻与家庭、妇女权益维护、青少年"两法一条例"等法制宣传教育活动，开展"法进楼组、法进家庭"、"名律师社区行"等活动。依托青少年法制教育基地，每年开展法制教育工作研讨。成立普陀区反家暴大联盟和10个街镇反家暴联盟中心，针对反家暴案件各部门启动联席会议，针对不同案件制定不同解决方案，快速、及时、有效处理。

5. 以实事项目为抓手创建生态之家

（1）多样化开展家庭环保实践活动。区文明办牵头，各个小区"百姓广场"每月确定1个垃圾分类减量活动主题，成为家庭参与践行垃圾分类减量活动中经常性开展项目。机关干部、居民区党员服务站、辖区单位等三股志愿者力量,形成了社区 8 类志愿者服务队,吸引了一大批居民参与到垃圾分类行动中。区妇联系统开展"美丽家园·绿色阳台行动"、"绿色星期六"资源回收日、"小手牵大手,垃圾分类我先行"等培训讲座和互动实践活动。

(2) 垃圾分类实事项目取得实效。落实"百万家政低碳行,垃圾分类要先行"市政府实事项目,紧紧围绕普陀"美丽家园"建设,将低碳环保、垃圾分类、健康生活、和谐家园理念有机地融入各类创建活动。深入开展低碳环保教育培训,针对不同群体开展低碳环保主题实践活动,依托社区志愿者开展资源回收宣传活动,引领家庭助力生态区建设,营造共同参与低碳行动的良好社会氛围。利用社区志愿者队伍参与社区自治管理、"五违四必"行动、无违建小区创建。

(三) 推动先进培育,挖掘家庭文明建设的典型家庭

1. 分层分类开展各类家庭展示活动

区委宣传部、区文明办、区妇联等联合开展寻找"最美家庭"活动,推动形成学习、关爱、崇尚、争当最美家庭的良好社会氛围。居村开展"五星级文明户"创建评选活动,以弘扬家庭清洁卫生、遵纪守法、和谐睦邻、文明健康、公益慈善的风尚,形成人人关心、户户参与,以"星"为荣的良好氛围。

2. 着力营造氛围宣传展示典型

每年结合家庭文化节、家庭教育宣传周开展各类优秀家庭表彰活动,2018 年结合改革开放 40 周年开展唱响时代主旋律歌咏比赛,结合"5·15"国际家庭日开展庆"六一"亲子阅读嘉年华活动,开展优秀家庭展示活动。通过各类活动,让先进典型走进社区、进机关、进企业、进园区、进学校,讲好家庭故事,弘扬优良家风,让广大家庭切身感受到优秀家庭就在身边,吸引更多的家庭参与进来,学习最美、争做最美,汇聚起推进家庭文明建设的强大正能量。

七、 虹口区家庭文化建设与发展工作

　　改革开放是当代中国最鲜明的特色，党的十八大以来全面深化改革取得的重大突破和进展，家庭文明建设工作得到前所未有的重视，取得前所未有的进步。虹口区家庭文明建设协调小组在区委的领导下、市家庭文明建设协调小组的指导下，围绕习近平总书记关于"注重家庭、注重家教、注重家风"的要求，围绕中心、服务大局，以建设"和美家庭、和睦邻里、和谐社区"为目标，以"家庭"为工作阵地，积极践行社会主义核心价值观，深入开展家庭文明建设工作，促进家庭美德建设，营造爱国爱家、相亲相爱、向上向善、共建共享的家庭文明新风尚，为实现虹口区域经济转型发展和社会和谐稳定作出贡献。

　　2016 年上海市群团改革试点，虹口区妇联在家庭文明建设方面的主要工作职责调整为：切实加强家庭文明建设指导服务中心建设；整合资源更好地服务妇女儿童和家庭；开展家庭文明建设，弘扬家庭美德，培养良好家风；开展家庭教育指导，提供相关家庭服务；联系、服务、指导团体会员，加强区妇联业务指导的社会团体、民办非企业单位等工作；承接区政府妇女儿童事务日常管理。

（一）机构健全机制完善　　形成家庭文明建设合力

　　2007 年，虹口区家庭文明建设协调小组成立，按照《上海市家庭文明建设"十一五"指导计划》要求，根据我区工作实际，整合原有的家庭教育联席会议、五好文明家庭评选协调小组等机构，由区文明办牵头，区教育局、卫生局、妇联、文化局等 16 个相关部门为主要成员单位组建，办公室设在区妇联，负责执行和落实协调小组确定的工作任务，开展有益于提高家庭成员素质和家庭生活质量的公益性活动。

　　协调小组坚持每年召开工作会议，总结上年度各成员单位工作，布置新年度工作计划。区委分管书记每年参加会议并讲话,十分重视家庭文明建设工作。各成员单位有力整合资源,形成家庭文明工作合力,使我区家庭文明建设工作有了新的提高和发展。

协调小组十分注重家庭教育理论研究工作。2008 年底,区家庭教育研究会成立,由 15 家成员单位共组成。每两年召开会议、发布课题,次年将优秀课题汇编成册,分别在 2008—2009 年、2010—2011 年、2012—2013 年印发《虹口区家庭教育研究论文集》。

(二)围绕中心服务大局 凝聚社区家庭力量

2007 年是女足世界杯和特奥的举办之年,我区结合学礼仪市政府实事项目开展了"迎女足,迎特奥,做文明虹口人"系列主题实践活动。策划组织了以全国三八红旗手陈翠萍为队长的"陈翠萍女子服务车队"发车仪式;配合市妇联组织由 4 000 人组成的白玉兰女子足球啦啦队成立仪式;开展了 103 场文明观球礼仪讲座,4 460 名市民群众积极参与。全区共计 41 836 人通过学礼仪考试,区妇联荣获了当年度上海市"百万家庭学礼仪"优秀组织奖。

在"迎世博 600 天"期间,由文明办牵头开展我区"家家学礼仪,人人讲文明"系列学习活动,以"礼让——从你我开始"为主题,完成培训市民 58 687 名,使虹口广大妇女及家庭内增涵养、外重礼仪,逐步提高自身素养。区妇联与区信息委等相关部门联手开展"万户家庭网上行"新三年行动计划,培训市民 10 086 名,在社区家庭中普及了中高级电脑操作技能,提高了广大妇女应用电脑的实际能力。

围绕虹口区创建全国文明城区提名城区工作,2017 年,区妇联与文明办联手推出"让我家美美的 让虹口美美的"美化虹口活动。宣传绿色生活理念,为社区家庭送上系列绿植 DIY 课程,帮助家庭美化窗台、阳台、楼道、庭院。8 个街道数百户家庭参与到活动中来,通过活动美化自家环境,也美化了社区,美化了虹口。

（三）广泛寻找重点宣传　扩大先进家庭影响力

几十年来，区妇联和区家庭文明建设协调小组来通过"五好文明家庭"、"学习型家庭示范户"、"海上最美家庭"、"文明家庭"等评选和寻找工作，发掘了一大批优秀家庭的先进事迹，每年举办家庭文化街、家庭教育宣传周、邻里节，通过多种文艺手段宣传先进家庭事迹。2011—2014 年，区文明办、区妇联、区文化局、区体育局、区地区办每年联手举办我区大型群众才艺展演活动——举办"美哉·虹口"社区家庭生活秀，以公益项目评选、群众性合唱比赛等形式，引导广大干部群众进一步树立社会主义核心价值观，以家庭文明推动社会文明，以文明家庭创建促进文明城区创建。

早在 2006 年，区妇联便发现和推荐易解放女士为中国"百名优秀母亲"，2008 年 3 月 27 日，区妇联举办"播撒一颗种子　收获绿色希望——虹口母亲植树行动计划"启动仪式。易解放家庭先后被评为全国最美家庭和首届全国文明家庭。还有许多优秀家庭在寻找活动中脱颖而出，在社区发挥着先进家庭的引领示范作用。

为扩大寻找"海上最美家庭"活动的影响力，每年举办主题活动。2015 年，向全区家庭征集好家风好家训 325 条，编印《虹口区家庭文明公约》，发放一万六千余册。2016 年，区妇联和虹口现代影像艺术协会联合开展了"有家有爱　最美瞬间"摄影大赛，引导社区家庭和摄影爱好者记录家庭中美好的画面，展示群众身边的"海上最美家庭"。2017 年，区纪委和区妇联在区机关、街道、有关单位开展了"树清廉家风，创最美家庭"活动，向全区广大家庭发放了《廉洁家书》，并与欧阳街道共同举办"喜迎十九大，廉洁家书进万家"现场会。2018 年，区妇联、各街道妇联、各居民区妇联层层开展"中华好家风　我辈竞相传"的评议身边最美家庭活动，讲演身边先进家庭事迹，影响更多家庭践行社会主义核心价值观。

（四）重点打造品牌项目　多方位服务家庭儿童

近年来，社会组织蓬勃发展，区妇联注重引导社会第三方力量参与家庭文明建设工作，精心打造品牌项目。在街道妇联层面有：广中街道的"快乐三点半"，四川北路街道的"川北妈妈"，江湾镇街道的"江湾情水润春芽——为江湾镇街道来沪就业人员子女提高学习效能心理援助服务"，凉城街道的"快乐 1+1，亲子共同成长"0—3 岁婴幼儿家庭早期教育指导服务，嘉兴街道"新上海姐妹俱乐部"带领新上海姐妹融入社区等，受到群众的广泛好评。

2015 年起，区妇联与上海家庭时光社区服务中心联手实施"美好时光"项目，通过高峰讲坛、家长沙龙、亲子坊等形式，为我区家庭送上先进的家庭教育理念和方法，每年开展 40 场左右的活动。其中，虹口区家庭教育高峰讲座全程录音，通过"海上畅听"广播栏目在全市播出，收听人数超过 82 万。

根据需求，在江湾镇三门居委开展"心之助　爱暖家——精防人员关爱项目"。与区检察院未检科签订《关于开展未成年人成长关爱项目的合作备忘录》，与上海白玉兰开心家园家庭服务社开展"为了明天，从'心'起航！——虹口区行为偏差未成年人心理建设"项目。

2017 年，在地区办的支持下，区妇联将"家庭时光"家庭教育服务品牌项目落地全区各街道市民驿站，为家庭送上菜单式的家庭服务。同期，区妇联制订《虹口区家庭工作标准》1.0 版，全面提升高标准管理水平；2018 年再次根据实际升级《虹口区家庭工作标准》2.0 版。

（五）跨前一步勇于担当　不折不扣完成市府实事

区妇联每年承接上海市家庭教育"四进"项目，每年在 8 个街道开展大小讲座和活动 48 场，连续三年，为我区家庭送上实实在在的家庭教育指导服务。

近两年，在区妇联的指导下，在卫计委和社区卫生中心等单位的协助下，各居民区妇联开展了 0—3 岁婴幼儿家庭基础信息及家庭教育需求调查工作，排摸我区上海户籍 0—3 岁婴幼儿和监护人信息，了解家庭科学育儿指导服务需求，为科学育儿指导服务打下坚实基础。

2013年起，"百万家庭低碳行，垃圾分类要先行"市政府实事项目在我区有序推进，发放各类宣传品近3万件，制作专题宣传微电影《和谐家庭》在全区播放，制作专题展板在77个试点小区进行垃圾分类宣传巡展。组织环保垃圾分类培训讲座123次，参与培训人数逾万人。2014年，"绿色星期六资源回收日"项目覆盖80个小区，回收电子垃圾3 202斤，玻璃瓶1 188个，废旧衣物1 746多斤，过期药品197.5斤。设置在全区190个小区门口的218只"大熊猫"成为虹口垃圾分类的新标志，每个月从"大熊猫"里回收来的废旧衣物达到100吨。

承接"新建20个社区幼儿托管点"的市政府实事项目，2017年到2018年，在我区广中、北外滩街道，由区教育局、区民政局、区市场监管局、区卫计委、公安分局、公安消防支队、区妇联等单位共同协作，通过公建民营、民建公助、托幼一体化的模式，改建新建北外滩街道尚幼托育园、广中路街道花园托育园、广中路街道天通庵路托育园、西街托育园4个托育园。

数十年来，虹口区家庭文明建设协调小组齐心协力深化家庭文明建设，使社会主义核心价值观融入家庭文明建设全过程和各方面。今后，我们还将以"家庭和美、邻里和睦、社会和谐"为工作导向，以寻找最美家庭、创评文明家庭为载体，创新家庭文明建设工作方式方法，增强创建工作的针对性实效性，增强妇女儿童家庭的获得感，引领我区家庭"争创文明家庭、共建卓越虹口、共享美好生活"。

八、 杨浦区家庭文化建设与发展工作

杨浦区委把家庭文明建设作为建设文明城区的重要指标，纳入区精神文明建设的总体规划，严格按照市家庭文明建设指导计划，结合我区实际，创设载体和抓手，基本形成了共建、共管、共享的社区家庭文明建设组织网络和多元化家庭文明建设指导模式。我区曾被评为全国"五好文明家庭"创建活动基层先进协调组织。

(一) 以家庭文明孕育社风风尚

1. 聚焦家庭文明建设

按照"凝聚妇女、带动家庭、联动社会"工作方针,倡导科学、健康、文明的生活方式,大力开展"五好文明家庭"创评活动,并以"学习型家庭"、"平安家庭"丰富"五好文明家庭"创建内涵,在全市率先制定和推行《学习型家庭创建评估指标体系》,成立家庭教育专家顾问团,设计女性家庭成长核心课程,自编家庭教育教材,开展 200 余场讲座,受益家庭达 2 万余户。长白新村社区、四平路社区被评为全国创建学习型家庭示范社区。每年举办家庭文化节、"5·15"国际家庭日、家庭教育宣传周活动,内容涵盖低碳环保知识宣传、家庭健康讲座、家庭故事演讲、家庭音乐大赛等,通过群众喜闻乐见的活动形式,营造各类家庭广泛参与的良好氛围。

2. 弘扬新时代家庭美德

始终把"注重家庭、注重家教、注重家风"作为家庭文明建设的重要内容,2014 起,在全区范围内广泛开展寻找"最美家庭"活动。充分依托社区妇女之家为宣传阵地,举办家风家训评议会、最美家庭故事会等活动近 4 000 次,线上线下晒出最美家庭照片 3 000 余幅,制作发放 10 万余份宣传资料和宣传品、最美家庭案例集和故事集,并在《杨浦时报》、杨浦有线台开展 20 期"美在杨浦——五好文明家庭、最美家庭故事"宣传报道。我区王金丽家庭荣获全国首届文明家庭称号,受到国家领导人的亲切接见。积极开展家庭志愿者活动,建立王金丽心理咨询师工作室、席惠君志愿者义诊队、施全红律师工作室等,充分发挥文明家庭的辐射引领作用,带动更多家庭提升家庭成员素质和文明程度。

3. 项目运作助推家庭文明

把项目化、社会化、专业化运作方式引入家庭文明建设,不断提升了妇联组织参与社会治理创新能力。2008 年成立区级和 12 个街道（镇）"家庭文明建设指导中心"，实施"关爱一生，幸福港湾——和谐家庭建设"项目，指导 12 个社区"家中心"开展一街一品特色项目，并在此基础上持续开展"媛动力——女性·家庭成长"公共服务项目，以家庭需求为导向，12 个街镇家庭文明建设指导服务中心策划了"平安小当家"、儿童安全教育、"缘聚五角场"青年交友、"生命教育课堂"、"社区公益生日 party"、"姐妹康复营"等媛动力项目，推动解决妇女儿童家庭最关心的现实困难和实际问题。

（二）以家庭成长促进社会和谐

主动承接社会公共事务，提升社会动员和服务能力，围绕党政关注的社会热点、难点问题，动员妇女和家庭积极参与杨浦经济社会发展，承接有关妇女、儿童和家庭的社会公共事务，扩大服务社会的规模和效应，赢得社会广泛认可。

1."百万家庭网上行"

以提升市民适应信息时代社会生活能力为目标，2003 年起，实施了"百万家庭网上行"政府实事项目，市民满意率 95％，66 614 名的杨浦市民接受了信息化基础知识和技能的普及型、应用型培训，尤其是为占总数 83.5％的高中以下学历的普通市民创造了与网络亲密接触的机会。发动市民参加"政府工作网上评议"，搭建了杨浦市民参政议政的平台；组织"网络知识竞赛"、DV（网页）制作、数码摄影和"数字妈妈"比赛等电子网络信息技术运用实践活动，引导市民步入信息化生活．

2."百万家庭学礼仪"

以提高市民素质和城市文明程度为目标，2006 年起，又承接"百万家庭学礼仪"政府实事项目，市民满意率 98.3％。从健全机制抓长效入手，确立多重联动、知行合一运行模式，以"迎世博、迎特奥，当好东道主"为主要内容引导市民"学文明礼仪、做文明市民"，共有 8.6 万市民参加并通过礼仪知识应知应会考核；"职场礼仪大讨论"、"家庭礼仪大赛"和"文明礼仪，让生活更美好"等主题实践活动，获得市民广泛响应。

3."百万家庭低碳行"

为倡导绿色生活理念，在全市最早启动"百万家庭低碳行"政府实事项目，每年区政府下拨 80 万元专项资金确保项目运行，在新江湾城、殷行社区试点的基础上，又在全区进行推广。成立专业志愿者讲师团队伍，开展两级培训，受益家庭达 10.6 万余户。联动社区、园区、营区、校区开展"绿色星期六，资源回收日"主题活动。承办上海市"低碳行"政府实事项目启动仪式，市委副书记殷一璀、副市长沈骏等市四套班子领导视察新江湾城社区垃圾分类实施情况，给予高度肯定。新江湾城社区被评为上海市"百万家庭低碳行"优秀试点社区。

4."四川—上海一家亲"

2008 年开展了"四川—上海一家亲"抗震救灾行动，组织动员妇女和家庭为汶川灾区捐款捐物 40 余万元，为一线医护人员和受灾人员开展"粽香情浓，家庭结对"慰问活动。开展"杨浦巾帼世博建功行动"和"杨浦家庭世博志愿行动"，通过"放心家园"项目，为世博工作者家庭提供家政服务、家庭教育、心理疏导等个性化服务，区妇联被评为上海世博工作优秀集体。聚焦杨浦重大建设工程，用温馨服务激发杨浦建设者的工作热情，共建和谐新杨浦。组织"粽香情谊浓"、"明月寄深情"等慰问活动七场，给身处异乡的外来建设者以家的温暖；开设团队建设、职场减压等健康心理辅导系列讲座，为奋战在重大工程动迁第一线的员工提供心理内驱。动员组织各级妇女组织结合行业特点，积极开展为重大工程建设者"五送"（送温暖、送保障、送文化、送清凉和送健康）活动。

（三）以家庭教育助力家庭发展

建立以政府为主导、家庭为基础、家长学校为主体、社会广泛参与的家庭教育指导服务体系。杨浦区荣获"全国家庭教育先进区"称号，区妇女儿童活动中心被命名为全国家庭教育试验研究基地；延吉新村社区、控江路社区被评为全国家庭教育工作示范社区。

1. 推进社区家庭教育指导服务站建设

实施"0—3 岁婴幼儿家庭亲职教育"项目，整合专家力量，开发适合学龄前儿童家长的"亲职教育"课程，将科学育儿理念传播给更多的社区家长。培育家庭教育讲师团骨干，实施"树立科学家教，培育时代家风"家庭教育项目，三年共开展专题讲座、家长沙龙 200 余场，为我区 1.5 万户家庭提供家庭教育专业服务，服务满意度达到 90％以上。区教育局、区妇联、区文明办、区未保办联合制定了《关于进一步加强杨浦区家庭教育工作的实施意见》，并启动杨浦区家庭教育研究与指导中心建设，健全完善家、校、区"三结合"家庭教育网络，促进家庭教育工作和谐而有序地开展。

2. 以"爱・陪伴"为主题打造家庭教育品牌

启动"爱・陪伴"家庭亲子阅读项目系列活动，邀请著名主持人海燕成为杨浦区家庭亲子阅读推广大使，"家庭亲子阅读体验""爱心绘本漂流记""故事妈妈俱乐部""亲子共读・名师来了"等多个板块鼓励更多家长放下手机，让孩子爱上阅读，让父母爱上陪伴。新民、上观、周到、中国妇女报等 20 多家媒体对此次活动进行了宣传报道。与宝宝树联手打造"宝宝树小时光绘本馆"，首批推出了 6 个社区亲子绘本馆，并与宝宝树共同开发设计亲子阅读课程，从认知能力、习惯养成、社会情感、逻辑思维等方面系统培养父母在亲子伴读中应该掌握的技巧和能力。联手爱绿教育集团实施爱绿亲子创意美工坊项目，把充满创造力和趣味性的亲子美术启迪活动带给全区幼儿家庭，以美学为纽带，唤起家长对儿童心理发展和情感的关注。

（四）以家庭服务对接多元需求

1. 关注困境儿童的健康成长

深化"特殊青少年心理关护""闸殷村外来青少年的心理关护""自强

少年帮扶服务""爱·守护之少年当自强""阳光成长——杨浦区困难家庭重大病儿童救助"等特色品牌项目,开展了准孤儿、困难家庭儿童帮困助学活动,并通过"相伴共读书香润德""杨浦区扮靓天使,喜迎六一活动"等主题活动,让孩子们感受到来自社会的关爱与支持。

2. 大力推进幼托点实事项目

2017 年建设的五角场街道政化路幼儿托管点已正式对外试运行,大桥街道长阳路幼儿托管点作为全市实事项目硬件建设和内部环境创设的示范点,已完成软硬件装修,做好运营前准备。2018 年两个幼托实事项目点已启动建设。国务院妇儿工委办公室赴五角场街道政化路幼托点就 0—3 岁儿童托幼服务进行实地考察并给予充分肯定,五角场街道政化路幼托点作为全区儿童之家示范和特色案例上报至全国。

九、 闵行区家庭文化建设与发展工作

闵行区建区于 1992 年,区域面积近 372.56 平方公里,现有九个镇、4 个街道、1 个市级工业区,共有 128 个村民委员会和 445 个居委会。全区常住人口为 253.43 万人,其中外来常住人口为 124.59 万人。区委区政府高度重视家庭文明建设,闵行区妇联与文明办协同成员单位一起积极探索、努力实践,推动家庭文明建设。以家庭文明建设为抓手,站立在服务妇女群众第一线,坚持从我做起,在家庭文明建设中培育文明风尚,积极践行社会主义核心价值观,树立良好家风,促进邻里和睦,建设乡风文明。

(一) 加强合作,紧密联系促落实,建健康之家

健全儿童保健管理网络,实现信息互联互通。建立筛查异常儿童信息数据库,0—6 岁儿童保健管理率、新生儿疾病筛查率、听力障碍筛查率均在 99% 以上。制定社区规范化的健康教育教学课件,用以提升社区儿

保父母学校的授课质量。加强宣传，提高婚前保健宣传覆盖面，为新婚夫妇提供婚检一门式服务。开创了流动孕产妇保健服务新模式。开展妇女病普查，建立筛查转诊绿色通道，积极开展"两癌"早发现筛查。全区每年完成妇科疾病筛查 3 万多人次。

完善区—镇、街道、工业区—村居—居民区、村民小组全民健身四级网络。新建、升级改造 384 个社区健身点，新建 22 条非标准健身步道。深化体医结合大健康理念，定期为市民提供体质监测、健身指导等服务。

开展了"闵行区儿童与青少年心智成长项目"。采用家庭、社区、学校三方联动的模式，结合儿童与青少年身心发育特征，开展青少年健康成长服务。通过提供家庭人际互动体验来改善僵化的家庭沟通模式，帮助家长发展出积极、健康、有效的家庭教养方式，培养良好温馨的家庭人际氛围。

（二）深化学习型家庭创建，营造好家风氛围，建学习之家

开展五好文明家庭、学习型家庭等创建评选活动，倡导把先进的学习理念融入家庭生活，树立终身学习理念。举办"读书·最美"闵行区市民读书活动，通过倡导广大社区居民诵读经典美文，解读身边的教育，关心孩子的成长，引导全社会进一步尊重孩子的成长规律，唤醒育人初心，以朗朗书声传递教育的真谛，美化育人环境。推出"鲁冰花"亲子伴读公益项目，向不同年龄段儿童提供符合心智发展特征的图书，为家长选择图书提供建议和指导。全区培育 20 个读书沙龙点，设立 100 个免费智能童书馆借阅点，共计提供 30 万册亲子绘本，培养良好亲子关系和家庭阅读习惯。深入推进鲁冰花家庭教育项目，加强鲁冰花志愿者队伍建设，共招募751 名注册志愿者。每年举行近 10 场骨干志愿者培训活动。联合区文明办编制下发 2 万册社会主义核心价值观读本《弟子规》和 2 000 册《用爱架起生命的彩虹》彩虹妈妈张灿红家庭绘本。每年举行"鲁冰花"绘画创意大赛，吸引 20 000 名少年儿童参加，覆盖区域内所有外来务工子女学校。

（三）探索"修齐讲堂"建设，拓展传播平台，建文化之家

注重整合文明文化资源、借势城区睦邻空间、激活现代传播方式，着力打造市民修身齐家、睦邻友善的道德文化新空间。将"市民修身"的内涵延伸至闵行区"邻里中心"（62 家）、文化客堂间（15 个）、社区文化活动中心（含分中心，19 家）、城市书房（5 座）、学校少年宫（22 所）等，通过丰富的公共文化服务供给，搭建免费的娱乐休闲学习平台，让百姓在家门口就能陶冶情操、修身养德。发挥社区学院（校）在推进价值引领、教育培训、实践养成等方面的能力和优势，使社区教育成为学校教育、家庭教育的有力延伸和拓展。

发挥公众人物的示范引领作用，专家学者的指导咨询作用，党员干部的带头作用和道德模范的感召作用，开设家风家训专题讲座，以个人讲述与现场互动相结合的方式，推进中华优秀传统文化的传承发展，以好家风好家训温润人心，以旧学新知启迪大众，以社会主义核心价值观诠释文明。充分发挥社区"妇女之家"和各种网上妇女之家的阵地优势，组织动员家庭晒幸福生活图文、议良好家风家教、讲家庭和谐故事、展家庭文明风采、秀家庭未来梦想、树家庭先进典型，激发家庭内部活力，促进家庭自我教育。将寻找"最美家庭"活动向机关、企事业单位延伸，向非公有制经济组织、社会组织、楼宇园区延伸，全区 14 个街镇、工业区及 500 多个村居开展寻找"海上最美家庭、闵行和美家庭"活动，"最美家庭"光荣榜 2 100 个，征集到的好家风好家训 17 247 条，在"妇女之家"参与各类"晒、议、讲、展、秀"活动的群众达到 65 705 人，家庭数达到 16 526 户，共计晒出家庭照片 4 822 幅，发挥寻找"最美家庭"活动的教育激励作用，扩展寻找"最美家庭"活动的参与度和覆盖面。2012—2013 年度上海市五好文明家庭标兵户 1 户；上海市五好文明家庭 29 户，上海市学习型家庭 6 户；2014—2015 年度上海市五好文明家庭 30 户，学习型家庭 6 户；2014 年海上最美家庭 6 户，2015 年海上最美家庭 5 户，2016 年共有 176 户家庭获全国、市、区优

秀家庭,其中全国优秀家庭(包括全国文明家庭、全国五好文明家庭、全国最美家庭)5 户;上海市优秀家庭 41 户(包括市学习型家庭、市五好文明家庭、海上最美家庭);区级优秀家庭 130 户(闵行和美家庭、闵行低碳家庭)。2017 年已有 2 户优秀家庭获全国"最美家庭",8 户家庭申报上海市"海上最美家庭";30 户获闵行和美家庭,100 户获闵行低碳家庭;2018 年有 155 户家庭获全国、市、区各级各类最美家庭荣誉称号。

在家庭文明交涉中让成员单位文明办联合教育局把中华优秀传统文化教育与课堂教学相结合,充分发挥课堂教学主渠道作用,中华优秀传统文化教育与主题教育活动相结合,暑期组织开展"少年传承中华传统美德"、"我是非遗传习人"评选、"红色足迹寻访"等活动 160 余项。中华优秀传统文化教育与社会实践相结合,组织 12 400 余名学生开展中华经典诵读、红色经典阅读等课程 435 节,开展"吟诵经典诗文　传承华夏文明"为主题的中华经典吟诵,共有 96 所学校 1 420 位学生参与。

(四) 夯实基础,形成工作合力,建安全之家

将"平安家庭"创建与"法律进家庭"活动有机结合,以"三八妇女维权月"、"反家暴日"、"世界禁毒日"、"宪法宣传周"等活动为契机,以宣传资料、倡议书、文艺巡演、法律咨询等多种形式,及时了解家庭诉求。构筑反家暴的社区共治平台,借助老舅妈常驻派出所的特色调解服务模式,组成以老舅妈、社区片警、居委干部、志愿者为主要力量的反家暴服务团队,将公安民警处置家庭暴力的内循环与社区各方参与的外循环结合起来。开展反家暴法进校园、社区的宣传活动,精心制作"反家暴小轻剧"在全区展演等,提高社会各界对家暴的重视和知晓度,举办人身安全保护令和告诫书操作指导培训。下发《闵行区对特殊对象未成年子女"关爱行动"计划》,与全区百名未成年人与志愿者签订关爱协议。为经济困难的妇女提供法律援助 2016 年度 549 起,2017 年度 392 起,此外儿童法律援助处理率、优先率一直保持 100%。"十三五"中期已帮助 353 名贫困儿童,共计

救助金额 567 000 元。

(五)坚持管控为核心,落实源头分类,建生态之家

坚持以强化全程管控为核心,落实源头分类为基础,实现"三美创建"(美丽家园、美丽乡村、美丽街区)。以多群体全覆盖为目标,通过广泛社会动员,不断提升生活垃圾分类知晓率、普及率以及参与率。全区垃圾分类累计覆盖达 75 万户(包括农村),街镇、村居垃圾分类覆盖率 85%,居住区实现分类实效达标 50%以上。每月开展一次资源回收日主题活动,每两月开展一次垃圾分类主题活动,每季度开展一次大型宣传活动,每户家庭发放 1 份垃圾分类指导手册,实现村居垃圾分类知晓率 100%。深入挖掘公益性宣传、社会性宣传渠道,通过闵行区绿色微信公众平台及各类主题活动向居民普及垃圾分类及绿色账号知识,广泛推行垃圾分类知识"进机关、进校园、进课堂",重点开展中小学垃圾分类教育,普及分类知识,通过"小手牵大手",促进闵行居民习惯养成。

十、 宝山区家庭文化建设与发展工作

习近平总书记在会见全国文明家庭代表时强调:要重视家庭文明建设,努力使千千万万个家庭成为国家发展、民族进步、社会和谐的重要基点,成为人们梦想启航的地方。要动员社会各界广泛参与家庭文明建设,推动形成爱国爱家、相亲相爱、向上向善、共建共享的社会主义家庭文明新风尚。要求工会、共青团、妇联等群众团体要结合自身特点,积极组织开展家庭文明建设活动。

宝山区历来重视家庭文明建设,从 1980 年开展"五好家庭"活动开始,发动妇女爱国爱家,学习文化技术,精打细算过日子,尊老爱幼,教育好子女,搞好邻里关系和环境卫生。1996、1997 年,全国妇联、市妇联相继牵头成立"五好文明家庭"创建活动协调小组后,宝山区也相应成立了

"五好文明家庭创建活动小组"。2004 年，随着市妇联研发制订了《上海市家庭文明建设"十一五"指导计划》，协调机构升级，演变为现在的由区委宣传部、区文明办、区妇联、区教育局等 15 个单位共同组成的宝山区家庭文明建设协调小组，统筹推进全区的家庭文明建设工作，基本形成了"妇联牵头、多方参与、分工协作、整体联动"的工作机制。

尤其是党的十八大召开以来的近六年里，宝山区致力于评选活动与实践活动并行，社会主义核心价值观建设从家庭做起进一步落实，家庭美德和优良家风进一步弘扬，家庭教育基础作用进一步发挥，家庭文化活动进一步丰富，文明家庭创建覆盖面和参与度进一步扩大，爱国爱家、相亲相爱、向上向善、共建共享的社会主义家庭文明新风尚日益形成，营造出和美家庭、和睦邻里、和谐社区的"三和"氛围。

（一）优选"家"，展现典型家庭精神风貌

除了常规的两年一次"五好文明家庭"、"学习型家庭"评选外，宝山区妇联根据时势，围绕"三个注重"要求，践行社会主义核心价值观，弘扬中华民族传统家庭美德，开展形式多样的家庭类评优创建活动，形成了宝山特有的"家"系列品牌。

从 2012 年始，每两年组织开展传承家庭美德、弘扬社会新风的评选活动，至今已评选出 200 对宝山区"好夫妻"和 20 对"十佳好夫妻"、100 名宝山区"好婆婆、好媳妇"和 10 名"十佳好婆媳"、100 户宝山区"平安家庭"、100 户宝山区"最美家庭"，100 名宝山区"最美自强少年"。

优选活动扎根于基层一线，寻找平常中的不平常、发现平凡中的不平凡，通过评选，挖掘了很多以小见大、感人肺腑、充满正能量的鲜活事例，在区级层面"百字"系列评选的基础上，近六年来，涌现出全国文明家庭 1 户，全国五好文明家庭 8 户（其中顾村镇赵克兰家庭是全国五好文明家庭标兵户），全国最美家庭 6 户，全国传承好家风的好妈好爸 1 名。

立足 12 个社区家庭文明建设指导服务中心，将家庭教育、家庭礼仪

等内容,纳入每年的"巾帼大学堂"万名妇女教育培训项目,挖掘和培育在工作上无私奉献、勤勉敬业、贡献卓著,在社区里热心公益、友爱邻里、帮老扶弱,在家庭里夫妻和睦、孝亲敬老、家风淳厚的各类典型,成立了以全国文明家庭、全国五好文明家庭标兵户"孝亲人家"赵克兰为领衔的巾帼宣讲团,讲好家庭故事、讲好优秀女性故事,弘扬优良的社会公德、职业道德、家庭美德和个人品德。

(二)活动"家",聚合家庭正能量

家庭运动会打造"健康之家"。为了提升家庭成员的身心健康,倡导"体育生活化",区妇联与区体育局联合举办每三年一届的宝山区家庭运动会。第二届家运会在第一届的基础上,以"和美家庭、和睦邻里、和谐社会"为主题,吸引了全区 491 户家庭 1 510 人报名参赛,进行了羽毛球双打、乒乓球双打、定点投篮、夫妻飞镖、全家足球点射等 5 项竞技比赛项目和 12 项 32 个集章任务的比拼,项目设计既时尚有趣,又充满生活气息,在快乐运动中增进家庭成员的情感,在竞技比赛中培育家庭之间的友谊,在共同参与中激发宝山家庭拼搏努力、奔向小康的热情,通过运动更好地展示宝山人在共筑"中国梦"的伟大进程中奋发前行的精神风貌,齐心协力建设升级版"两区一体化"现代化滨江新城区。此次家运会还充分体现了参与性与互动性,运用新媒体平台,开设了"最美一刻"家庭运动风采瞬间展示的环节,寻找健康向上、运动活力的最美家庭,传播家庭文明正能量。

互联网+下的"文化之家"。2016 年,开展了"相亲相爱一家人"作品征集展示活动,历时 7 个月,运用网络新媒体,为普通市民搭建展示"父母的爱情故事"、"我的文明旅途"、"我的一封家书"、"我的好家训"和"我的邻里故事"的交流平台,倡导和弘扬"夫妻和睦、尊老爱幼、科学教子、勤俭节约、邻里互助"的家庭美德,累计收到投稿作品 533 篇,经过层层选评的 30 篇作品在宝山文明公众微信进行公示和公众投票,评出了最佳人气作品奖 10 件,经评委会两轮投票,选出最佳作品 10 件。1996 年组建以"五好文明家庭"为骨干的家庭志愿者队伍,家庭志愿者发挥家庭成员的特长,通过开展邻里互助、结队帮困、家庭读书、家庭护绿等志愿活动,弘扬健康向上的家庭文化,于 2016 年统一更名为巾帼志愿者服务队,曾荣获上海市"十佳"优秀巾帼志愿者服务基地(组织)、上海市志愿服务先进集体。

家风家训涵育"学习之家"。结合寻找最美家庭,开展"我爱我家,好家风代代传——宝山区好家训征集展示活动",全区征集到家训上万条,从中选出好家训 600 条,制作成专题展板在基层巡回展出。在"寻吴淞口祖风遗训,做新宝山有志少年"系列——"讲家训、写家训、传家风"活动中,5 位老将军带着 10 位小朋友,泼墨挥毫,书写好家训。每年举办"好家风、好家训,成就孩子一生的品格"主题论坛,从名人故事、身边例子、社会热点等话题入手,用真实的事例感染人、启发人、教育人。2018 年 5 月,作为学习型家庭的特色品牌,启动了"书香飘万家"活动,常态化推进"书香家庭"创建推选。至今,全区涌现出上海市学习型家庭示范户 65 个,我区曾被评为全国创建学习型家庭示范城区。杨行镇、顾村镇被评为全国创建学习型家庭示范社区。

绿色生活共建"生态之家"。号召广大家庭积极参与生态文明家庭创建活动,有序推进生活垃圾分类和减量工作,促进环保理念内化为家庭成员的自觉行为。立足 12 个街镇家庭文明建设指导服务中心,实施项目化管理、菜单式服务,2016 年,各"家中心"自主开展"绿动"项目,活动形式更加多样,比如:张庙街道呼玛四村举办了"画出我的低碳生活",小区里的青少年用画笔画出心目中的低碳生活。还有的居委组织学生和家长到上海生活固废集装转运虎林基地,开展"参观垃圾中转站,培养垃圾分类习惯"参观教育活动等。2017 年开始,向社会力量购买服务,已实施了"绿分享"项目、"环保家家行,绿色小使者"家庭亲子实践项目,以深受年轻家庭欢迎的亲子活动形式,开展亲子环保知识主题活动、"绿色生活"社区户外环保活动以及微信课堂等,通过"小手牵大手",使家庭成员树立绿色生活、低碳环保的理念。

整合资源共营"安全之家"。开展宝山家庭状况调查,撰写的《家庭危机的防治和介入》一文荣获市妇联调查报告、论文评选二等奖,曾在《中国妇运》上刊登。针对儿童安全教育的隐患,开展了系统性探索和研究,《学龄前儿童安全教育模式探析——以宝山区为例》荣获 2016 年度上海市妇女儿童理论研究优秀成果评比三等奖。2017 年 12 月启动"宝家护航"维权联盟行动,通过项目化运作,将专业机构的力量引入到妇女儿童心理援助和婚姻家庭纠纷化解中,使妇女儿童家庭享受更个性化服务,为各街镇配送一名女律师,开展法律咨询、以案说法讲座、"一对一"个案跟踪化解、婚姻家庭纠纷调解等工作。为营造妇女儿童健康发展的优良环境,成立了宝山区"妇儿关爱专项资金",善款由成立之初的 18.7 万元,至今已累计募集 118 万余元,为我区 1 116 人次困难家庭儿童、重症困难妇女、生活困难老三八红旗手送去慰问金 72.915 万元,为建设和谐社会起到了拾遗补阙的作用。

十一、 嘉定区家庭文化建设与发展工作

多年来,嘉定区家庭文明建设协调小组在区委、区政府的坚强领导下,在市家庭文明建设协调小组的精心指导下,以"教化嘉定·礼乐之城"为品牌,积极培育和践行社会主义核心价值观,弘扬家庭美德,始终把家庭文明建设同"五个嘉定"建设相结合,同增强嘉定现代化新型城市的先进文化软实力和传统文化影响力结合起来,积极推进"五个之家"建设。整合资源,大胆创新,荣获全国未成年人思想道德建设工作先进城区、全国创建幸福家庭活动示范区、全国首批"妇幼健康优质服务示范区"、全国维护妇女儿童先进集体等荣誉称号,成功创建"全国文明城区"。

（一）建文化之家，以家庭文明传承为目标弘扬传播社会正能量

1. 以寻找最美传承中华民族家庭美德

深入学习习近平总书记关于"注重家庭、注重家教、注重家风"的要求，立足"家中心"、城乡社区和各种网上"妇女之家"阵地，组织动员家庭开展好"晒、议、讲、展、秀"5个环节活动，征集7 155个最美家庭故事、10 682条家训、7 450张最美瞬间。以文明家庭创建和最美家庭寻找为载体，深入开展寻找"我身边的最美家庭"，成立区"最美家庭故事巡讲团"，举行"让爱住我家"最美家庭故事巡讲等主题活动。

2. 以良好的家风践行社会主义核心价值观

承办"海上最美家庭"揭晓暨"礼乐我家　最美我家"等主题活动，表彰全国、市、区、镇四级最美家庭，展示不同家庭的"最美"。举办家庭文化节、家庭教育宣传周、5·15国际家庭日等主题活动67次，38 093人参与，评选表彰"最美婆婆""最美媳妇""最美家庭"，集中展示最美人物、最美家庭、最美家园的风采。在第一届全国文明家庭张金龙的"客堂汇"举行故事分享会，建立社会主义核心价值观教育实践基地。

3. 以家庭文明的传播弘扬社会文明新风尚

开展《走进全国最美家庭》"民生热线"直播节目，拍摄《我身边的最美家庭》宣传片，创作弘扬家庭美德的公益歌曲《家》，编入QQ音乐，积极传播家庭文明正能量。与文明办命名表彰61个区级"礼乐家园"家文化示范点，与区纪委、区委组织部联合开展"廉香满堂——廉香家书、廉香故事、廉香叮咛"征集，评选100户区廉香家庭，开展领导干部优秀家规家训征集，进一步提升城市文明程度和市民文明素养。

（二）建学习之家，以立德树人为重点持续深化家庭教育指导

1. 深化内涵，夯实家庭教育工作基础

成立区"幸福课堂"家庭教育讲师团、"张怡筠家庭情商教育工作室"，

在区博物馆、区图书馆、区文化馆、嘉定孔庙和韩天衡美术馆建立 5 个区家庭教育实践基地。完成《全面二孩政策背景下配偶对职业女性的支持研究》等调研论文,围绕《儿童权利公约》,开展《家庭教育中儿童权利保护的实践探索》研究项目,开展以"相伴共读书香润德"为主题的创意亲子阅读微视频活动,深入研究和传播探讨科学家庭教育理念。

2. 提升品牌,形成家庭教育指导同城效应

深入推进"幸福课堂"家庭教育品牌,开展"五进"活动,实施"核心价值观进家庭"、"爱的陪伴家庭教育沙龙"、"今天如何做家长"等。开展"情商·全家营"、"家庭情商教育进社区"项目,设立全国首个"幼儿情商教室",举办"幸福课堂进校园"、"阅·幸福"讲座、"魔法书房"家长沙龙,打造"情商嘉定"美好愿景。开展"蒲公英的温度"等农民工随迁子女家庭教育,提升家庭教育温度。全区举办"幸福课堂"家庭教育讲座 1 239期,146 872 人受益。

3. 精准服务,强化家庭教育项目实施

开展"爱成长"家庭儿童绘本阅读习惯培养、"小小书虫"等亲子阅读项目,通过"智慧阅读"、"最美阅读声"等推广立体式亲子阅读。开展"大手拉小手,亲子共成长"0—3 岁社区亲子教育指导项目,提供精准的科学育儿指导服务。开展"科技融入生活,家庭教育需要爸爸"项目,让更多的爸爸参与到家庭教育中来;在 17 个爱心暑托班开展"小小发明家"暑期创意思维课程 48 场,形成"科技嘉定"从家庭从儿童做起的浓厚氛围。

(三)建安全之家,以平安家庭创建积极营造和谐家庭良好氛围

1. 夯实维权机制,共促源头安全

完善"相约星期三"心理疏导工作室、婚姻家庭咨询室、妇联维权窗口等服务载体,建立"嘉家幸福维权联盟"、反家暴庇护所"嘉家幸福暖心驿

站",设置"反家暴联络点"、受理点 684 个,做到家暴案件"路路通"。贯彻实施《婚姻法》、《妇保法》、《反家暴法》等法律法规,完成《反家庭暴力意识、知识和态度》等调研论文,编写《妇女维权案例集》、《反对家庭暴力》格言集、《零距离服务妇女儿童项目集》、《维权维稳心理案例集》。

2. 整合各方资源,共创平安家庭

整合公安、司法、信访、民政等多部门力量,创建平安家庭。成立妇女儿童维权合议庭、性侵一站式办案场所,开通心理援助热线 39590800,开展离婚劝和危机干预,参与区领导信访接待 76 批次,成功调判维护妇女儿童权益案件 5 623 起,为 18 名性侵少女开展心理疏导。召开"平安家庭"创建工作推进会,评选表彰平安家庭(示范户)、优秀维权志愿者,举行"法治嘉定 巾帼行动"主题活动 2 000 次,87 000 余人受益。

3. 专业队伍做实项目,共筑温暖之家

以满足妇女儿童心理需求为导向,按照"项目化运作、专业化服务、社会化推进"要求,针对重症妇女、外来女性、服刑女性、特殊家庭未成年子女、失独家庭、涉毒家庭等特殊妇女、儿童、家庭和志愿者开展"心灵守护"等关爱项目。成立区、镇两级"满天星"巾帼志愿者队伍,为全区妇女儿童提供免费法律咨询和心理疏导服务,开展"四叶草联盟"等关爱志愿者心灵成长服务项目,积极打造专业巾帼维权志愿者队伍。

(四) 建健康之家,以幸福指数提高家庭成员的生活质量满意度

1. 积极推进儿童友好型城市建设

推进儿童友好型城市建设,与上海市科学育儿基地开展《儿童权利:未来家庭教育核心价值观》课题研究,制定《儿童权利公约》宣传项目五年计划,编印《儿童权利话与画》绘本。在全区 12 个街镇开展儿童权利"我的城市我做主"——聆听儿童声音,建设儿童友好型城市"友好的一天"儿童剧巡演,鼓励儿童为上海建设儿童友好型城市建言献策。

2. 持续开展科学育儿健康活动

连续 14 年举办区"活力宝宝"大赛，评选"爱牙宝宝"、"匀称宝宝"、"红润宝宝"和"健力宝宝"，推动儿童发展中龋齿、肥胖等重难点指标的推进和落实，营造全社会共同关注 0—6 岁婴幼儿早期教养的良好氛围。举办"带着爸爸一起来运动"亲子活动，号召父亲更多地参与到家庭教育工作中；开展"幸福家庭故事会"项目，用有声绘本形式体现儿童的生理、养育、心理等内容，号召广大家长树立健康的科学育儿理念。

3. 不断优化妇女儿童健康环境

开展区领导"六一走访"，勉励学校提升教育品质，鼓励医院做好孕产妇管理、儿童保健等民生服务。实施"两病筛查"实事项目，编演滑稽戏《不能大意》。开展"儿童安全　家园携手"科学育儿进社区活动，提高家庭安全防范意识。开展"遇见未来的自己"家庭亲子职业体验之旅项目，通过小小检察官、小小银行家等职业体验开展职业启蒙教育。开展走访慰问，为困难重点大学、高中、低保家庭儿童争取助学金，赠送文化福利。

（五）建生态之家，以绿色环保理念引导全区人民践行低碳生活

有效推进家庭低碳活动。在广大家庭中宣传普及低碳知识，开展"百万家庭低碳行，垃圾分类要先行"项目，举行"小手牵大手　让绿色点靓生活"绿化进家庭、"最美家庭"亲子后备厢集市、"我家的阳台我做主"、绿色星期六—社区资源回收日等宣传培训 2 024 场，入户指导 80 222 户，16.5 万人受益，制作低碳宣传折页 3 万册。评选 180 户"最美阳台"、"最美庭院"、绿色家庭、最美阳台、低碳家庭示范户；组织 5 200 余人观看大型低碳滑稽戏；征集"打造低碳生活，共创美丽家园"征文 380 篇，格言 1316 条，编撰低碳宣传书籍。

积极营造生态浓厚氛围。开展"美丽嘉定，我是行动者""美丽庭院—酵美生活"等项目活动，开展"环保达人—酵美庭院—环保播种"、环保服

装设计大赛、家庭环保达人秀等展示活动。评选 100 户垃圾分类"五星家庭"，引导全民树立"垃圾分类、人人有责"的理念。加强生态文化建设，发挥社区家长学校、家庭文明礼仪等平台作用，督促广大妇女切实从自身做起，推动垃圾分类减量，以三八妇女节、国际家庭日等节庆点为契机，普及和推广垃圾分类常识，形成"天天可见、处处可看、时时可听、人人可讲"的垃圾分类浓厚氛围。

十二、 奉贤区家庭文化建设与发展工作

奉贤的"贤文化"源远流长。相传先秦时期，孔子的弟子言偃到如今奉贤属地开设学馆，以儒学教人育德，使海隅处处可闻礼乐之声。言偃被海隅百姓尊为"贤人"，后将县名取为"奉贤"。改革开放 40 年来，奉贤秉持着"敬奉贤人，见贤思齐"的思想准则，把家庭文明建设与精神文明建设有效融合在一起，在不同的历史时期，让"好家风"建设永远成为家庭建设主流，促进家庭文明提升。

（一）以组织领导为保障，建立健全家庭文明建设工作机制

奉贤区家庭文明建设协调小组于 2012 年进行重新调整，由原来的 7 家单位变成了 16 家单位组成，由区委副书记和区委常委、宣传部部长共同担当协调小组组长，各成员单位和各基层单位的分工明确，形成了"党委领导、妇联牵头、部门协同、上下联动"的立体化工作格局，协调小组每年召开 1—2 次成员单位、基层单位分管领导和联络员会议，根据需要不定期召集有关成员单位进行沟通交流，各基层单位成立相应的家庭文明建设协调组织，整体推进家庭文明建设工作。

（二）融入地域特色，引贤文化活水，努力培育家庭文明新风

为进一步促进区域文化发展，2007 年，区委明确提出"敬奉贤人，见贤

思齐"的"贤文化"理念,并把"贤文化"作为精神文明建设的重要支撑不断丰富、发展、延伸。区家庭文明建设协调小组紧紧围绕"贤文化"发展要求,把它与时代对家庭文明的要求进行了有机的结合,发挥各成员单位资源优势,在全社会广泛开展"育贤德、敬贤人、扬贤风"活动,努力使"贤文化"精神成为千家万户的自觉理想、价值标准和行为准则,使家庭文明建设有目标、明方向、提水平。

1. 开启"道德讲堂",为家庭成员树立道德标杆

区文明办精心设计以"唱贤歌、看贤片、话贤事、学贤经、谈贤德"五大环节为重点的道德讲堂,并于 2012 年 9 月 20 日全国第十个"公民道德宣传日"当天,隆重举行"学习道德模范、争做奉贤好人"——奉贤区"道德讲堂"首讲仪式,打造"身边人讲身边事、身边人讲自己事、身边人教身边人"的特色教育互动平台,历年来,全区共开设道德讲堂 300 余个。

2. 开展"贤城好人榜"网络评议

以"贤城最美家庭"、"最美书香家庭"、"好婆婆、好妈妈、好媳妇、好女儿"系列创评活动,通过"我推荐、我评议身边好人"让感动常在。鼓励广大家庭成员及时发现身边的好人好事,并直接通过网络推荐,上传好人故事、最美家庭故事,展示好人风采,良好家风。"感动奉贤十大人物"走过的十年历程,自 2014 年启动的最美家庭寻找活动,编撰 4 册《家的故事》,无数感人的故事,引导更多的市民向他们看齐,激励广大家庭追崇身边的道德模范。

3. 推出"诵中华经典、做贤德之人"主题活动

以上述活动不断培育广大市民修身律己、勇担责任的道德风尚。由区委宣传部、区文明办牵头编写了奉贤区经典诵读市民读本《经典诵贤》,区教育局牵头编写了一套 4 本《中小幼学生中华经典诵读读本》,全面推进经典诵读进学校、进机关、进社区、进企业、进家庭、进部队系列活动,在广泛开展群众性经典诵读活动基础上,组织开展奉贤区中华经典诵读大赛,传承传统文化,弘扬传统美德。

4. 依托家校联动平台，形成家庭学贤崇德良好氛围

通过家长学校、家校网络互动平台，宣传普及"贤文化"，让《奉贤的历史文化名人》、《古华春秋》、《奉贤的 100 位名人》等书籍走进家庭，成为亲子读本。举办"贤文化"典籍亲子诵读、"贤人故事全家讲"、"学贤演贤"小品比赛、"人人都说奉贤好"诗歌创作比赛等"贤文化"专题活动，让家庭成员在参与中不断加深对贤文化的理解，逐步形成全家的学贤崇德的良好氛围。

5. 实施"文明家庭达标创建"百千万工程

结合我区全国文明城区创建工作，大力推进家庭文明建设。集全区之力，开展奉贤区文明家庭达标创建"百千万"工程，三年内，完成 4.6 万户区文明家庭的达标创建工作。

（三）加强部门联动，激发家庭参与热情，整体推进家庭文明建设

协调小组发挥各成员单位资源优势，或联或借，以项目化服务，为提高本区家庭综合素质搭建平台。

2004 年 4 月，由区妇联牵头、区教育局、区文广局联合推出的"张惠老师谈家教"广播专题节目正式上线，每周一次，通过空中电波，传播科学的家教理念和知识，为家长解疑释惑。节目历时 14 年，几经改版，初衷不变，累计广播稿 100 多万字。

2009 年 6 月 18 日，由奉贤区妇联、区教育局、区计生委联合开展的"早教流动车农村行"项目正式启动，全市第一辆"早教流动车"在奉贤诞生，时任上海市副市长赵雯等各级领导出席了流动车的启动仪式。项目历时 9 年，坚持每月 4 次送教下乡，为农村偏远地区及流动人口家庭提供优质的早教指导和服务。

由区妇联牵头，联合区总工会、区卫生局、区人社局、区体育局、区科委等多部门，共同开展"万名妇女素质提升工程"，结合妇女求知、求美、求

富、求乐、求健康等多方面需求，组织开展素质提升类、有证技能类、能力拓展类、生活保健类四类培训，成为"十一五"期间政府实事项目，切实推动了广大妇女姐妹素质的全面提升，有效推进了家庭文明的提升。

区计生委、区委宣传部、文明办、区妇联等 11 个部门联合开展"婚育新风进万家"活动，编制《以贤立家——走好人生每一步》家庭知识读本、定制 8 万把主题为"家庭幸福、社会和谐"的宣传小扇子、组建由 158 名家庭志愿者组成的宣传指导员队伍，通过"宅基课堂"、三下乡、"滨海之夏"广场宣传月等途径，普及优生优育、科学育儿理念。

区绿化和市容管理局联合教育局开展"绿色校园行"活动，开展生态环保知识普及、动员学生和家长共同创作"绿色寄语"并进行评选活动、组织获奖家庭开展"六一绿色亲子游"等，通过小手牵大手，动员广大家庭爱绿护绿，积极参与生态之家创建。

区司法局借助行业优势，在不断加强"法律六进"宣传活动基础上，创新法治文化传播载体，增强法制宣传教育互动性。一是在新浪网注册开通"奉贤普法"官方微博，组建法律专业微博管理团队，发布法宣工作动态、开展法治时事热点讨论、网上法律咨询等。二是在奉贤广播电台开通调解类法治广播节目"桂英说法"，每月一期，通过现场调解"以案说法"形式向听众普及法律知识。通过新型媒体和传统媒体的完美结合，为广大家庭增强法律意识、维护家庭安全稳定拓宽了学习渠道，搭建了互动平台。

十三、 松江区家庭文化建设与发展工作

近年来，松江区认真贯彻落实习近平总书记关于"注重家庭、注重家教、注重家风"的重要讲话精神，以践行社会主义核心价值观为主要内容，开展富有家庭特色的思想道德实践活动，不断提升家庭成员文明素养和幸福指数，努力推动形成家庭和美、邻里和睦、社会和谐的文明氛围。

（一）拓展阵地，着力构建家庭文明建设工作体系

一是健全工作机制。区家庭文明建设协调小组自 2010 年成立以来，坚持"党委领导、妇联主管、多方参与、分工协作"的工作机制，不断完善工作会议制度、部门联动制度、信息交流等制度。2016 年，制定下发了《松江区家庭文明建设"十三五"工作重点》，将家庭文明建设工作列入松江区域发展的总体规划和议事日程。围绕《人文松江建设三年行动计划（2017—2019 年）》《松江区创建全国文明城区五年行动计划》，以创建文明城区为契机，制定发布《松江区文明家庭建设三年行动方案（2018—2020 年）》，推动松江家庭文明建设向更高、更深、更广的层次推进。各成员单位按照工作职责，列出具有特色的活动项目，形成区域联动机制，推动了家庭文明建设工作的顺利开展。二是拓展服务阵地。松江区成功创建"中国书法城"，以广富林文化遗址公园为代表的"上海之根"文化建设全面推进。全区拥有未成年人社会实践基地 119 个，社区文化活动中心 15 家，为儿童活动空间的拓展提供了有利条件。2014年，在区委、区政府的重视支持下，由区财政拨款 200 万元，建成"松江区妇女儿童发展中心"，同时挂牌"松江区家庭文明建设指导服务中心"。完善街镇"家中心"和居村"家教站"三级家教服务网络。在全区287 个社区，挂牌成立家教指导站（茸城好家长社区学校），将家庭文明建设抓手延伸进社区，将资源配送到社区，开展各类活动 7 千余场次，惠及家庭近 8 万户。三是夯实工作队伍。区家庭文明建设讲师团现有成员 112 名，每年推出内容涉及"文明礼仪、亲子沟通、心理健康"等 50 多个讲座菜单，发表区级研究成果 50 余篇，课题立项 36 项。培训家庭教育骨干，积极参与"中国家庭教育指导师"及"家庭教育工作坊"研修及培训，已有 10 所学校共举办 30 期家长工作坊，培训家长、教师逾 4 500人次。依托"家中心"平台，招募了区、街镇、村（居）三级家庭文明建设志愿者近 5 000 余名。

（二）创新载体，有效提升家庭文明建设工作内涵

一是围绕"以德立家"，弘扬传统美德。开展"家庭美德万家行"项目，发放家庭美德记事本 24 万份。举办家风家训评议会、最美家庭故事会、小戏巡演等活动近 3 000 场，晒出最美家庭照片 2 000 余幅。编印出版了《弘扬家庭美德，汇聚茸城之光》《爱的传承》两书共 3 500 册。拍摄《好人歌》MV 传唱万户，传扬好人精神、传播正能量。依托巾帼志愿讲师团，送课进居（村）、学校，每年受益近万人。以"营造清廉家风，共建美好家园"为主题，组织干部家庭参观廉政教育基地，开展写家庭格言、讲廉洁故事、传家风家训等主题活动，发布《好家规、好家训》廉政家庭文集。

二是围绕"文化兴家"，推进科学家教。实施"文化寻根"项目。先后推出"书香人家—家庭在学习"、"亲子共读，文化寻根"系列活动，通过发放寻根护照、开发文化寻根 APP，以实体参观体验和实施竞赛等形式，深入宣传松江历史人文，每年由近 2 万人次参与。推荐优秀家庭获评松江十佳阅读类"百姓明星"。联合区文明办、旅游局开展"松江是我家"—万户家庭亲子文明游活动，举办亲子插秧节、广富林割稻节等田园项目，参与家庭 2 万户。深化家庭教育指导，以"树立科学家教，涵育时代家风"为主题，有序开展家庭教育"五进"活动，承办上海市家庭教育"五进"活动启动仪式暨 2017 年"少年中国梦"励志讲堂首讲，扩大"茸城好家长"大课堂项目的影响力，累计举办大课堂 1 073 场次。推出"小豆豆梦想书屋"亲子阅读项目，设立"梦想书屋"20 余家，推广流动书包，开展亲子阅读指导千余场。

三是围绕"以美秀家"，传递家庭理念。注重典型宣传，评选、表彰区级以上文明、最美家庭 2 000 余户。举办家庭美德风采秀，在"妇女之家"设立家庭幸福照片展示栏、在《松江报》发布"最美家庭"故事连载。开展"家庭美德我来议"，营造家家赞许好家风的浓厚氛围。倡导家庭健康，联合区民政局、卫计委推出"幸福家庭，优生优育"婚检大礼包发放项目，累

计发放礼包 1 827 份。开展"百万家庭低碳行，垃圾分类要先行"活动，发放垃圾分类倡议书、环保袋等宣传品 5 万套。在公交示范线路大巴上，投放宣传版面 5 000 份。开展"醉美云间 365"、"绿色星期六"、"绿动松江"——垃圾分类培训等主题实践活动。

（三）整合资源，切实完善家庭文明建设帮扶机制

一是做实爱心帮困项目。依托儿基分会，拓展募捐渠道，共募集善款 26.85 万元及价值约 10 万元的实物捐赠，以项目化方式开展帮困助学活动。开设"爱心书画"课堂，免费为 300 余名随迁子女进行书画培训；推出"心的希望"贫困先心儿童关爱项目，向上海市胸科医院和上海儿童医学中心赠送心脏封堵器，帮助需要手术治疗的困难儿童；争取到 15 万元的资金，在车墩学校建立了一间儿童安全教室，为松江区儿童普及安全常识。举办"我与新城同成长"活动，拍摄微电影、开展征文活动，让持续 14 年的新城助学活动留下温暖的回忆。

二是关注儿童身心健康。积极为未成年人创设健康的成长氛围。联合区卫生局、区教育局等部门对龋齿、肥胖、视力等重点指标进行监测评估，协调相关部门，采取有效措施，进行干预。举办"圆圆"健康训练营，在试点小学，针对 2—3 年级的肥胖儿童，开展每周半天的体育训练、科学饮食指导，有效控制体重，促进儿童身心健康发展。区科协依托近 40 个科普教育基地，组织科技兴趣小组 73 个，开展青少年安全及家庭健康讲座 2 000 余场，科普专题活动 849 批次，倡导科学、文明、健康的家庭生活理念。区民政局启动困境儿童社工导入项目，落实 40 万元专项经费，开设"心灵驿站"，为困境儿童提供专业的社工服务，为他们送去关爱。

三是关爱特殊儿童家庭。开展"爱心伴我成长"特殊对象未成年子女结对助学、"母亲邮包"单亲家庭关爱行动，组建"爱心妈妈"队伍，通过"走访"、"家访"、"不定期会见"、"个案服务"、"小组工作"等方式，开展集体或个别帮教关爱活动，在生活上给予关心，学习上给予指导，经济上给予补

助,使特殊对象未成年子女感受到正常家庭的温暖和妇联组织的关爱,帮助他们健康成长。

十四、 金山区家庭文化建设与发展工作

在市妇联的精心指导和区委的高度重视下,在各成员单位的积极推动下,以服务妇女、儿童、家庭为宗旨,以提高家庭成员文明素质和家庭生活质量为目标,近年来又紧紧围绕全国文明城区创建工作,深入落实"三个注重"工作,金山区着眼妇女儿童和家庭新需求,着力提升家庭成员文明素养,全区家庭文明建设各项工作取得了显著成效。

我区家庭文明建设工作在"十一五""八建八家"的基础上聚焦于建设"五个之家",即健康之家、学习之家、文化之家、安全之家和生态之家。以社区、家庭为主体,以品牌活动为载体,以培训宣传教育为手段,以志愿者服务为抓手,切实推进我区家庭文明建设。

(一) 夯实长效工作机制,完善家庭文明建设保障体系

1. 加强统筹协调,加大家庭文明建设投入

发挥家庭文明建设协调小组统筹规划、协调推进的职能,将家庭文明建设融入区"十二五""十三五"等发展规划和区精神文明建设整体规划,并借助妇儿工委平台,将一些重难点指标纳入绩效评估考核目标。我区实施妇女儿童规划人均经费由财政按户籍人口人均 3 元的标准给予拨付。

2. 加强队伍建设,建立长效管理机制

建立金山区家庭文明建设协调小组,努力培养一支数量充足、素质优良、相对稳定的专兼职家庭文明建设管理者和指导者队伍。区妇联在调整充实妇女小分队、家庭文明志愿者骨干联谊会、家庭教育讲师团、"爱心妈妈"志愿者、白玉兰开心家园志愿者等队伍基础上,2018 年牵手区教育

局,建立"鑫之家"家教教育讲师团。

3. 完善阵地建设

金山区将建设妇女儿童服务指导中心纳入"十三五"规划,2018 年 3 月 8 日正式启用,采取"志愿者"＋"第三方"运营模式,着力打造服务妇女儿童和家庭的重要阵地。

(二) 立足家庭、弘扬新风,家庭文明建设成果显著

1. 建健康之家,促身心和谐

家庭健康行动。建立了白玉兰开心家园、未成年人心理健康辅导中心和心理咨询、健康指导机构,开展"婚姻家庭心理健康教育社区行"健康咨询、健康知识讲座。倡导"全民健康 365"理念,开展"人人运动"活动;加强体育指导员队伍的培训和管理,动员居民积极参加体育健身活动。倡导"体育生活化"理念,培育、扶持打莲湘、赛龙舟等具有本土特色的群众性体育活动项目。

围绕全面"两孩"政策实施,加强孕产妇检查和保健管理、0—3 岁科学育儿指导。集中落实上海市控烟条例,加大禁烟宣传,开展控烟志愿者集中巡查活动。推进社区公共体育设施建设,三年来新建市民健身中心 1 个,社区活动分中心 5 个。目前,全区建有 7 处区级体育场馆、22 个社区公共运动场、366 个健身苑点、119 个农民体育健身工程、33 条百姓健身步道、14 个百姓(市民)健身房、2 条自行车绿道、2 个百姓游泳池,8 家社会自建体育场所实行公益性开放,人均体育场地面积达到 3.04 平方米。加强社会体育指导员队伍建设,制定《金山区社会体育指导员管理办法》(试行)。

关注心理健康。建立金山区学校心理辅导协会,完善白玉兰开心家园接待室建设,开展心理咨询个性化接待服务。推动中小学校心理达标校建设,形成了"1 中心＋2 分中心＋n 学校心理辅导室"的未成年人心理健康网络体系。

2. 建学习之家,促终身发展

打造家庭学习同心圆。以社区学校、市民修身学习点等为阵地,打造 15 分钟学习圈。2016 年以来累计建立修身学习点 285 个,举办各类修身学习活动近 3 000 次。建设市民修身基地 40 个,开设"厚德讲堂",开展各类培训、讲座、论坛 38 场,近 3 000 人次参与。以群团改革为契机,打造 38°女子学堂。新建金山区图书馆,专设少儿阅读区,每周定期开展亲子阅读活动。每年结合"世界读书日",开展金山阅读派系列活动。整合资源,评选产生"金山区十大最美公共阅读空间",建立图书馆大联盟。

构筑家庭教育同频共振。围绕家庭教育情况开展调查研究,形成了《以学校＋为载体,构建儿童全面发展大教育格局的实践研究》《互联网＋构建家校合作新模式的实践研究》等调研报告。广泛开展家庭教育"四进"、家庭教育高峰讲坛等项目。完善"三位一体"家庭教育联动机制。开展金山区首届"十佳好家长"评选、"家·感动"微电影征集等活动。

3. 建文化之家,促文明修养

发挥"家中心"指导服务功能。根据《上海市推进社区家庭文明建设指导中心的实施意见》,推动各街镇全面建立社区家庭文明建设指导中心,指导开展家庭教育、妇女维权等活动。

扎实开展寻找最美家庭活动。广泛开展寻找最美家庭活动,2016 年引入社会组织在社会全面开展"最美家庭"寻找活动,2017 年在全市率先开展第一届文明家庭评选工作,2018 年组织"最美家庭"网络评选。2016 年以来,全区涌现出陈清霞家庭、马欢花家庭等全国文明(最美)家庭 12 户,市学习型家庭等 40 户,区文明家庭 100 户,区最美家庭超过 1 000 户。龚建强家庭获评全国首届文明家庭。

深入开展弘扬最美家风宣传活动。广泛开展"最美家风墙"评比、好家风宣讲、"金山味道·寻找传家菜"等最美家风"晒、讲、议"活动。组织开展 5·15 国际家庭日、家庭文化节等系列活动。结合建区 20 周年,挖掘建区 20 年以来我区涌现的全国先进家庭事迹,拍摄《家和万事兴》视频,编印《厚德金山 礼尚之家——金山区首届文明家庭巡礼》一书,通过"金山好人"月推季选年评,"金山好人"访谈、征文等活动,营造金山好人辈出现象;建立好人公园家训廊。联合嘉善县、平湖市开展沪浙毗邻地区家风家训建设研讨会,签订《金嘉平家庭建设区域联盟框架协议》。在全区处级领导干部中开展"树家风、促党风、转作风"活动。

4. 建安全之家,创平安环境

平安家庭创建。在《新金山妇女》、"金山女性"微信公众号专栏刊登各类法律知识,组织广大家庭参与学习各类法律知识。区妇联先后荣获上海市刑释解教人员安置帮教工作先进集体、上海市维护妇女儿童合法权益先进集体、上海市学习型家庭建设先进集体等荣誉称号。

完善维权机制建设,加强维权宣传。发挥妇女儿童维权联席会议机制作用,构建"妇联＋职能部门＋社会组织"维权联盟。夯实三级妇女维权阵地,形成"妇联干部＋专业社工＋巾帼维权志愿者"维权志愿服务模式。成立反对家庭暴力工作大联盟。在三级妇联设立家事调解室,成立家事调解员和家事心理疏导员队伍。制定下发《关于建立金山区重点对象、重点领域法治宣传教育责任清单制度的实施意见》,对做好预防未成年人违法犯罪工作作出明确规定。开展"平安家庭月月讲"、反对家庭暴力宣传"六进"、"七五"普法宣传进基层等各类法律宣传培训。在全市率先成立由优秀女法官、女检察官、女律师、女警官组成的法理情女子会。

开展实事维权项目。实施"让爱回家"家庭暴力干预项目,对家庭暴力进行专业干预。实施"温暖陪伴"涉毒家庭后续照管项目,帮助涉毒人员回归家庭和社会。开展"草儿青青润金山"之"携手关爱、结伴成长"特殊家庭未成年子女关爱项目,加强对涉案未成年人的关爱。

开展帮困扶贫行动。开设外国友人助学、8·18 帮困助学、女企业家扶贫帮困等项目。开展老三八红旗手关爱、妇女"两病"检查和后续服务、"康乃馨家园"重症妇女关爱等项目,积极推广"女性之光"姐妹情关爱保险,切实提高妇女抵御妇科重症疾病风险的能力。着力推动 0—3 岁社区托管点市政府实事项目,建立金山区托幼工作联席会议办公室,建立幼托工作联席会议制度。2017 年完成小精灵社区幼儿托管点建设任务,2018年金山工业区社区幼儿托管点建设项目正稳步推进。

5. 建生态之家,促环保行为

倡导低碳环保理念。利用网站、《新金山妇女》杂志、"金山女性"微信公众号等,把低碳环保理念传递给每位家庭成员。积极落实垃圾分类市政府实事项目。广泛开展垃圾分类宣传工作,积极推广绿色账户。

开展"绿色进家庭"活动。大力开展"金山区新农村绿色庭院"评选活动。区妇联会同区绿容局的设计师和志愿者共同为我区 10 户家庭进行了绿化改造。

助力美丽乡村建设。以"美好家园示范村"创建为载体,实施农村女性智慧课堂项目,开展"村美户美她更美"系列活动。广泛开展"妇女小分队活跃在金山大地上"主题活动、"拥抱鑫家园"巾帼志愿行动,引导广大妇女志愿者主动参与"五违四必"、护水先锋行动、植树造林、"美丽一条埭"创建等工作。

十五、 青浦区家庭文化建设与发展工作

自 2011 年以来,青浦区家庭文明建设协调小组在区委、区政府的领导下,在市妇联的指导下,按照《上海市家庭文明建设指导计划》要求,以践行社会主义核心价值观为主要内容,开展了形式多样的"注重家庭、注重家教、注重家风"活动,努力提升家庭成员文明素养和幸福指数,为推动青浦跨越式发展作出了积极贡献。

(一) 加强领导,齐抓共管,构建家庭文明建设的组织体系

1. 协调小组功能强化

区委高度重视家庭文明建设,将家庭文明建设纳入全区精神文明建

设工作的全局,成立了由区委副书记任组长,区文明办主任、区妇联主席任副组长,区文明办、区教育局、区卫生计生委、区总工会、团区委、区妇联、区司法局、区民政局、区文广局、区体育局、区绿化和市容局、区环保局、区科协、区房管局等14家成员单位组成的家庭文明建设协调小组,统筹推进全区的家庭文明建设工作。2017年调整了协调小组组成人员,并定期召开会议,有序推进全区家庭文明建设工作。

2.工作阵地持续加强

区妇女儿童服务指导中心目前正在建设推进中,不久将对外运营。全区11个街镇相继成立了社区家庭文明建设指导服务中心,以妇联主管,妇联社工和社会组织三合一的模式提供服务。各"家中心"把丰富群众精神文化生活、提高家庭幸福指数、服务群众促和谐作为工作的出发点和落脚点,运作经费都由政府按需拨款,专款专用。近年来,11个"家中心"举办活动累计几百场,服务内容涉及家庭教育、家庭文化、亲子互动、心理咨询、矛盾化解等各类领域,服务对象覆盖了常住人口。建立各级各类家长学校456个,使家庭教育指导率达92.61%,进一步促进了家庭教育建设。重固镇开展了以"飞来之凤,重固提素"为主题的关爱一生项目,为来青姐妹提供个性化服务,此项目还获评上海市"家中心"示范项目奖。

3.工作队伍不断优化

强化各类专兼职家庭志愿者队伍,一是家庭教育指导志愿者队伍,通过知识讲座、开展亲子活动等,宣传家庭教育理念;二是垃圾分类志愿者队伍,通过集中培训和上门指导,引导社区居民养成正确分类垃圾的良好习惯;三是妇女健身志愿者队伍,指导社区居民开展广场文化健身活动,倡导"天天运动,人人健康"的"全民健身365"理念。

(二)注重宣传,创新理念,促进家庭文明建设工作蓬勃开展

1.广泛宣传引导,提高创建知晓率,以舆论宣传引领人

编印《上善之城的美丽》青浦文明风采录,拍摄《涵养时代家风·铸造

上善之城》《赞颂家庭美德　传承文明家风——青浦最美家庭掠影》专题片,后者还在青浦电视台播放,引导广大家庭传承文明、共促和谐,吸引更多家庭关注、了解、参与并推动文明家庭创建工作。同时,利用青浦电视台、青浦区妇联网站、青浦区妇联官方微博,青浦女性微信公众号等媒体平台,开辟家庭文明建设宣传渠道,提高家庭文明创建知晓率,倡导文明理念。同时,借助社区宣传栏、大型广告栏、电子显示屏,普及家庭美德、垃圾分类知识等,宣传家庭文明,为引领良好社会风气发挥了积极作用。

2. 创新活动载体,扩大创建影响力,以多彩活动凝聚人

一是在微信上设立"传承好家风·凝聚正能量"专栏,定期宣传各类先进家庭事迹,让社区群众感到先进就在自己身边,可信、可亲、可敬、可学。二是开展"价值观引领新风尚,好故事传递正能量"百场故事会巡演活动,以群众喜闻乐见的讲故事、听故事的传播方式,引领广大家庭树立好家风,为我区创建全国文明城区凝聚力量。区文明办、区妇联、区文广局、区综治办、区司法局联手,在做好各方面组织协调,故事素材的创作编写,故事员的培训演练等一系列前期筹备工作的基础上,已连续开讲 4 年,得到了参与群众的广泛认可。三是开展"绿色星期六"资源回收日活动275 场,参与人数 22 960 人次。在开展集中培训的过程中,采取了互动问答、发放宣传品、组织专场文艺演出等多种群众喜闻乐见的形式,推动居民正确掌握垃圾分类方法。发放了 3 万多份市垃圾减量和分类知识手册大礼包,5 万多份垃圾分类宣传折页,6 万余卷垃圾袋以及 5.8 万余个环保袋。以进校园为重点,向城区 27 511 名中小学生全面宣传垃圾分类理念与知识,通过开展"美丽青浦·生态家园——垃圾分类从我做起"主题征文比赛、主题班会等活动,引导中小学生践行垃圾分类。

（三）立足家庭,创新载体,努力打造家庭文明建设品牌工作

1. 典型引领,文明家风培育人

一是深化寻找"最美家庭"活动。依托街镇"家中心"和村居"妇女之

家"，通过"晒议讲展秀树"等形式，吸引万户家庭参与寻找"最美家庭"，征集好家风好家训。联合区纪委、区级机关党工委开展"树清廉家风　创最美家庭"主题活动，通过"干部谈家风""家人话廉洁"等形式深化寻找"最美家庭"活动，征集到家训、家书、家风故事 316 则。围绕"2017，有爱的家庭最幸福"主题，开展寻找"最美阅读宝宝""爱要大声说出来""带着爸爸来运动"等活动，营造发现最美、宣传最美氛围。二是积极开展先进家庭创评活动。"十三五"以来，推选全国、市、区各类先进家庭 313 户，引导广大家庭成员弘扬互爱互助、文明向上的社会新风尚。开展"我爱我家"微征文、"我秀我家"微摄影、"我说我家"微故事线上"三微"活动，吸引 1.6 万余人参与，扩大了活动的参与度和影响力。

2. 优化服务，科学家教引导人

连续 3 年组织落实以"树立科学家教　涵育时代家风"为主题的家庭教育讲坛，万户家庭受益。举办"大手牵小手，安全共'童'行"家庭应急避险亲子主题夏令营，提高家庭面临突发安全事件的应变能力。组织实施"儿童安全　家园携手"项目，传播安全教育专业知识。开展"家风家训助成长　童心共筑中国梦"活动，引导学生铭记好家训、践行好家风，征集到家风家训 74 篇。每年参与实施"爱心暑托班"市政府实事项目，关注儿童暑期安全，帮助家庭和职业女性解决后顾之忧。

3. 关注需求，服务家庭关爱人

以"集聚万众力量　服务妇儿家庭促进社会和谐"为主题，实施了"百场巡回故事会""青女·尚课""非常惠生活""童玩社家家乐""智慧父母"等项目，分别围绕女性素质提升、家庭教育指导、传统文化传承、亲子体验活动等开展公益活动 369 场次，受益 52 000 人次。配合市妇联，落实外来媳"落地生根"关爱服务项目，帮助外来媳妇更好融入青浦；实施"白首之心"项目，真情关爱老三八红旗手。2016 年以来，区妇联关爱困难妇女及儿童 636 人，送上慰问金约 103.4 万元。

4. 强化指导，做实基层服务家庭工作

指导街镇妇联充分发挥"家中心"作用，开展符合妇女儿童和家庭需求的项目。赵巷镇成立了"巷心·老舅妈"志愿团队，延伸家暴预防和救助工作的手臂。徐泾镇开展"生活美学、女性课堂"活动，引导女性在事业与家庭中转换角色，增长魅力和才干。华新镇妇联深入村居开展《反家暴法》公益演出。白鹤镇开展"清风满家 廉洁致远"主题系列活动，引导党员干部争做廉洁表率，推动寻找"最美家庭"活动向党政机关延伸。重固镇打造乐活女性、爱满家园、飞来之风等品牌项目，定期开展手工制作、爱心烘焙、亲子阅读等活动。朱家角镇开展"科学引领生活之七色花夏令营""好妈妈沙龙""童趣嘉年华 童心齐欢乐"动画主题派对等。金泽镇举办"情满淀山湖、爱在夕阳红——金泽镇阿婆茶"主题文化活动，聚焦美丽庭院建设，引导广大家庭树立好家训，传承好家风。夏阳街道实施"争创文明家庭·共建文明社区"项目。盈浦街道开展"家的风景"评选活动，强化"最美生活家、最美楼道、最美妇女阵地"建设。练塘镇开展"情暖困境家庭，助力快乐成长""恋练爱家女性课堂""公益筑梦 伴我童行"等项目。香花桥街道开展"书香绿动爱满香花"图书换绿植活动，回收书籍全部捐赠给民办小学。这些活动促进了妇联工作更好地落实在基层、活跃在基层、见效在基层，让妇女姐妹和家庭得实惠。

十六、 崇明区家庭文化建设与发展工作

改革开放以来，崇明家庭文明建设工作始终坚持认真贯彻落实中央和市、区关于加强家庭文明建设一系列工作部署和要求，围绕中心、服务大局，立足家庭这一重要阵地，突出工作重点，丰富活动内容、加大宣传力度、动员群众参与，不断深化家庭文明建设各项工作，使家庭道德基本规范更加深入人心，家庭文明程度进一步提高，家庭的和谐程度与幸福指数不断提升，促进家庭文明建设工作的焕发新的生命力。

（一）加强组织领导和工作阵地建设，推动家庭文明建设工作形成长效工作机制

成立家庭文明建设协调小组。由区文明办、区教育局、区妇联等 11

家单位组成,区委分管领导任组长,定期召开领导小组和联络员会议,建立会议推进、工作督查等各项工作机制,推动家庭文明建设工作扎实、深入开展。

不断完善"家中心"建设。按照上海市家庭文明建设指导"十五"、"十一五"、"十二五"、"十三五"等计划要求,不断推进和完善社区"家中心"建设。下发《关于加强社区家庭文明建设指导服务中建设》的指导性文件,按照"六个有",即有阵地、有统一挂牌、有专兼职管理人员、有项目、有志愿者队伍、有考核的目标统一推进和工作考核。并给予经费保障,积极探索以项目化、实事化、社会化运作方式,为妇女儿童提供有效服务。

(二) 常态化开展寻找"最美"活动,多角度展示崇明广大家庭风采风貌

围绕"五美社区"建设,全面推进最美家庭寻找活动。按照崇明世界级生态岛建设""优美社区的目标,营造积极向上、格调健康的家庭文化氛围,善于发掘亮点、培养典型、推广经验,通过选树一批特色文明家庭、优秀家庭角色,使社会主义核心价值观理念、家庭文化和道德建设活动理念深入到千家万户,使典型的示范引领作用影响到广大家庭。近年来,共推选出全国五好文明家庭 2 户、全国最美家庭 4 户,上海市五好文明家庭 200 多户、上海市学习型家庭示范户近 100 户、海上最美家庭 31 户,崇明最美家庭 211 户,全区各乡镇共推荐"崇明最美家庭"候选家庭 1 500 余户。

注重发动基层群众参与,进一步扩大寻找活动覆盖面和影响力。每年制定并下发"崇明最美家庭"寻找的通知,广泛依托基层"妇女之家"深入挖掘、选树尊老爱幼、男女平等、科学教子、夫妻和睦、勤俭持家、邻里互助的优秀家庭典型,评选产生爱岗敬业家庭、孝老爱亲家庭、勤劳致富家庭、教子有方家庭、情系国防、热情公益家庭等最美家庭。并将寻找活动向机关、企事业单位和部队进一步拓展,开展了"最美教师家庭"、"最美警

察家庭"、"最美军人家庭"、"最美医护人员家庭"等一系列最美家庭的寻找活动。并制作最美家庭倡议书、宣传品等各类宣传资料，广泛、深入动员崇明广大家庭参与最美家庭寻找活动。既固定一个时段全区上下集中寻找，又坚持细水长流、贯穿全年常态推进，让群众感受到活动一年四季无处不在。

发挥典型示范引领作用，大力弘扬优秀家庭先进事迹。每年"三八节"期间，表彰和宣传全区的五好文明家庭、学习型家庭、"最美家庭"，展示崇明优秀家庭的动人魅力。统一制作展板和家庭先进事迹视频，通过区级层面、乡镇层面的集中和巡回展示播放，弘扬优秀家庭的先进事迹和家庭精神。依托崇明妇联微信，对文明家庭事迹进行滚动推送，扩大宣传的覆盖面。在"妇女之家"普遍建立"最美家庭"光荣榜，用看得见摸得着、生动鲜活的事例感染鼓舞群众，充分发挥先进家庭对全社会的示范引领作用，使群众随时感受到榜样的力量，从中汲取崇德向善的动力。

（三）深层次推进社区家庭教育工作，广泛传播科学、先进的家庭教育理念和知识

依托创城工作，全面建立社区家长学校。结合崇明全国县级文明城市、全国文明城区创建工作，在 18 个乡镇社区家长学校的基础上，建立完善 343 个村（居）社区家长学校。采取资源整合、多元投入、统分结合的方式，综合运用乡镇文化、体育、社区服务等公共资源，以"一个阵地多项功能"模式进行建设，有相对独立的由妇联自主使用和管理的活动场地，每年开展不少于 4 次的家庭教育培训和活动。

加强宣传培训，深入推进社区家庭教育工作。成立区级和乡镇两级家庭教育讲师团队伍，建立课件菜单，各乡镇根据家长需求，组织开展家庭教育专题讲座和培训活动，按需点单，为广大家长提供更具针对性的指导和服务。讲师团成立以来，共开展各类讲座 500 多场。实施家庭教育讲坛社区行项目，采用政府购买服务的形式，依托社会组织，开展社区家

庭教育培训指导，每年为各乡镇提供 6 场，全区一共 108 场的家庭教育和亲子教育讲座，帮助广大家长明确在教育子女方面应承担的责任，掌握科学的家庭教育方法，形成了"全区联动、上下互动；每月一动、每周一送"的家庭教育工作态势。

结合"网上妇联"建设，拓展家庭教育新媒体服务平台。探索建立远程家庭教育服务网络，开发数字化的公共服务产品。依托崇明妇联官方微信等新媒体服务平台，探索家庭教育网上微课堂。在微信上建立妇联亲子群，并开通亲子网上课堂服务，围绕家庭教育，持续推出每月一堂不同主题的亲子教育微课，每课时长不超过一个半小时，45 分钟授课，15—25 分钟答疑，通过网上互动的家庭教育模式，为广大社区家长提供更便捷的服务，进一步拓展开展家庭教育工作的平台和途径。借助亲子群衍生推出家庭教育方面的拓展实践活动，依托社区家长学校举办"爸爸去哪儿崇明版——带着宝贝去撒欢"等各类线下活动，组织全区的家庭开展亲子阅读、手工制作、农耕体验等活动，增进亲子之间的沟通和情感交流，提升家庭教育工作水平。

（四）建立整体联动的家庭文明建设工作格局，引领家庭美德、家庭文化建设工作新常态

举办家庭文化节系列活动，弘扬先进家庭文化。发挥各种舆论阵地的宣传和引导作用。大力宣传尊老爱幼、男女平等、夫妻和睦、勤俭持家、邻里团结的家庭美德和家庭新风尚，传承好家风、好家训，以正确的舆论教育引导家庭成员。充分借助最便捷、最易为人民群众接受的现代化信息传播手段，提高文明家庭创建、好家风好家训及其他家庭文明建设工作在社会公众中的知晓率和关注率，使家庭文明创建活动真正深入人心。开展家庭文化作品征集和评比展示活动，营造家家有文化、人人讲文明的人文环境。推广社区文化活动，以文艺汇演、厨艺大赛、亲子运动会等形式，弘扬勤俭持家、家庭团结、互爱互助的家庭美德。

开展廉政文化进家庭活动，弘扬家庭助廉优秀传统。通过发放"树廉洁家风　建最美干部家庭"倡议书，在全县广大干部中加强宣传，通过家庭助廉行动，发挥干部家庭示范带头作用，树立"勤俭促廉"意识，营造"文化养廉"氛围，以廉洁家风促清廉党风。倡导移风易俗，树立文明新风。充分发挥妇女在家庭文明建设中的"半边天"作用，利用妇女之家、妇女微家、妇联微信公众号等，通过开展调研、姐妹议事会、发放倡议书、宣传品等形式，让移风易俗观念逐渐渗透到群众生活中。委托社会组织拍摄移风易俗微电影，并组织开展移风易俗文艺巡演，在各乡镇村居展演，通过通俗易懂、喜闻乐见的形式，大力宣传陈规陋习给社会带来的危害和影响，在全社会形成"推动移风易俗树立文明乡风"的良好氛围和社会风尚。

推进节能减排垃圾分类行动，倡导家庭低碳环保理念。组织开展"绿色星期五"资源回收日、"环保行动我参与"等主题活动，推动三废回收，倡导低碳生活方式。开展"低碳生活，从点滴做起"金点子征集、编排专题文艺小戏、情景小品、拍摄垃圾分类宣传微电影，用通俗易懂的方式，传播低碳生活的理念。制作环保宣传品、开展"参与垃圾分类，共建生态文明"垃圾分类知识竞赛活动以及线上答题活动，多形式、多手段宣传低碳环保知识，引导居民参与垃圾分类减量，在全区进一步营造绿色、生态、环保的良好氛围。

后　记

　　家庭是社会的细胞,家庭文化是中华传统文化和现代城市文化的重要载体。从传统和现代相结合的视角出发,高度重视家庭文化的功能和内涵发展,是培育和践行社会主义核心价值观、促进城市和人类文明不断进步的重要机制和通道,具有十分重大而深远的理论和现实意义。自改革开放以来,伴随着经济社会的剧烈变革与发展,中国家庭观念、结构、生活方式、文化消费等发生了巨大的变化,尤其自党的十八大以来,以习近平总书记为核心的党中央高度重视家庭建设,全国各地掀起了家庭文明建设新高潮。上海作为全国重要的经济中心城市,伴随着改革开放的不断深入,家庭文化建设取得了一些新经验。新时代、新发展,家庭文化建设永远在路上。期待更多领域的专家学者共同参与到家庭文化建设中来。

　　本书是对上海改革开放 40 家庭文化建设工作的回顾和经验总结,是上海市妇联与上海社科院社会学研究所、上海师范大学等研究机构共同完成的成果。全书架构由上海市妇联主席徐枫、副主席刘琪、市妇联家庭儿童部部长顾秀娟和上海社科院社会学所所长杨雄研究员、陶希东研究员等一起商定,整书统稿由杨雄研究员、陶希东研究员负责。本书写作的具体分工如下:第 1 章,由上海社科院社会学研究所刘程博士撰写;第 2 章,由上海社科院社会学所陶希东研究员撰写;第 3 章,由上海师范大学人文与传播学院社会学系杨彩云博士撰写；第 4 章，由上海社科院社会学所何芳副研究员、裘晓兰博士撰写。市妇联家庭儿童部挂职副部长辛映娜负责本书编撰出版的沟通协调、核稿和附录部分编排。

本书的出版，上海人民出版社编辑罗俊华、市家庭文明建设协调小组各成员单位、各区妇联等均给予了大力支持，一并表示感谢。

编　者

2018.12

图书在版编目(CIP)数据

春风化雨润申城:上海家庭文化发展 40 年/徐枫主
编.—上海:上海人民出版社,2018
ISBN 978 - 7 - 208 - 15584 - 8

Ⅰ.①春… Ⅱ.①徐… Ⅲ.①家庭文化-研究-上海
Ⅳ.①C913.11

中国版本图书馆 CIP 数据核字(2018)第 281214 号

责任编辑 罗俊华
封面设计 夏　芳

春风化雨润申城
——上海家庭文化发展 40 年
徐　枫　主编

出　　版　上海人 & 大 版社
　　　　　(200001　上海福建中路 193 号)
发　　行　上海人民出版社发行中心
印　　刷　常熟市新骅印刷有限公司
开　　本　720×1000　1/16
印　　张　16.75
插　　页　4
字　　数　216,000
版　　次　2018 年 12 月第 1 版
印　　次　2018 年 12 月第 1 次印刷
ISBN 978 - 7 - 208 - 15584 - 8/C・581
定　　价　68.00 元